法律文艺学

余宗其 著

中国财富出版社

图书在版编目（CIP）数据

法律文艺学 / 余宗其著 . —北京：中国财富出版社，2014.6

ISBN 978 - 7 - 5047 - 5180 - 5

Ⅰ . ①法… Ⅱ . ①余… Ⅲ . ①法学—文艺学—研究 Ⅳ . ①D90 - 05

中国版本图书馆 CIP 数据核字（2014）第 070377 号

策划编辑	张艳华		**责任印制**	方朋远
责任编辑	张艳华		**责任校对**	饶莉莉

出版发行	中国财富出版社	
社　　址	北京市丰台区南四环西路 188 号 5 区 20 楼	**邮政编码** 100070
电　　话	010 - 52227568（发行部）	010 - 52227588 转 307（总编室）
	010 - 68589540（读者服务部）	010 - 52227588 转 305（质检部）
网　　址	http：//www. cfpress. com. cn	
经　　销	新华书店	
印　　刷	北京京都六环印刷厂	
书　　号	ISBN 978 - 7 - 5047 - 5180 - 5/D · 0102	
开　　本	710mm×1000mm　1/16	
印　　张	22.5	**版　　次** 2014 年 6 月第 1 版
字　　数	380 千字	**印　　次** 2014 年 6 月第 1 次印刷
印　　数	0001—3000 册	**定　　价** 42.00 元

目　录

第一编　法律文艺学概论

第二编　涉法文学创作论

第三编 涉法文学鉴赏论

第四编 涉法文学批评论

第七编 法律视角下的文学争鸣

绪论　文艺学革命宣言

法律文艺学，是运用法律视角考察和思考文学所形成的全方位、一体化的文学理论系统。所谓全方位，指的是这里的法律具有多学科性，与人文社会科学的各学科有着割不断的联系，故法律视角有多色调、全方位的性质。所谓一体化，指的是把文学创作、文学鉴赏、文学批评、文学史、文学美学等方面同等对待，一并纳入研究视野，组建一种广义的无所不包的文学理论系统。

这种视角和格局的文艺学，将掀起轩然大波。因为，它的问世标志着文艺学领域酝酿已久的一场深刻学术革命的爆发。

一　就文学论文学的学术方式难识文学真面目

横看成岭侧成峰，

远近高低各不同。

不识庐山真面目，

只缘身在此山中。

苏轼的这首诗用在反思纯文学家习惯于就文学论文学的学术方式的弊病的场合，给了我们这样的启示：在文学的群山中探索的文学家们，若不到文学之外去寻觅某些行之有效的视角，而一味就文学论文学，那么就难以认清文学群山的全部奥妙。中国和世界各国古往今来的数以千万计的浩瀚涉法文学作品被长期置于冷宫，正是就文学论文学的学术方式的软弱无能的具体表现。

所谓涉法文学，简单说就是一切与法律有关的文学。即使是用法律名词术语做标题的诗、小说，没有关于法律的任何实质性的描写，它们也属于涉法文学，其法律术语的标题艺术及其同内容的关系值得专门研究。法律文艺学就是以涉法文学作为对象实体的专业性极强的独特文学理论系统。本书第一章，将开宗明义说明涉法文学的特质与特性，这种说明无论怎样详尽，都只能给读者以轮廓印象，更深入具体的情形，是无穷无尽的话题，都可包罗在法律文艺学之中。可以说，法律文艺学同一般文艺学的根本区别，就在于它具体而周详地解释"什么是涉法文学"这个核心问题。

以涉法文学为对象实体不仅可建构法律文艺学的理论系统，而且还能用以建构另外一门分支学科——文学法律学。这也是一个说不完的话题。简言之，它以系统解释涉法文学的法律思想意义为己任。

中外历代文学家，基本上都是不通法律的纯文学家。关于涉法文学、文学法律学、法律文艺学的一切问题，既无从提出，更无从解答。文学的损失极为惨重。

涉法文学之山比自然界之山复杂纷繁得多。不到文学山外取用法律视角而要谈论涉法文学，远比一头扎进自然之山而要正确认识山的千姿百态困难得多。

唯有站在法律视角之下，才可清楚看出：纯文学家就文学论文学的学术方式完全行不通。

例如《诗经·相鼠》，不通法律的文学家的有关解释，完全脱离了作品的实际。这首诗的主题思想，应当是讽刺奴隶阶级制定礼法却不遵守的行为不如老鼠，从而维护了礼法的尊严。之所以如此看重礼，是因为礼与刑是周朝的两种法律形式，赖以维护社会的正常秩序。《礼记·曲礼上》云："鹦鹉能言不离飞鸟，猩猩能言不离禽兽。今人而无礼，虽能言不亦禽兽之心乎！"可见，《相鼠》崇尚的是先秦时代的传统礼法思想。中国文学史家不通法律而误解此诗的不在少数。游国恩等人的《中国文学史》第一册第36页的论述，根本不提"礼"，认为这首诗"把统治者看成了连老鼠都不如的东西"，使读者莫名其妙。章培恒等人的《中国文学史》上册第92页对此诗的解释虽差强人意，但依然未能说明"礼"的法律性质及当时人们的传统礼法价值观。

类似的因不通法律而误读误解文学文本的例子，充斥于文学研究的各个领域，泛滥成灾，举不胜举。法律文艺学的任务之一，是披露所有这些误读误解现象。显然，纯文学家难以胜任这个批驳谬误的重要工作。

取用法律视角的法律文艺学的学术革命性质，首先突出地表现在它彻底抛弃了纯文学家习以为常的就文学论文学的学术方式。

可能有人会说，文艺社会学家、比较文学家们及文学的文化研究学者们都注意到文学的跨学科研究和多学科研究，能够认为他们的学术方式也是就文学论文学吗？他们都没有彻底抛弃就文学论文学的积习。首先，他们的共同点在于遗忘、排斥了法律。尤其在历数文学与其他社会现象的关系的场合，依逻辑是不该淡忘法律的，竟也对法律完全不过问。例如，梁启超在《论小说与群治之关系》的著名论文中，提到了小说与道德、宗教、政治、风俗、学艺、人心、人格的关系，唯独不提占极重要地位的法律。一百多年来，中国文学理论家在谈论文学的多学科认识价值的时候，没有谁能摆脱梁启超此文的影响。其次，在具体运作方法上，无论是文艺社会学家、比较文艺学家还是文学的文化研究家，均未能确立和运用独立于文学之外的某种学科的一整套范畴、原则、方法，来专门研究文学总体中的某一部分特殊的文学对象实体，只不过在文学大千世界里随意提取各自的论据罢了。综合这两个方面，可见他们的学术方法依然属于就文学论文学的方式。

唯有涉法文学研究，才从对象实体、范畴系统、理论框架、具体方法等方面全然打破了就文学论文学的学术方式，以独立于文学之外的法律作为坚持始终、贯彻到底的视角，体现文学的跨学科、多学科研究特色，令一切纯文学家在这里完全没有发言权。这种研究成果的奇特之处，恰恰在于揭示隐含在世界各国文学群山中的法律的全部奥妙和法律给文学带来的特有现象与规律。就这样，两种很难分割又相对独立的学问（学科）应运而生，二者就是文学法律学和法律文艺学。

二　从理论到理论的学问之道脱离了文学的实际

法律文艺学的革命性质，还表现在彻底摒弃了文学理论工作者不约而同的从理论到理论的学问之道。毋庸讳言，大凡有志于从事文学理论研究的学者，无不一头扎进现成的文学理论著述之林，穷年累月地研读历代文论文本，按照各自的理解去择善而从。轮到他们就某个文学理论问题发表意见的时候，大约都免不了旁征博引，加以串联和然否，于是乎各种专著、论文由此不断产生、问世。至于文学实际自身，往往被置于不顾。充其量，只是把自以为是的作家作品当作论据，一带而过。这种从理论到理论的学问之道，被一代代文学理论家照走不误，直到现在还在照旧走着。

继承既有的文学理论遗产是必要的。但从理论到理论的学问之道不仅不可能产生原创性的理论，更重要的是不同程度地脱离了文学的实际。文学的实际从根本上说，是历代作家作品以及由作家作品表现出来的形形色色的现象、规律。在既有的文学理论著述中，有一部分本来就同论者当年身处的时代的文学实际不太吻合，另一部分即使当时较为吻合也不可能顾及后世文学发展的实际。就这样，当今的文学理论工作者习惯于从理论到理论的学问之道脱离各个时代的文学实际的缺陷，就是不言而喻的，也是不能克服的。

具有原创性的法律文艺学理论系统之所以能够产生，一个重要方面就是没有走从理论到理论的老路，而是从中外古往今来的涉法文学的实际出发，按它本来的样子去描述、解释。这表现在学问运作上，就是大量、系统研读中外历代文学名著，从中发现涉法文学作品，注意寻找种种涉法文学作品的内在逻辑联系，发现由全球涉法文学标记的种种特有现象及其特有规律。这些寻找、发现的东西积累到一定程度，就可从中抽象出相应的种种结论。从这一点看，法律文艺学实质上是由涉法文学自身昭示给笔者的一系列心得、体会的结晶。

这样，可以认为法律文艺学是符合涉法文学实际的。至少，笔者的主观追求和感觉是如此。

如果说笔者的论说有种种不足，这只能归咎为学识、水平有限，而在方法上坚决摒弃从理论到理论的学问之道无疑是正确的。

例如刘勰的《文心雕龙》是一部很难得的文学理论巨著，在法律视角之下，可看出它对从先秦到刘勰所处时代为止的涉法文学现象与事实，未能予以足够的注意。从《诗经》中的涉法诗歌作品问世，流传到刘勰的时代，中国涉法文学已经有一千多年的发展历史，可他对涉法文学创作的问题根本没有专门讨论。我们用法律文艺学的眼光批评《文心雕龙》脱离了这一千多年的涉法文学实际，一点也不过分。

又过了一千多年，时至21世纪，文学理论依旧完全遗忘了涉法文学。这种排斥法律的文学理论用来解释涉法文学，全然无济于事。如果文学理论家一如既往在从理论到理论的老路上走到底，这种脱离文学实际的弊端就会成为不可疗救的痼疾。有人认为文艺学的框架已能满足实际需要，不必再另行创造新理论系统，正是从理论到理论的毛病的反映。

另外一些有革新意识的文学理论家，由于积习难改，在他们所提出的种种突破文艺学的框架的不同方案中，也都无例外地未能摆脱从理论到理论的老路的束缚。以下是一些有代表性的实例：

从事马克思主义文论研究的学者，主张寻求马克思主义文论的"当代形态"；

从事中国古代文论研究的学者，主张中国古代文论实行"现代转换"；

从事西方现代文论研究的学者，主张西方现代文论"中国化"[1]；

从事中西比较文艺学研究的学者，则主张通过中西诗学的比较途径，"日益靠近我们所寻找的真正具有全球性诗学框架的理想"[2]；

连极力鼓吹文化全球化的激进学者所描绘的未来理想蓝图，也不过如此："21世纪世界文化发展的新格局是不同文化之间经过相互碰撞后达到对话和某种程度的共融。"[3]

所有这些设想，似乎都不乏远见卓识，实际上都是不可能实现的空中楼阁。它们的共同症结在于企图维持既有的中国文论、马克思主义文论和西方文论的格局，然后由学者择善而从，在三者之间寻觅彼此一致、互相协调的东西，拿来作为全球化的文学理论系统。按照这些论者的逻辑，文艺理论工作者永远只能在既有文论的仓库中东寻西觅，翻箱倒柜，把他们自以为有用的东西拿来拼凑成某种"新"的理论系统。果真如此，全球几千年来的涉法文学永远不会有被纳入文学研究的议事日程的一天。

很清楚，文艺学的大突破的根本出路，在于重新梳理、审视和解释中国和世界各国文学作品自身的事实、现象、规律，而不在于对既有的任何文论的故纸堆的东拼西凑。

说实在的，我关于法律文艺学的全部理论见解，归根结底都来自中外历代作家——诗人、散文家、小说家、戏剧家、童话家、寓言家的法律描写与思考。具体说来，都来自我所浏览过的数以万计的中外各种涉法文学作品的昭示与启迪。因此，我二十多年来呕心沥血的一点切身体会就是：涉法文学作品是法律文艺学的理论本源。

有鉴于此，我们郑重宣布：文艺学的大突破、大发展的出路不在从理论到理论的老路那里，而在接受文学文本自身的启迪方面。

三 严酷的学术分工割裂了文学的有机整体

法律文艺学的革命性质的又一突出表现，是克服了文学研究上严酷的学术分工所带来的消极影响——割裂文学的有机整体，导致文学研究各部门、各环节的严重失衡，针锋相对地实行文学批评、文学史研究、文学理论研究、文艺美学研究的一体化，使它们既分工又合作，平衡发展，互相促进。

由于学术分工的严酷，传统文艺学实际上仅仅指文学理论。而文学理论内部，又划分为中国文论、西方文论、马克思主义文论这三大板块。这样，即使同样从事文学理论研究，三大板块中人彼此间也很难沟通与交流。至于文学史研究方面，中国文学史与外国文学史呈井水不犯河水之势，中国文学史内部的古代文学史、现代文学史、当代文学史划分所造成的学术山头和门户颇为繁杂，它们之间也互不往来。其极致是一部作品、一位作家足以构成一种学问，分别拥有众多学者。如此一来，文学家心目中不再有统一的文学，而只有被人为分割开来的文学碎块。宏观性的文学现象、规律必然被这种学术分工弄得七零八落，面目全非。

例如，全球涉法文学不约而同的法律批判传统，在碎割文学有机整体的学术分工格局的屠刀下，如同碎尸万段，根本无从发现和解释。而把中国和世界各国涉法文学当作统一对象实体的法律文艺学却能顺利解决这个问题。可见，正确揭示遍及全球的文学现象与规律，只能在把全球文学当作有机整体的条件下才能进行。法律文艺学在这方面的贡献不能不认为具有革命性的突破意义。

再如涉法文学的社会功能从实用到审美的发展规律，唯有综观全世界各国古往今来的宏观整体文学事实，才可进入研究者的意识而被揭示出来。蛰伏在各个窄小的文学专业的牢笼中，这种宏观文学规律无论如何也无从谈论。古语有云："以管窥天，以蠡测海。"苟严的学术分工所造成的学者的学术心理的弊病，真可谓是管窥蠡测。涉法文学研究的学术革命意义的一个重要表现，在于从根本上打破了文学研究的苛严学术分工，实行一体化的宏观文学研究战略方针。

四 偏重文学的外部形式因素
导致了文学研究的畸形发展

迄今为止的文学研究是在偏重文学的外部形式因素的前提条件下进行的。文学的内部思想意义的因素，长期处于不曾进行专门研究的无序无为状态。对文学作品的内容上的见仁见智，大家安之若素，不以为有什么弊端令人忧虑。因此，我们至今说不清楚人类文学、中国文学在思想意义的表现上，取得了怎样的成就。

偏重文学的外部形式因素的习惯做法，导致了文学研究的畸形发展。其症状有：当代中国文艺理论没有原创性理论建构问世。既然不能创新，那么只能推销"洋货"——现代主义、后现代主义、后现代主义之后、后殖民理论、后结构主义、后东方主义，等等。批评家难得在作品中有什么新发现，就玩弄起空洞无物的新名词——缺腐、失语、失明、集体失明、后新时期、后文革、中华性、华夏中心主义、后代、新生代、晚生代、老生代之类，还有女性文学、小女人散文之类。文学史家则在发展、突破、填补空白的名义下，为各省、区、市编造文学史。如果说以往按文学体裁分别编写的诗史、小说史、戏剧史还有必要，那么《新中国中篇小说史》就未必非有不可。如果说中国编一部整体性的《少数民族文学史》有必要，那么进而为每一个少数民族都编一本文学史就未必有什么意义。现当代文学史研究还有纠缠人际关系、作家轶闻趣事的嫌疑。

文学产生的地域（国度）、时间、文学的体裁、文学作家的性别、民族、年龄等，都是文学的外部形式因素，虽它们都不同程度地规定、影响着文学的思想内容的表现，然而对于文学的思想内容本身来说，它们毕竟处于第二位或从属的地位。当文学研究者不在研究文学的内容因素上，不在内外因素的如何有机结合上下工夫，寻觅创新、突破路径而一心想创新、突破的时候，自然只能逼迫文学研究向畸形、病态的方向发展。

涉法文学研究，以其注重文学的法律思想内容，注重这内容同文学形式如何有机结合的特色和追求，可从根本上避免上述种种流弊。在涉法文学研究的各个领域中，文学的所有外部形式因素只有在足以影响法律思想内容表达的前提条件之下，才能进入研究者的视野，否则便都可忽略不计。

没有任何偏见的人都会承认，涉法文学研究是名副其实的对文学自身的研究。也许，只有这样，突破、发展、填补空白才有实质性的意义。我们认为涉法文学研究是一场深刻的学术革命，在扫荡文学研究的畸形发展态势、破除偏重文学形式因素的文学观念和习惯这一方面，它的确有如一位敢于破旧立新的革命战士，一往无前，义无反顾。

五　长于说"是"短于说"不"的习惯
窒息了批驳谬误的战斗活力

用韩国延世大学的三大办学理念的首要一条来说，文艺学研究应当高举"探索真理，向自由挺进"的旗帜，注意批驳谬误。在法律视角之下，这样做的必要性很明显。无论是在文学创作中，还是在文学研究中，只要与法律挂钩，往往就暴露出作家或研究者不通法律的知识性错误。为此，本书专设"法律视角下的文学争鸣"一编，将较全面地清理和批评这类错误在文学的各个领域的具体表现。

然而，非法律的文学研究对于对象实体评功摆好有加，而对于不足之处乃至错误的东西，都听之任之，实在要谈也是轻描淡写，不得其详。这种长于说"是"短于说"不"的习惯由来已久，窒息了文学理论上批驳谬误的活力。

恩格斯早就说过，人文自然科学研究成果的真理性差，较之精密科学（自然科学），这种差距很大，他用"糟糕"二字来形容。恩格斯在《反杜林论》中点名道姓批判杜林的唯心主义哲学，火药味极浓，为人文社会科学研究者勇于同谬误作斗争树立了榜样。法律文艺学研究特别需要提倡恩格斯的战斗精神。不彻底暴露非法律的文学研究的种种错误，搞折衷调和，就不可能坚持法律文艺学研究的正确立场和方法。

我们已经谈过，涉法文学研究在很大程度上是对非法律的文学研究的再研究，这就不可避免地要处处同纯文学家作对，处处挑毛病找漏洞，随时发现和报告大大存在于各种论著中的有违真理的谬误。法律文艺学的学术革命性质，在这一点上表现得十分突出。以上所谈，实际上都是在挑毛病，找不足，对非法律的文学研究作否定性评价。

法律文艺学并非要全盘否定纯文学研究，只是认为纯文学研究在法律视角下极容易暴露出其固有的弱点。法律文艺学的战斗性、火药味，是在这种比照、撞击中自然而然显示出来的一种学术长处，并非谁天生好斗，有意到处树敌。

仅着眼于对纯文学研究的不足之处作针砭性的研究这一项工作，涉法文学研究就大有用武之地。而这项工作，将处处显露出纯文学研究的缺陷，推翻权威名家的定论和相沿成习的公论，颠覆多少年来习以为常的学术思路……这些没有调和余地的东西，除了名之为"学术革命"，还能称之为别的什么呢？

六 建立和发展全球性文学理论系统

以上所谈五个方面，是法律文艺学的革命性质在破除既有文学研究上的种种不足之处上的具体表现。若从积极的、建设的方面着眼，法律文艺学的革命性质，集中表现在建立和发展普适全球的文艺理论系统这一点上。

文艺学作为社会科学之一，应当具有自然科学那样的全球普适性。这是应有的真理性的反映。不能放之四海而皆准的任何文学理论的真理性都是值得怀疑的。法律文艺学以搜罗、解释全世界古往今来的涉法文学文本、事实、现象、规律为己任，以建立和发展普适全球的文学理论系统为具体目标。

为了实现这一目标，必须解决以下几个问题：

（一）所选取的法律视角必须具有全球普适性。关于这一点，拙著《鲁迅与法律》的代自序《法律：普适全球的文学研究视角》已作了较详明的论述（该书于 2001 年 9 月由华艺出版社出版），此处不赘。

（二）东西方文化差异导致的文学观念的差异问题。这种差异在法律文艺学中主要表现为法律规范的差异、法律制度的差异和法律观念的差异及其在文学中的形象化反映。由于古今中外有共同的涉法文学载体，这些差异的发现、解释，就变得具体、切实起来，成为对文学化的法律存异求同的过程。

尤其值得注意的是中国法律的现代化转型，大大缩小了中西法律的差异。随着中国封建社会的灭亡，古老的中华法系也走向消亡，逐渐实现了现代化转型。当今中国的法律在法律名词术语、法律诉讼制度、作为司法机关的公检法三家的分工合作、法律部门的划分。法律研究的思维方式等等形式因素方面，均借鉴了民法法系，与民法法系接轨的东西相当多。这样，当代中国的涉法文学同西方涉法文学相同、相似、相通的东西自然很多，以至于彼此对话与交流不会有什么障碍。

剩下的难点在中国古代涉法文学中的法律描写因凝聚着浓重的中华法系的古色古香而不容易与西方涉法文学沟通。可喜的是对这个难题法律文艺学有足够的对策加以解决。经过初步研究发现，中华法系同中国古代文学的关系犹如民法法系之于法国文学，英美法系之于英美文学，印度法系之于印度文学，伊斯兰法系之于阿拉伯文学，相互间都有高度一致的被反映与反映的关系，于是相应的文学中都有相应的法系特征的形象化反映。这是全球性共同文学规律之一，可用《文学与法系》的专题对此进行描述与解释。由此可见，世界五大法系的差异及其文学化反映经过这种专门研究和解释，彼此间的对话与交流不仅是可能的，而且能够把对话与交流推向纵深发展的方向。就这样，法律视角成为文学研究中扫除中西文化差异的障碍，实现彼此沟通、交流的有力工具。

（三）对话与交流需要共同话题与渠道。纯文学理论工作者彼此间的对话很不容易。即使同为中国的文艺学研究者，坐到一起开学术研讨会，也是各说各的一套，往往说不到一起。让世界各国的纯文学理论家欢聚一堂，讨论文学问题，那五花八门的纷纭状态是可以预料的。这在很大程度上反映了文学的复杂性所决定的文学理论的复杂性。法律文艺学由于取用了法律的共同视角，可将学者们的理论视野相对集中起来，共同探讨纯文学理论所不曾沾边的那些问题，从而形成不少可供对话与交流的共同话题。上面提到的全球性法律批判倾向、文学与法系就是大量共同话题中的两个大话题，其中还可以分解出无数更具体的共同话题。如果在条件成熟时召开涉法文学研讨会，无论与会者来自何方，彼此说不到一起的可能性不大。

（四）文艺学的规范化。文学研究领域充满了主观随意性，似乎没有多少统一的方式、规则来约束人们的学术行为。法律视角的引进，将把文艺学研究的规范化提到议事日程。最起码的一点变革是从此有了衡量文学中各种法律描写的统一的价值观念与尺度，从而在很大程度上消解文学研究的杂乱无序状态。例如，世界各国历代法律都明文规定禁止杀人。因此，文学中出现的杀人现象，无论作家主观动机上追求什么寓意，评论者操持法律的价值尺度予以分析、评论，从原则上来讲是无可非议的。相反，把杀人行为解释成别的什么东西，是不合法理的。例如曹禺的《原野》中仇虎杀焦大星，实属报复杀人的犯罪行为，而有的研究者却说成是农民的觉醒与反抗，这是应予纠正的误读误解。再如武侠小说中，各路侠士们时常杀人如麻，啥事都没有。这类事情根本不可能出现于任何法制社会。现实社会的严峻性和法理表明，武侠小说中泛滥成灾的杀人而逍遥法外的描写，是远离生活真实的纯粹虚构，仅此一端足以说明武侠小说的艺术品位不高。

再如中外文学中的性描写比比皆是，尤其是中国当代文学对此有失控之势，如何评说，至今缺乏公允分寸。曾有人指责茅盾、郁达夫笔下有色情描写之弊。以贾平凹《废都》为代表的性文学中的性描写，绘声绘色，大肆渲染却无人过问。这表明中国文学批评对性事描写不是失之苛严，就是失之放任，始终未能找到公正标尺。在法律视角之下，性描写便有了规范的尺度。男欢女爱若仅限于精神交往，无可非议，一旦有了婚外性行为，即使十分节制点到为止，也可认定当事人的性行为的违法性。任凭违法性行为频频出现的艺术描写，违背了现实生活中法律秩序的真实性，因而是虚假的有害的。文学评论者应当有这样的性规范意识与眼光。至于极力夸张违法性行为的生理快感，渲染性活动场面，则不仅有违法律，更有违道德，是艺术趣味低下的表现。

有了规范化的价值标准或尺度，加之又有无穷无尽的共同话题，文学理论的全球化就不再是空洞无物的空想了。

（五）建立和发展全球性的文学理论系统，还应注意表述文学理论的语言文字风格的通俗性、简洁性。故作高深莫测、绕口令一般的词语组合，满纸不知所云的名词术语的堆积，往往掩盖着思想的贫乏和理论的苍白。这类不正文风无论发生在哪一个国度的文学家身上，都将阻碍彼此对话与交流。一位日本学者对中国当今文学研究者的文风的异议，是值得记取的：

中国现代（当代）的文学研究家的论文、评论，一般来说，我觉得太"文艺化"了。从学术研究的视角来看，不必要的"修饰"太多，文字常常带有过分的"情感"，篇幅一般太大，文笔太华丽，客观性、理论性相当不够。能耐"欣赏"，要进行共同研究时，思维方式和理论上缺少能够沟通的因素，令人感觉到不能耐烦。中国人对于日本学者的著作觉得"枯燥"，日本人对于中国学者的（当前的）著作有时觉得缺乏客观、实地的调查、考察，缺乏"考据"，反而感情、感性上的因素过多。觉得不是学术著作，而是一种"文学创作"。[4]

如此评价中国当代文学家的理论著述，在我看来相当中肯，同时表明文风是世界各国文学理论家共同研究、彼此对话的语言手段上的现实问题，妥善解决的紧迫性不容忽视。令人高兴的是，在涉法文学研究中，由于对象实体、学术课题、概念范畴、理论框架都是全新的从未有过的，以中国当今文学家所习惯的文风从事有关涉法文学研究成果的表述，根本行不通。相反，日本学者所看重的"实地调查、考察""考据"，的确是要下工夫运作的东西。由此，我甚至在想，法律文艺学的理论表述文风可能近似日本学者的文风。而公认的全球性文论文风的形成，则需要一个探索、磨合过程。

法律文艺学有充足理由郑重宣告：由于它注意到以上五大亟待解决的具体问题，并且具有一一解决的可能性与现实性，所以建立和发展法律文艺学的全球性理论系统，已不再是遥遥无期的设想，而是被《法律文艺学》书稿的撰写过程所初步证实的客观存在。其未来发展的广阔前景是无边无际的。

七 文艺学革命的目标

法律与文学的交叉学科研究所引发的学术革命的性质已如上述，那么，这场学术革命的终极目标是什么呢？这里有两大目标。

第一大目标，在涉法文学的研究领域，始终要坚决颠覆纯文学方法和纯法学方法。美国法学界自 1973 年兆始至今有四十多年历史的"法律与文学运动"，代表了纯法学方法运用于涉法文学研究的最高成就，给这场学术革命提供了许多有益的启示，同时也暴露了纯法学方法明显的不足之处；从着眼点看，这场运动的参与者几乎都只注意西方的文学名著，中国和东方各国的文学被排斥在外，这同法律文艺学把全世界一切涉法文学当作统一的对象实体的观念与做法完全没有共同之处；从理论归宿来看，法律与文学运动的追求在于建立形形色色的法律理论系统，文学只不过充当了论据的角色，完全没有独立的品格和生命，这跟法律文艺学致力于探讨全世界涉法文学的法律思想意义的整体性成就和涉法文学的审美特征、演变进程以及发展规律诸理论问题又没有共同之处；从对涉法文学的解读环节来看，凡是法学家对涉法文学感兴趣的，无一例外都是带着预定的某种法学理论或见解来提取文学的论据材料，或者是把预定的法学命题强行注入到他们所读到的文学作品之中，其结果无不将文学的有机整体弄得七零八落，面目全非，这跟法律文艺学从涉法文学的语言组织、形象系统、法律意蕴的自身引出应有的本来结论的观念与做法也没有共同之处。因此，彻底抛弃纯法学方法是必然的。

至于彻底抛弃纯文学方法的理由，已在上文论述文艺学革命的性质时概括为几个方面。这里只须强调一点：鉴于上述各种理由，对于古今中外的一切涉法文学作品的阅读、教学和研究，非推翻纯文学方法不可。否则，就是不可饶恕的害人害己的非学术行为：迟早有受到大家唾弃的一天。因此，法律文艺学有责任有义务向纯文学方法作不疲倦的挑战与斗争。

向纯文学方法挑战，是涉法文学研究的必然历史使命，也是涉法文学研究的固有特色，更是法律文艺学的学术革命性质的生动体现。纯文学研究的各个领域——文学作品的编辑、注释、出版、发行、管理，文学创作论，文学批评论与文学批评活动，文学鉴赏与文学鉴赏活动，文艺学和美学研究，文学史研究等，莫不以拒斥法律或不通法律为共同特征，于是闹出来的知识性、理论性法律错误，充斥于文学出版物之中，不知不觉地不断地误导着读者，极大地妨碍着我们对涉法文学世界的接近、进入和探讨。那些本来属于外行话、错话的东西，被以定论、公论的形式用书面或口头的媒介向文学作品、文学论著的读者强行灌输的现象无时无处不在，至今依然延绵不绝。这一切本来极不正常的东西，由于多种原因，一直被视为正常，大家都安之若素。相反，具有学术革命深远意义的涉法文学研究时常被各种堂而皇之的理由加以排斥与贬低。

较之中国文坛 1985 年的"方法论革命"，本书所鼓吹的文艺学革命，自有其一系列特色。就因为这些特色的存在，决定了它根本上不应当跟"方法论革命"相提并论。这些彼此互相区别的特色是：文艺学革命的革命性质是全方位的，而不仅仅是"方法论"的；文艺学革命的任务，不仅仅要建立一种文学理论系统，更要用以指导鼓吹者直接参与的批判实践，实现理论建设与批判实践，文学理论与文学史、文学鉴赏、文学批评、文艺美学研究的一体化；文艺学革命的理论探索行进的每一步，都与拒斥法律的纯文学研究有着不可调和的矛盾因素，从而决定了它对文学的各个方面的再研究性质，尤其是决定了它对中外文学史上的一系列名家名著的解读上的再研究性质，于是同纯文学研究的各种学说、方法、意见的争议与辩论就在所难免；文艺学革命所建立的理论系统，是原创的，于中华大地土生土长的，而不是西方的舶来品、移植品，而方法论革命的理论支柱缺乏原创性，几乎全是舶来品。

第二大目标，是建立人文社会科学的一门新学科，其名称就是"涉法文学"。上文提出的"文学法律学"和"法律文艺学"，是这门交叉学科的两个二级分支学科。从这个终极目标看，笔者二十多年来的全部论著以及日后的新作，无不是一家之言。较之永远说不完的涉法文学学科，笔者的一家之言都处在本学科的倡导、草创阶段，充其量只是在茫茫林莽之中踏过了一些依稀可辨的足迹罢了。

在对待这一终极目标上，笔者同法律与文学运动以及它的译介者有着原则性的分歧意见。有法学家在译介法律与文学运动时明确指出："法律与文学是一个领域，而不是一个学科，因此，法律与文学至今没有自己的理论进路。"[5]我所说的"涉法文学"学科以及相应的"法律文艺学"和"文学法律"两个二级分支学科构想和提出的本身，就是对法律与文学运动的"没有理论进路"的缺陷的根本性反拨，显示了二者之间的原则性区别。

建立这一学科，有一个从书斋的研究、呼吁到教育部门、科研部门认可、实施的过程。笔者清楚地知道，目前仅处在一己的研究、呼吁阶段。我希望这本《法律文艺学》论著，成为可得到教育部门和科研部门认可的论证报告和争取得以实施的具体说明。

参考文献：

[1] 陈传才. 文艺学百年[M]. 北京：北京出版社，1999：306.

［2］饶芃子，等．中西比较文艺学［M］．北京：中国社会科学出版社，1999：9.

［3］王宁，等．全球化与后殖民批评［M］．北京：中央编译出版社，1998：3.

［4］中岛碧．共同研究的"基础"［N］．中华读书报，2001－5－16（17）.

［5］苏力．在中国思考法律与文学［M］//《法学前沿》编辑委员会．法学前沿（第五辑）．北京：法律出版社，2003：58－59.

第一编　法律文艺学概论

　　以涉法文学为对象实体的法律文艺学的理论建构，有一系列的认识论、方法论问题需要解决。如对象实体的特质特性、理论资源、范畴系统、基本框架、学术意义等，都是关系到法律文艺学能否存在、是否有强大生命力的基本问题，这些都将在本编各章得到探讨。通过本编论述，读者可以对法律文艺学形成基本的整体轮廓印象。

第一章 对象实体

涉法文学是法律文艺学的对象实体。法律文艺学的全部理论都是以"什么是涉法文学"这个核心问题展开的，其他各种说不完、道不尽的具体问题，都是这个核心问题的派生物或副产品。唯其如此，法律文艺学才成为有别于其他各种文学理论的独特理论建构。

开宗明义的第一章，需要究明涉法文学的特质与特性。

一 什么是涉法文学

什么是涉法文学呢？这个问题是法律文艺学的核心，也是它的起点。作为核心，法律文艺学的全部课题都赖以生存与发展，是永远说不完的话题。作为起点，则可以言简意明概括其固有的特质特性。

以其特质而论，一言以蔽之曰：它是一定的法律内容与一定的文学形式联姻所产生的种种文学文本的总和。还可以说得更简单一点：它是法律内容与文学形式联姻的产儿。就这一句话，足以抓住其特质。

如果想进一步具体了解这特质，就一言难尽了。因为，法律内容、文学形式、涉法文学这三者都是说不完的话题，即都是法律文艺学的核心的构成物，有待作不停顿的探讨。这里，我们只能说抓住了法律内容与文学形式相结合这一点，就大体把握了涉法文学区别于纯文学的质的规定性。作为研究的起点，阐明了这一点就足够了。我国元代杂剧《窦娥冤》《鲁斋郎》《蝴蝶梦》，古典小说的四大名著《三国演义》《水浒传》《西游记》和《红楼梦》等，就是典型的涉法文学作品。巴金发表于 1932 年的短篇小说《电椅》和《罪与罚》也是典型的涉法文学作品。前者的故事发生在美国：两个无辜的意大利人被判死刑，处死的方式是坐电椅。作品揭露了执法当局制造冤案的弊端，诅咒了科学发明用于处死无辜的罪恶。后者的故事发生在法国，对法国刑法强加无辜者以重罪罪名和诉讼过程中酿成自杀惨剧表示了不满。还可以歌德的小叙事《法庭上》为例：

> 我跟谁搞的，我不对你们讲，
> 我这腹中的孩子。
> 你们会唾骂：这个婊子娘！
> 我可是正派的女子。

> 我跟谁婚配，我不对你们讲。
> 我的爱人他真好，
> 不管他脖上戴着金项链，
> 或是戴一顶草帽。

> 如果该受讥笑和嘲讽，
> 让我一个人担待。
> 我很了解他，他很了解我，
> 上帝也非常明白。

> 牧师先生和法官大人，
> 请你们不要追问我！
> 是我的孩子，总是我的孩子，
> 你们能帮我什么！

这是很典型的涉法文学作品。其文学形式方面的主要因素，是运用了小叙事诗的体裁。其法律内容是通过叙述一个未婚先孕的少女在法庭上接受牧师和法官的联手审问的情形，表现了少女忠于爱情、拒绝招供使之怀孕的男方的不屈精神和对不人道的有关法律规定的不满与反抗。诗人同情甚至歌颂这位具有叛逆精神的少女的法律立场与倾向相当明显。

若肯下一点考证的功夫则能进一步发现，《法庭上》有着强烈的现实针对性。此诗作于1776年，当时歌德已到魏玛公国参政。魏玛公国有这样一条法律规定：少女与人私通，要到教堂祭台之前，只穿一件囚衣，当众对神父忏悔。因害怕这种羞辱，常常发生杀死私生婴儿的行为。歌德对这种法律很不满，提出了废除此法的建议，魏玛采纳了该建议，于《法庭上》问世的这一年宣布此法予以废除。可见，《法庭上》是歌德的法律建议的艺术化，是抨击不人道的法律的檄文。

研究任何涉法文学文本，攻克任何有关课题，建构任何有关理论系统，其前提条件或基本功，无一不在于究明法律描写（内容）与文学形式两个方面的具体规定性。否则，就会抹杀涉法文学的特质，产生不能容忍的误读误解。至此，我们已经把读者带领到了法律文艺学的长途跋涉的出发点了。既已发轫，千里之行就有望踏上正道了。

二　法律内容

构成涉法文学的法律内容因素，怎样理解才正确呢？要言之，应当了解文学中的法律与法学家所研究的法律之间的联系和区别。其联系是：无论是法学家，还是涉法文学作家，都以法律这种意识形态作为自己的对象，进行思索和探讨，从而发表各种见解，表示一定的态度。这种联系，使二者具有许多具体的相同、相似之处：世界各国都有从法学城堡走向文学宫殿的作家，他们的涉法文学创作，一如他们的法学研究，都在追求法律上的真理；世界各国都有法律职业的实务者，兼事或改操文学创作，其涉法文学作品凝聚了他们的亲身经验与感悟；世界各国文学作家都有以真实案例为基础而创作的涉法文学作品，这就为反映生活中的法律秩序奠定了基础；涉法纪实文学和报告文学及非虚构文学的作者们，无不做过认真的法律调查，这与法学家的法律调查完全一致，等等。

可以断言，法学家与涉法文学作家，都是为法律智慧王国增添光彩的人。二者的贡献都是巨大的，可以相提并论的。依据全世界各国历代涉法文学作品所提供的思想、理论的资料，足以建构文学法律学的理论系统，其丰富性、深刻性可与学院法学媲美。拙著《法律与文学的交叉地》曾明确提出和初步论证了"文学法律学"的概念及其理论框架。拙著《中国法律与中国文学》和《外国法律与外国文学》意在系统清理、阐述中外涉法文学的法律思想意义和法律上的认识价值，也属于文学法律学的范畴。

以文学中的法律同法学家所研究的法律的区别而论，二者又大相径庭，不可混为一谈。其区别是多方面的，可概括为两大系列。其一，涉法文学中的法律内容，亦即文学法律学的全部理性内涵，具有审美特征，而学院法学则不具备审美特征。其二，涉法文学中的法律内容，亦即文学法律学的理论系统，具有完全不同于学院法学的一系列理性特点，在对象、立场、思维、系统、性质、功能等方面，都有别于学院法学。究明这一切，属于法律文艺学的任务之一。是故，本书将用两章的篇幅专门加以讨论。

这里，我们要指出的一点是，法律内容是文学形式的对称。当我们专门谈论涉法文学的法律内容时，应当注意它自身又可划分为形式和内容两个相互依存的方面。文学中的法律形式也不同于学院法学。学院法学的对象的表现形式，是纸张上的法律概念、法律条文、法律诉讼程序、法律制度，而涉法文学中的法律对象，则有与之不同的表现形式。可将其归纳为四类：

（一）具体法律

中外文学中多出现关于刑法、婚姻法的描写。所谓具体法律，指的是作品写到的这两种法律和其他涉及的各种具体法律的名称、某种条文或某法律条文的序号。一般说来，所有这些具体的法律都是生活中客观存在的，经过考证可以证明它们的真实性。但文学中一般没有完整的法律文本。

（二）抽象法律

文学中的抽象法律，指的是作品的叙事者或人物运用抽象的"法律"概念或其他法律术语对法律进行宽泛的议论、评价，没有确指对象。请看下列实例：

法律呢？法律像垃圾一样被倒在了城壕沟里！（路遥：《惊心动魄的一幕》）

什么法律？权力是法律的娘！（蒋子龙：《收审记》）

喔！老是法律和秩序！我时常想这世上作怪害人的东西就是法律和秩序！（易卜生：《群鬼》）

法律总是顺从帝王的心愿。（塞万提斯：《堂·吉诃德》）

法律有如蜘蛛网，大的苍蝇穿过去而小的苍蝇却被逮住了。（巴尔扎克：《纽沁根银行》）

在现实生活中，除了法理学中大量谈论抽象意义的"法律"之外，通常较少谈抽象的法律。尤其在司法执法活动中，人们都习惯于运作各种具体法律条文。

（三）隐含的法律

文学的法律描写存在着这样的现象：作品形象描绘了违法、侵权、犯罪之类的事实，然而没有运用法律名词术语，也没有司法执法人员出现，更没有引发法律诉讼活动，但所描绘事实的性质含有法律和法理。凡属这种情形的法律描写，都可认为是文学中的隐含的法律形式。例如莫泊桑的短篇小说《水上》《是我疯了吗》和《醉汉》都写到了致死人命的事件，而文字表述上没有一丝一毫关于法律的信息，然而事实上都涉及刑法的有关规定，并表现了一定的法律见解。拙著《法律与文学的交叉地》曾论及这三篇小说的法律认识价值，读者可以参阅。

隐含的法律形式容易被忽视，研究者应当注意保持透过法律现象看本质的清醒头脑。有时候，还需作一定的法律考察，才能弄清那隐含的法律到底是什么。美国黑人作家詹姆斯·鲍德温的短篇小说《今朝今夕，时光易逝》描写一个在法国歌坛已赫赫有名的美国黑人歌唱家偕瑞典籍白人妻子哈莉特和儿子保罗回国前夕忧心忡忡、坐立不安的心情。小说写于1960年，究明其中隐含的法律是懂得小说寓意的关键。然而，不明美国当年立法动态的读者，根本无从明白这隐含的法律到底是什么。据1956年《美国大百科全书》中"婚姻"条目记载，当年"美国有二十五个州禁止白人与黑人通婚，其法律条文常作精确规定：如一方具有几分之几的非洲血统，这项婚姻便在取缔之列"。黑人因擅自与白人结婚而被依法判处二至五年徒刑的不乏其例。这就是小说中黑人歌唱家惴惴不安的法律原因。《今朝今夕，时光易逝》的立意在于再现美国这种种族歧视的立法对黑人产生的深沉的精神伤害。由于采取了隐含的法律形式，使不了解美国立法动态的读者产生了共鸣的障碍。

（四）虚拟的法律

在有意于幽默、调侃的作家笔下，在童话、寓言、科幻小说里，在浪漫主义、现代主义作品中，时常出现天国、冥界、动物世界的法律，或者现实生活中不曾有过的纯属作家杜撰的法律，这些可一概称为虚拟的法律，是艺术想象和联想的结果。上述作品中的法律现象、法律诉讼活动，也属于虚拟的法律形式范围。它们都是现实生活中的法律的曲折反映，不难发现其现实针对性。

俄国寓言作家克雷诺夫的《狼和羊》写道，狼总是欺负羊，兽国召开高级官吏会议，要制定保护羊的法律。高级官吏中有好几匹狼，于是制定出了一条被认为"十全十美"的法律：

> 只要发现狼企图侵犯羊群，羊群将受到欺压时，不论这狼是谁，羊都有权利抓住狼的咽喉，把狼押到最近的矮树丛或森林中的法庭上去。

作品通过这条虚拟的貌似公正的法律条文，揭露了俄国现实生活中"公正"的法律条文下掩盖着的并不公正的实质。作品的寓意应作这样的理解。

蒲松龄《聊斋志异·席方平》所写席方平灵魂出窍，赴阴曹地府状告羊姓邻居阴魂在冥界欺负父亲的罪过，几经周折，终于胜诉的故事，同样涉及虚拟的法律形式，寄托了人间的法律理想。

以上论述表明，即使在浅层的法律形式方面，涉法文学中的法律同现实生活中的法律也存在着明显差异，如果探讨深层的法律意蕴，其差异更为悬殊，留待以后另行说明。总之，涉法文学的一个突出特性是它所描写的法律大大不同于现实生活中的法律。这在虚构性的文学作品中是普遍原则。只有在严格的现实主义文学、纪实文学、报告文学、西方的非虚构小说中，文学内外的法律才基本一致。这种情形在涉法文学创作论中会再详加讨论。

法律内容是文学法律学研究的对象，通过这一专门研究可知涉法文学的法律认识价值是极其巨大、丰富的，纯文学家做梦也想不到这一点。

三 文学形式

构成涉法文学的文学形式因素，最基本的东西，自然是文学体裁。诗、散文、小说、戏剧这四大文学体裁，都能有效容纳法律内容。这是不争的事实。不同的体裁所容纳的法律内容有所不同，则是需要研究的课题。

在纯文学研究中，文学形式主要指文学体裁。法律文艺学却不然。它把一切足以影响法律内容表达效果的东西，都视为文学形式的东西。因此，除文学体裁之外，创作方法、写作技巧、作家的法律立场等，都是法律文艺学所认为的文学形式因素。要把握涉法文学特质的另一重要方面，就是要具体了解这些文学形式因素如何影响上述法律内容表达效果的规律性。

涉法文学的形式方面，是法律文艺学的对象。通过这一专门研究，可知文学自从与法律联姻之后，几千年来子子孙孙延绵不绝，形成了极其庞大的文学家族，从而产生了特殊的文学进程、规律和艺术成就。这一方面，也是纯文学家做梦也想不到的。

本书的全部论述，都是围绕涉法文学的形式因素与内容因素如何结合的核心问题展开的。这里必须强调一点：涉法文学数量巨大，同总体文学的比例，大约是1：4。这个比例是通过抽样统计而推算出来的。请见下表：

全球涉法文学抽样统计表

国别	作家	作品名称	体裁	总篇目数	涉法文学篇目数
中国		《诗经》	诗歌	305	162
中国		元代杂剧	戏剧	162	36
中国	冯梦龙	"三言"	小说	120	30
中国	凌濛初	"二拍"	小说	80	44
中国	鲁迅	《呐喊》《彷徨》《故事新编》	小说	33	16
中国	蒲松龄	《聊斋志异》	小说	519	102
英国	莎士比亚	莎士比亚戏剧	戏剧	37	30
英国	狄更斯	狄更斯长篇小说	小说	15	15
法国	莫泊桑	短篇小说全集	小说	252	62

续 表

国别	作家	作品名称	体裁	总篇目数	涉法文学篇目数
法国	巴尔扎克	《人间喜剧》	小说	96	70
俄国	契诃夫	小说全集	小说	478	77
美国	马克·吐温	中短篇小说全集	小说	93	18
丹麦	易卜生	戏剧全集	戏剧	25	17
合计				2215	679

我们抽样统计的全是文学名家名著，且都带有"全集"性质，唯其如此，这样的统计才堪称具有典型意义和全局意义。统计的结果是：总篇目数与其中涉法文学篇目数的比例是 3∶1。考虑到许多作家的涉法文学创作数量较少，故推而广之，全球总体文学与其中的涉法文学的比例大约是 4∶1。中国的唐诗、宋词为抒情文学，涉及法律的比例会大大缩小。在叙事性作品或小说、戏剧作品中，涉及法律的比例会相对增加。

四 文本 现象 规律

要把握涉法文学的特质，还有更重要的落脚点的东西，这就是上述法律内容和文学形式两大因素有机结合的最后产物是什么。可以将它们按其具体表现的不同，分解为三种成分：文本、现象和规律。

文本，指的是法律内容与文学形式相结合的直接产物，包括古往今来一切与法律有缘的各种体裁形式的作品，其数量庞大至极，据初步推算，约占总体文学文本的四分之一。再说，当今新的涉法文学文本在不断涌现，要准确估量其数额，是很困难的。唯其如此，涉法文学研究的前景也就无可限量。

涉法文学文本之于涉法文学现象、规律，如同母子。后二者都存身于或产生于文本的母体。只要系统地、大量地阅读中外历代涉法文学文本，就自然而然能够不断发现由众多相关联的文本所体现出来的种种特有现象和规律。如果说纯文学家容易抹杀涉法文学文本的特殊之处而产生误读误解，那么对涉法文学现象和规律，更是视而不见，一无所知。这个道理不难明白。起步的时候既然没有明确方向和跑道，那么不能抵达预定的终点也就是必然的了。

涉法文学现象和规律，都要由相关联的一系列作品的内在联系来标记、体现。区别只在于规律更带普遍性，囊括的有关作品数量更多。涉法文学现象遍及古今中外的文学史，例如中国古代有公案小说、公案戏剧，当代有法制文学、公安文学、大墙文学；在中国台湾有牢狱小说；在缅甸有监牢文学；在日本有推理小说；在苏联有法制小说；在美国有法律小说、律师小说、法律与文学运动；在英国有以柯南道尔的《福尔摩斯探案集》为代表的侦探小说……除了法律与文学运动发生在美国法学界之外，其他都出现于文学界。所有这些，都是法律文艺学的对象实体的重要组成部分。

还有一些涉法文学现象更为具体，产生于作家描写、思考法律的理性感悟与艺术追求的有机结合，只有把二者结合起来，才能发现它们、解释它们。例如，通过大量阅读涉法文学文本，就会发现以法律、犯罪、囚徒、审判、被告、监狱、法官、假释、口供、谋杀等法律名词术语做标题的现象。广泛收集个案实例，再将它们一一同作品的内容联系起来加以思考，就能从中进一步看到两类不同的使用方式：一类是用这些法律名词术语提示、概括作品的法律描写的范围或思想意义；另一类却是在比喻、引申的意义上使用法律名词术语，故标题与正文没有法律上的一致性。闻一多的诗《口供》、陶正的小说《假释》、契诃夫的小说《审判》、普鲁斯特的小说《女囚》等的标题运用，就属于后一类。捕捉到这两类现象之后，就可对此作出合乎实际的解释，从而形成理论认识。

凡遍及古今中外的重大涉法文学现象，必然体现为文学规律。涉法文学的漫长发展历史上，由此发现的特殊文学规律不在少数。依我初步的研究所得，至少有三大客观规律是不以任何人的意识为转移的，它们是：涉法文学由实用到审美的发展进程；全球不约而同的法律批判倾向；世界五大法系的根本特征在相应国家的文学中有着生动的反映。这三大规律是法律文艺学研究的重大发现，可置于涉法文学史论中加以详尽论述。

把涉法文学的最后生成物划分为文本、现象与规律三个部分或三个层次，具有重要的方法论意义，可指引研究者阅读文本，发现现象，揭示规律的正确方向。

以上所谈，是涉法文学的特质之所在。下面谈其特性。

五 无孔不入，无处不在

涉法文学的突出特性之一，是具有强大的渗透性，给人的感觉是无孔不入，无处不在。由于总体文学的庞大无比，数量浩繁，使研究者见到它仿佛见到一只巨型刺猬一样，无从下手。这样，分类研究就是有效途径。非常有趣的是，无论文学家对总体文学作怎样的分类，无论研究者选择何种课题与方法，都不可能排除涉法文学文本的潜入，即使不谈论它，它也客观地存在着。在中国，文学被划分为中国文学和外国文学两大学科，在两大学科内部，又进而划分为文学史、文学批评、文学理论等分支学科或专业，文学史又分古代文学史、近代文学史、现代文学史、当代文学史，如此等等。在所有这些精细的学科、学术分工中，不管人们是否意识到有涉法文学这码事，实际上都会碰到涉法文学家族中成员的纠缠。

文学仅以题材的分类而言，就有教育文学、军旅文学、爱情文学、大墙文学、骑士文学、宗教文学，等等。中国当代以主题倾向分类有伤痕文学、改革文学、寻根文学、知青文学，等等。世界著名短篇小说分类文库的策划者罗列出世态小说、幽默小说、爱情小说、哲理小说、科幻小说、惊险小说、侦探小说、流浪汉小说、荒诞小说、战争小说等类型。它们之中无不有涉法文学的身影。这就是涉法文学的特征之一：它无处不在，无孔不入，有着满天飞、遍地跑的顽强生命力，同时也证明它不是题材的分类。

由此可以得到一个极为重要的结论：涉法文学是浓缩了的总体文学，对涉法文学的所知甚少甚至一无所知，意味着就是对总体文学的无知或一知半解，是文学研究严重滞后于文学实践的表现。不承认这种结论，就会犯中国古代关于"白马非马"的逻辑错误。对涉法文学的长期冷落和对涉法文学文本的误读误解以及对涉法文学现象的不能解释、对涉法文学规律的不能揭示，反反复复证明了中外广大文学家在客观事实上已陷入"白马非马"的逻辑错误的深渊里不得解脱。

在拙著《法律与文学漫话·代自序》中，我曾指出："法律之于文学研究，有盲点、有错觉、有误区，令人不能不忧虑。尤其在那些高学历、高职称的文学研究者那里，甚至在著名的学者和权威论著中，也不例外地存在着这些瑕疵，这就更令人忧虑。"[1]当时这话针对的是文学家因不通法律而导致的学术失误的严重性。现在，在了解了涉法文学无孔不入、无处不在的强大渗透性特性之后，能进一步看到不通法律的文学家的学术失误的普遍性。事实上，我早已看到在中外文学史研究中，在当代文学批评中，在文学理论和美学理论中，文学家不通法律所带来的种种失误很普遍、很严重，以致我不能不用专门章节加以披露和批评。很清楚，如果涉法文学为数稀少，囚禁在极狭小的牢笼里，绝对不会使众多文学家处于困窘境地。

注意涉法文学存在的普遍性特性的消极意义，在于寻找不通法律的文学家面对纷至沓来的涉法文学无能为力、出乖露丑之所以如同家常便饭的原因，而其积极意义则在于开拓文学研究的视野，使学者们认识到涉法文学研究的无限广阔前景，从而充分施展聪明才智去寻觅和解决琳琅满目的学术课题。

有人说，涉法文学不是主流文学。此话不值一驳。涉法文学无处不在的广泛性表明，任何文学分类的规模，都不可能与之相提并论。故我称之为浓缩了的总体文学。如果它不属于主流文学，那么主流文学何在呢？在中国吗？在其他文学大国吗？全世界涉法文学的总和，大大超过了任何一个文学大国的全部文学之和，这是可以运用现代化科技手段加以证明的结论。我以为，涉法文学应当是世界性的主流文学中的一条极重要的支脉，以浓缩了的总体文学视之论之，一点也不过分。

六　世界文学大师及其名著均与法律有缘

涉法文学的另一特性是，世界文学大师及其名著，均与法律有缘。甚至可以说，越是杰出的文学大师，越是世界一流的文学名著，在描写法律、思考法律上的成就、贡献就越突出。《红楼梦》就是一个典型代表：它是世界少有的典范涉法文学文本。

明白了这一特性，涉法文学研究的主攻方向在于从法律视角重新解读世界文学大师们的文学名著，就是毋庸置疑的了。

我想特别提请读者注意的是，公认的世界一流的文学大师们，如英国的莎士比亚、狄更斯，法国的巴尔扎克、莫泊桑，德国的歌德、席勒，俄国的普希金、果戈理、契诃夫、托尔斯泰，美国的马克·吐温、德莱赛，印度的泰戈尔，中国的曹雪芹、鲁迅、巴金，等等，都曾以他们的不朽名篇描写他们各自国家、时代的法律现象，在思考有关法律问题方面作出了卓越贡献。可惜的是他们的特殊丰功伟绩被非法律的文学研究所遮掩、埋没得太深太久，至今不为世人所知。

拙著《法律与文学的交叉地》曾对巴尔扎克、莫泊桑、泰戈尔、鲁迅等人的作品的法律认识价值作过局部、专题性的简略论述，尚未顾及的作家作品实在是太多太多，因此已做过的研究工作只能是聊胜于无罢了，对于解决全面认识上述文学大师们的特殊文学贡献的问题来说，真是杯水车薪，完全无济于事。

笔者曾出版的《鲁迅与法律》一书，是以专著形式对世界文学大师的文学成就作法律视角的考察的第一次尝试。能以同样的方式专门论之的文学大师，大约有十位。他们均在上述名单中。

上述文学大师们的涉法文学作品虽体裁有所不同，作品数量也多少不等，所作出的贡献也不可一概而论，但引人注目的共同点在于洞察法律本质方面的入木三分。这是他们的涉法作品区别于各种通俗法制文学的根本点之所在，也是我之所以看重大师们的涉法作品的根本原因之所在。如此重大而普遍的文学景观千百年来一直迷失在非法律的文学研究模式之外，其损失实在太大太多。我们已经说过，文学中的法律内容往往是文学家难以避免的盲点、错觉和误区。现在我要补充说，无视世界一流的文学大师们的涉法文学创作丰功伟绩的巨大损失，就是这样造成的。

由此产生了一个不容忽视的学术问题：中外文学史上世界性的文学大师们的文学名著在长期科研实践中早已形成了难以更改的公论、定论，而这些公论、定论无不是在阉割了固有的法律内容的条件下产生的，亦即是论者均程度不同地存在着拒斥法律的盲点、错觉与误区的弊端。是此，把这些公论、定论置于法律视角之下，自然而然都会显露出不同程度地偏离作品本来面貌的普遍缺陷，以致使它们不再具有定论、公论所应有的权威性、真理性。就这样，涉法文学研究者的主观愿望无论怎么真诚、善良，在客观效果上总不免向非法律的文学研究所形成的各种公论、定论发出挑战，并作出种种具有针砭性或反驳性的结论。在这里没有任何的折衷、调和的余地。越是谈论文学大师们的文学名著，越不可折衷、调和。因此，涉法文学研究的生命力显得很旺盛、很顽强，有火药味。

在这种情况下，对涉法文学的反感、厌恶与隔膜，不仅是不正常的，而且反映着非法律的传统文学研究眼光与方式的全部缺陷与弊病。明白了这一点，世界性文学大师们的涉法文学创作的丰功伟绩之于文学研究，不再是像法制文学的鼓吹者所做的那种呼吁重视、乞求平等，而是完全相反：宣告不通法律的文学研究者的无能为力，迫使他们改弦更张，努力慢慢学会弹奏出关于涉法文学正确评论的和谐旋律。否则，实在是愧对文学大师们的业绩了。

具体说来，世界文学大师们共同的法律观察、描写的无与伦比的深刻性表现在对于作家们所处时代的本国法律的历史特征、实施中的致命弊端都有着真实的感悟与形象描绘。例如英国的法律诉讼过程时常久拖未决，故从莎士比亚的《哈姆雷特》到狄更斯的《荒凉山庄》都曾予以披露，法国、德国、俄国的立法文本法典化，条文繁多，可执法中却每每使法律形成一纸空文，故在巴尔扎克、莫泊桑、歌德、席勒、普希金、果戈理、托尔斯泰的笔下真正违法犯罪的人往往逍遥法外，而弱小者、受害者得不到法律的保护。在中国，自周朝开始礼刑并用，以礼入法，用法护礼，紧紧束缚着人民群众的手脚，而统治者与家长、族长却可以为所欲为。曹雪芹的《红楼梦》、鲁迅的杂文与小说，巴金的《家》对此均有所暴露。这就是说，唯有从法律的角度加以审视与解释，中外文学史关于这些大师们的名著的思想意义才可以得到更全面、深入的理解与阐释。

七　昭示着文学研究的法律视角和方法

涉法文学的又一突出特性，是它昭示着文学研究的角度和方法的客观存在。只要稍有法律意识，且有志于涉法文学研究的学者，就不难在实践中感觉到这一特性就在身边，就在眼前，就在笔下。何以见得？从古至今，从来没有人在涉法文学与非涉法文学之间划一条界线，今后也未必有人能够并愿意做这种费力不讨好的事情。从这一点看，涉法文学虽有明确的对象实体，但没有必要到文学中去翻箱倒柜，一一清理出所有涉法文学文本，它只不过昭示着文学研究的法律视角和方法罢了。依据研究的实际需要，可以任意提取涉法文学文本加以阐述。有时，为了说明涉法文学研究的某些道理，还可捎带上纯文学文本，以作参照系。黑格尔的《美学》就有这种做法。它经常分析世界各国涉法文学作品，以证明有关美学见解，同时也谈论许多不涉及法律的作品，以作比照。

从法律视角切入文学的学术功能，在很大程度上突破了涉法文学自身，把理性思维的空间拓展到了纯文学的天地。例如，本书绪论对纯文学研究的种种弊端的反思与抨击，就是由涉法文学昭示的法律视角和方法大胆运作功力抵达总体文学研究的全局目标的明证。本书第七编《法律视角下的文学争鸣》各章所谈，再一次集中火力对上述弊端作出了猛烈攻击，使纯文学作家的法律知识性错误与纯文学研究家的学术弱点和失误一一暴露在世人面前。这些论述所指称的对象，大大超出了涉法文学的范围。

因此，涉法文学作为法律文艺学的对象实体，既有其质的规定性，把与法律不相干的纯文学排斥在外，同时这个对象实体又标志着文学研究的法律视角和方法的自由、广泛的运用，其功力可大大超出涉法文学范畴，即延伸到总体文学之中，真可谓神通广大。

综观以上所谈，可见涉法文学是浓缩了总体文学，而法律文艺学发展了文艺学。通过对涉法文学对象实体的特质特性的简略论述，我们可以得到这样的结论。这个结论的锋芒所到之处，使一切对涉法文学和法律文艺学怀有的偏见、疑虑、藐视、冷漠不攻自破。

参考文献：

［1］余宗其．法律与文学漫话［M］．北京：华艺出版社，2001：5－6.

第二章 理论资源

当今文学理论界的有识之士不免感叹中国文学研究理论资源的匮乏，其针对的事实是长期以来拥有话语霸权的全是舶来品，缺乏我们中华民族独创的文艺理论系统。"文革"前，俄国和苏联的一套文艺理论一直独占鳌头。"文革"后，尤其是苏联解体后，西方各种牌号的文艺理论如同开闸之后的江河水滚滚而来，充斥着文坛。中华本土文艺理论的声音几乎完全听不到。深怀忧虑的学者把这种不景气的现象概括为"无声之国"，意思是有五千年文明的中国如今在国际国内的文艺理论的论坛上毫无自己的声音。

我不仅深有同感，而且意识到自己二十多年来热心倡导、苦苦摸索的涉法文学研究并非盲目行为，也不是一时的权宜之计，而是一种高度自觉，以创立法律与文学的交叉学科理论系统为归依，有广阔发展前景的学术工程，在客观效果上意味着一种新的文学研究视角、方法与学科的诞生。毫无疑问，现有的任何文艺理论系统均不能实质性地支撑这种文学研究实践活动的开展。

从长期学术实践中我逐渐发现：任何一种自成格局的文学理论系统要想具有强大生命力和普遍的导引功能，足以成为独立的理论建构，必须解决几个关键问题。安身立命的本源或根基问题，指导思想问题，所建立的新学科的理论定位问题，独立的品格问题，等等。可以把握十足地说，涉法文学研究使人欣慰的地方，就是这些关键问题的解决途径在反复探索中已越来越清楚地呈现在眼前。

质言之，涉法文学研究在实践中开拓了自给自足的理论资源，同时又能够逐步发展为跻身于世界文学理论资源大家庭的成员之一，使世人听到来自中华本土的声音。中国作为国际文艺理论论坛上的"无声之国"的历史，从此可以宣告结束。

一　以涉法文学自身为本源

任何学术研究赖以安身立命的根本和生生不息的源头，无非是在两种可能性中作出一种必然的选择：一是前人早已开拓出现成路径，后来者只要经过一定的承传训练，便可轻车熟路继续行进；二是前人未曾涉足，或虽偶有所为但终究没有踏出一条可走的路来，这就需要有志者自我开辟前进道路了。对涉法文学进行跨学科、多学科研究，且以建构文学法律学和法律文艺学为两大宏伟目标，显然只能作第二种选择。

作这种选择意味着没有现成的成套理论、方法可资运作，研究者唯一的出路在于以古往今来的中外一切涉法文学文本为本源，通过系统研读，从中找到它们的内在联系、客观规律，把所见所感上升到理论的高度，便会产生一系列真知灼见，乃至形成严谨的理论系统。拙著《法律与文学的交叉地》中关于文学法律学的理论框架和正在建构中的法律文艺学的理论框架，归根结底，都是在涉法文学文本的启示的地面上耸立起来的。

这里并没有多少深奥的道理，只不过体现了文学研究必须坚持从文学事实出发的基本原则罢了。试想，第一个从事文学批评的人，第一个研究文学史的人，第一个探讨文学理论、文艺美学理论的人，到哪里去找可供运作的理论、方法和范本呢？可见，文学文本永远是文学研究的第一手材料。同理，涉法文学文本永远是涉法文学研究的第一手材料。即使日后涉法文学研究蔚然成风，成果甚丰，要使其不断发展的根本点依然在研读涉法文学文本。

当今文坛之所以有较多的人深感文学研究的理论资源匮乏，然而又找不到出路，我以为在很大程度上取决于研究者们本末倒置，把研读文学文本、搜集文学事实的根本淡忘了，而把评介异域的种种现成文学理论当作了头等大事。这样，许许多多文学理论工作者无形之中充当了西方文论的推销员，甚至是二道贩子。对这种贩运、倒卖活动乐此不疲，习以为常，怎么能够有自己的声音呢？怎么能同世界文坛进行平等的对话与交流呢？

要想对文学有不落窠臼的新颖、独特见解，唯一可行的办法，就是系统地研读中国和世界各国有文字记载的各种体裁形式的作品，充分接受文学文本的理性启示。当点点滴滴的启示积累、交汇到一定程度的时候，研究者的心灵世界便会有逐渐开窍的感觉，终于有一天顿觉心头一亮，那些从前意想不到的观点、理论、推理过程开始涌现出来，迫使你将其形诸笔墨，公之于世。这就是我在没有任何现成的理论系统可资借鉴的条件下写出《法律与文学的交叉地》并在书中提出"文学法律学"概念用以涵盖其全部理性内涵的根本体会。在撰写《法律文艺学》的过程中，我又一次体会到从实践中得到的这一根本体会的客观真理性：任何文学理论资源的源头，都在文学创作实践的产物——文学文本之中。涉法文学研究的理论资源的源头，自然只能在涉法文学文本之中。

涉法文学区别于一般文学的特质在于描写了生活中的法律现象，提出和思考了法律问题，这样，接受涉法文学文本的理性启示，即是要从研读涉法文学作品中究明文学化了的法律是怎么一回事，同时还要考察法律进入文学后给文学带来了哪些根本性的变化。这是涉法文学研究所必须解决的两个核心问题或根本立足点的问题。如果不能解决这两个问题，或者在解决这两个问题上出了偏差，那么涉法文学的研究就不能作为法律与文学的交叉学科而存在，充其量只能是有重大缺陷的学术冒险活动。法制文学的鼓吹者把法制文学当作题材分类来谈论，作茧自缚地蛰居于人为划定的狭小空间的做法之所以为我所不满，根本原因就在这里。各种误解涉法文学的不良现象和倾向产生的原因也在这里。

文学中的法律到底是什么，我没有见到任何文学家或法学家加以明确界定。然而，在拙著《法律与文学的交叉地》中却能作出至今看来仍然正确的说明，追根溯源就在于成千上万的涉法文学文本共同向我昭示出的结论。我在该书开宗明义的《绪论》一开头就指出：

法律是一种意识形态，是社会生活的调节器，是统治阶级的意志的表现，是人们和社会团体必须遵守的行为规范。法学直接以这样的法律为对象。文学中的法律，却是这种法律的派生物、副产品，是法律实施于社会的经验、教训和效果。其根本区别是：前者的对象，是法律自身的结构和内容，后者的对象，却是具有一定结构和内容的法律贯彻执行的社会效应，而不是法律本身，或者说，法律本身的比重很小。

此时此刻以至于将来，我会一如既往地这样认识文学化了的法律的特质。

此种明确看法和坚定信念虽然在表现形式上属于我个人的主观意识，但客观必然性存在于我所广泛浏览过的千万种涉法文学作品之中。它们以各种各样的形象描写向我暗示出一个万变不离其宗的抽象结论，以至使我终于能脱口讲出来，形成上面这段别人不曾讲过的话。

纲举目张。抓住了涉法文学中的法律的质的规定性这个总纲，其余一切大大小小的学术问题之目便能随之顺利地一一抖露出来，并且同样都能够在涉法文学文本的启示之下全部破译出所有答案。随着研究者对涉法文学浏览范围的不断扩大、研读作品数量的不断增加，对涉法文学的各种奇思妙想也会不断丰富、成熟。

我是个愚拙的家伙，在学术上总是以笨鸟先飞的格言激励自己。原本对法律一窍不通，对涉法文学一无所知，后来之所以能开口喋喋不休大讲涉法文学，先迈出一条文学法律学的单腿一拐一拐地行走，接着又迈出法律文艺学这条腿行走如常，完全仰仗着所读过的上万种涉法作品的无声教诲。

所谓无声的教诲，是说涉法文学以无穷无尽的事实、现象与艺术描写的形象图画呈现在我的面前，启示我努力分门别类地一一寻求它们的归属、内在联系与客观规律性，并用相应的概念、判断、逻辑推理来描述和论证这样的寻求之所得。这种情形，酷似一个学生在冥冥中接受一位无形的老师的耳提面命的教导，从而交出了一份份答卷。而这位老师的教育方式主要是引而不发，从而不断激发着我跃跃欲试的冲动，以至总是有所发现，有所感悟，找到了一系列可任凭唠叨不已的话题。

自然，我冥冥中的无形教师也有直言不讳的时候。这往往是在形象描绘的基础上对人世间的法律发表抽象议论，使我得以直截了当地认识涉法文学中的法律思想意义及其相应的艺术特色。这类事例为数不少，且往往妙语连珠。我在想，如果全面搜集中外涉法文学作品中关于法律的各种议论话语，编一本《文学法律妙语佳句大全》，是毫无疑问的。在我看来，这本并不难编出的大书，既是广大读者认识社会生活中的法律真相的教科书，更是涉法文学研究者必不可少的课题库。

不妨举一个实例。巴尔扎克的长篇小说《烟花女荣辱记》中的法律描写给广大读者和涉法文学研究者的启示，就兼具引而不发的暗示和直言不讳的议论这两个方面。我不想平均使用力量来详谈这两个方面的源源本本，只想提醒涉法文学研究者注意下面一段关于法律的抽象议论：

> 法律是好的，是必需的，只是实施得很糟，而民风按照法律实施的情形来评断法律。[1]

只要谁广泛地浏览过古今中外的涉法文学作品，就会惊喜地意识到，这段话的理性概括力极其强大，不仅道出了《烟花女荣辱记》的法律描写所体现出的法律思想意义，说明了这部涉法长篇小说创作所坚持的法律立场，而且可以用它来高度抽象地概括全球涉法文学的主题思想的总体倾向和所有涉法文学作家作品的基本法律立场。尽管存在着许多例外情形，但迄今为止的中外涉法作品的总倾向是披露、抨击各国历代法律实施得"很糟"的情形，作家作品的绝大多数是遵照"民风"来如此"评断法律"的。因此，巴尔扎克的这段话之于涉法文学研究的不朽意义，在于言简意明地指出了涉法文学研究的正确大方向。此前，还没有哪一位文学理论家能够有这样的真知灼见。

我国清代张南庄的小说《何典》，被称为"鬼小说"，因为它描写了许多鬼的言行，其中关于法律的言论不在少数。"迷露里鬼"所说的一句话，跟上述巴尔扎克的议论颇有相似之处：

> 虽说是王法无私，不过是纸上空言，口头言语罢了。[2]

这段鬼话，实质上是人话，其含义，也是说：号称无私的法律，实施于社会时不免经常落空，成为流于纸面的或口头的空话。中外作家的这种深刻法律见解和感悟，是不约而同的，应成为涉法文学研究的指针之一。

总之一句话，古今中外的一切涉法文学文本，是涉法文学研究的理论资源的唯一源头。只要穷读毕览，严格从涉法文学的实际出发，坚持用涉法文学固有的事实讲话，就可从根本上提出和解决涉法文学的任何实践问题和理论问题。

二　哲学基础

涉法文学研究的哲学基础相当坚实和雄厚。首先，涉法文学这种文学品种、文学现象是法律与文学这两种社会意识互相影响、互相作用的产物，是社会意识相对独立于社会存在的一种生动表现。与此同时，涉法文学一旦产生，便以一般文学所不可能具有的方式反作用于社会存在或经济基础。这主要取决于中外涉法文学具有的不约而同的法律批判传统，有利于反映人民的法律理想，促进法制的改革与完善，是社会意识相对独立于社会存在或经济基础的又一生动表现。对这两种生动表现，恩格斯曾有这样的论述：

> 政治、法律、哲学、宗教、文学、艺术等的发展是以经济发展为基础的。但是，它们又都互相影响并对经济基础发生影响。并不是只有经济状况才是原因，才是积极的，而其余一切都不过是消极的结果。[3]

多少年来，人文社会科学各领域的学人们往往只是注意到各种社会意识赖以产生的经济基础方面，而对于这段话中"但是"后面所指出各种社会意识形态"互相影响并对经济基础发生影响"的方面不免时常忽视，很少谈论。这应当是人文社会科学的各种交叉学科未能健康发展的哲学认识上的重要原因，尤其是涉法文学作为法律与文学间的交叉学科的研究长期不能纳入学术事业议事日程的根本性认识原因。

当我们如此探求涉法文学研究的哲学基础的时候，不仅找到了早就存在却迷失已久的立足之地，而且不知不觉反省了文学界长期以来淡忘法律、排斥法律、不懂法律的学术缺失，还意识到这种缺失背后的形而上学的思维习惯，真可谓一举多得。

其次，运用内容与形式这一对普适的哲学范畴来考察涉法文学对象实体，会洞察到涉法文学内在要素与结构方式，必然是现实生活中的法律内容与文学形式上的诸种因素如文学体裁、创作方法、艺术技巧等的有机结合与统一。这是涉法文学研究的哲学基础的又一个重要方面。

从数以千万计的涉法文学文本的阅读中已得知的法律内容是各国历代法律实施的效果和这效果糟糕的倾向性两个方面。这样，涉法文学的研究在很大程度上要详尽探讨这二者同众多文学形式因素的相互关系。尤其是文学创作领域，既要探讨作家观察、感受到的法律内容的特色怎样使他们选取了合适的文学形式，又要从文学形式方面着眼看看不同的文学形式给予了所容纳的法律内容以怎样的反作用。这样形成的全部理论，可命名为涉法文学创作论。不用说这种文学创作论别具一格，前所未有。

就这样，涉法文学研究有两大哲学原理的坚实基石。现在要进一步讨论的是这两大基石的关系如何：是并列关系还是层递关系，或是包容与被包容的关系。唯有究明了这层关系，才可明确涉法文学研究中各种领域和各种课题开辟、提出和解决的由来与方向。

我以为，二者是层递关系，必须区分为第一位、第二位这样的先后次序，决不能颠倒过来。第一位的哲学基石是社会意识形态互相影响并影响经济基础的原理，它使我们清楚地知道涉法文学品种产生的原因和社会功能都不同于一般文学，从而使我们有了认识论的理论基础，能指引我们有效思考和回答涉法文学从何而来和为什么要研究涉法文学的问题。第二位的哲学基石是内容与形式这一对哲学范畴，它使我们能够思考和解决怎样研究涉法文学的问题，具有方法论的意义。可见，这两个方面实质上是世界观与方法论在涉法文学研究领域的一种具体表现，理所当然不能颠倒它们第一位与第二位的关系。

有了这认识论、方法论的双层结构的哲学基础，涉法文学研究工程的运行便毫无疑义了，其应有的学术地位是任何人也动摇不了的。

三　对既有的法律智慧的广泛吸取与重新建构

解决了涉法文学研究的理论源头、哲学基础两大问题之后，摆在第三位的问题，应是对人类既有的法律智慧的广泛吸取与重新建构的问题。究明了这一点，研究者就取得了基本的发言权。

首先必须明白，纯文学家之所以对涉法文学视而不见，不能把它从总体文学之中提取出来，也不能知晓涉法文学中的"法"为何物，并不意味着他们从未读过任何涉法文学作品，也不意味着他们不明白上面的哲学原理，其症结在于没有足够的法律知识、法律理论和法律思想——这三者就是我所说的法律智慧。不言而喻，要想具有法律智慧，就需要自觉学习法律。

马克思曾经说过，对于非音乐的耳朵，再美妙的音乐也是毫无意义的。同样的道理，对于非法律的眼睛，任何美妙的涉法文学也是毫无意义的。文学研究的法律视角的取得，具体表现为研究者对法律智慧的自觉学习与成功运用。这是别无选择的事情。

其次，还要明白之所以要"广泛吸取与重新建构"的道理。先说广泛吸取。我们曾经说过的文学学科的严酷学术分工的情形，在法学界同样存在。理论法学、部门法学、法制史学、法学的边缘学科等几大板块的划分，每一板块内部更细小的专业分工等，把法学跟文学一样弄得山头林立，门户遍地。在这种情况下，很难找到精通一切的法学家。然而，全球各国涉法文学对于现实生活中的法律的描写与思考，都是包罗万象的。因此，只有在法学论著的汪洋大海里畅游博览，具有一双法学通才般的慧眼，才能对古今中外涉法文学中的法律意蕴具备解读的能力。这就是"广泛吸取"的道理之所在。明白了这一点，也就明白了中外法学家热衷于谈论涉法文学中的法律的基本原因。

之所以要"重新建构"，理由是文学中的法律描写与思考不是对任何立法文本的学理解释，也不是对任何法学理论原则的简单图解，而是对法律实施于社会的现象、效果、问题、弊端等活生生的人与事的形象描绘，从而表现出一定的法律立场与法律思想意义。这一切很难纳入现成的任何一种极有权威的法学论著的理论框架，然而其中的法律智慧除了自成格局的一方面之外，又与现有的法学理论著述有千丝万缕的对应关系。因此，"广泛吸取"法学论著中的法律智慧，还需要经过研究者的融会贯通，另行打造，使之成为能够运用自如的潜在指导思想、智力结构。中外乐于谈论涉法文学的法学家对此注意不够，故他们往往流于带着既有的法学见解到文学之林去寻找有趣的论据的偏颇。文学作家们在自己的作品中所建造的法律智慧之宫，法学家们很难进入，道理就在这里。

有鉴于此，对于涉法文学研究所必须具备的法律知识、理论基础，只能是对既有的出现在各种法学论著中的法律智慧广泛加以吸取，与此同时又按照研究的实际需要对吸取的东西加以重新建构，从而使涉法文学的全部研究活动既合乎法理，又不沦为任何现成法学理论、原理、原则的仆从，形成忠实于涉法文学本来面貌的文学法律学和法律文艺学两大理论系统。

从文学家百分之九十五以上不通法律的状况来看，从事涉法文学研究的人们之所以要广泛吸取法律智慧的营养，就是要弥补单科独进的文学专业教育与科研习惯所造成的专业智能的缺陷，逐渐形成适应涉法文学研究需要的兼具法律和文学两大学科功底的合理知识结构。这样，文学家补上法律课就不是简单从法律的 ABC 学起，而是依据实际需要的基本原则，着重处理好以下几个环节，或者说要弄清几个全局性的问题：

第一，摆脱传统法律观念的偏见，树立正确的法律观。古老的中华法系缺少民主传统，历来把法律当作封建统治的工具，致使当今许多人一提到法律就立即联想到坐牢、杀头、打官司，压根儿想不到法律保护个人权利、自由和民主的功能。不通法律的文学家也不例外地具有惧讼、厌讼的文化心理。唯有克服了狭隘的传统的法律观念，形成现代化的科学法律观，才能公允、正确地研究古今中外同法律结下不解之缘的涉法文学。从时下文学研究者对涉法文学的冷漠、拒斥、外行等情形，可以窥见他们文化心理深处依然有传统法律观的阴影笼罩着，使他们难以产生应有的学术兴趣。一旦有了正确的法律观，就有了衡量中外涉法文学描写法律的得失的公平尺度，同时会产生运用这尺度的浓厚兴趣。

涉法文学研究者的正确法律观的落脚点不在于像法官那样去准确无误地运用法律，也不在于像法学家那样去对法律进行学理解释，而在于以科学态度对待文学中的法律描写所体现出来的法律思想意义，能够将其条理化、系统化，形成文学法律学这种独特的法学理论系统；同时还在于能够把所有涉法文学文本从总体文学中抽取出来，作为专门性的文学对象实体，研究它们的特质、特征、特殊规律，从而建构法律文艺学这种独特的文学理论系统。因此，涉法文学研究者的正确法律观既来自法学论著中的法律智慧的养育与烛照，又大大不同于现成的所有法学论著的法律观念，应当拥有自己独有的理性内涵，同时又处处离不开文学赋予的艺术（即审美）的特征。这就是我们之所以主张对既有的法律智慧进行广泛吸取与重新建构的理由之所在。

文学中的法律内涵的理性特征、审美特征是专门学问，此处不能详谈，将以相当篇幅进行论述。此处仅将其作为涉法文学研究者所应当具有的正确法律观的内容提出来，以期将其当作研究者必备的学术素质。否则，涉法文学便从根本上不能进行法律与文学的交叉学科的研究。非法律的文学研究的各种弊害的实质正在于法盲文学家没有这种学术素质。

第二，在研读法学论著时应把博览群书与若干重点书目的精读结合起来，究明不同的法学论著在涉法文学研究中的不同地位与作用。文学是生活的百科全书。涉法文学是生活的法律教科书，所包含的法律思想、理论、知识非常丰富，不通晓中国和世界各国的法律沿革的历史与现状，就不能通晓中国和世界各国自古以来的涉法文学的法学成就与艺术成就。从这一点看，涉法文学研究者应当是法律的通才与全才。然而每一个学者的时间与精力都非常有限，根本不可能漫无边际地阅读法律书籍。因此，既要注意博览群书，又要精读那些随时随地都用得上的若干重点书目。二者不可偏废。

依据我个人的经验，涉法文学研究者必读的法律书籍至少应当是法理学、刑法学、民法学、婚姻法学、中国和外国法制史学、比较法学等。如果把它们同文学专业相对应的有关课程互相联系起来，对于法律与文学两大学科的学人们互相沟通、互相理解很有意义。法理学相当于文学概论之类的教科书，讲的是法律的本质、特征、类型、功能及其同其他意识形态的关系，是研究涉法文学中的法律的理论基础。刑法学、民法学、婚姻法学等相当于作家作品专论，是对刑法、民法、婚姻法等具体法律的学理解释，有利于涉法文学研究者系统化地了解充斥于文学中的刑法、民法、婚姻法的具体内容。我甚至认为，利用文学材料可以建构文学刑法学（或文学犯罪学）、文学民法学、文学婚姻法学的理论系统。其他具体法律虽也见于文学，但在出现频率和绝对数量上都远远不能同刑法、民法、婚姻法相抗衡。中国和外国法制史之于法律相当于中国和外国文学史之于文学，以研究法律发展的过程、规律为己任，应是涉法文学特有的不可缺少的发展历史研究指南。例如中华法系、印度法系、伊斯兰法系、民法法系、英美法系的特征在中国古代文学、印度文学、阿拉伯文学、法国文学、英美文学中均有所反映，唯有借助于法制史学提供的知识与理论，才能加以系统化的清理与解释。比较法学相当于比较文学，对涉法文学作跨学科、跨文化的纵向比较与横向比较提供了法律方面的方法论，从而使涉法文学研究与比较文学研究在很大程度上可以携手并进，甚至足以使比较文学研究引起巨大震动与变革（对此笔者有可能作专题研究）。

有针对性地先期选读这几类法律书籍可以奠定较坚实、足够运用的法学功底。如果研究中遇到一些溢出阅读范围的局部、个别性的法律问题，研究者可依据不时之需临时查找所需要的法律书籍。

坚持这一做法的好处是事半功倍，提高研究工作的效率。

第三，建构适应涉法文学研究要求的法学理论基础与该研究的两大系列的成果——文学法律学和法律文艺学的关系，二者永远处在互相支持、互相转化的状态中，不可机械割裂开来理解，更不可生硬割裂开来进行对立的二元操作。我作为涉法文学的跨学科研究的探索者，对此理解的图式是：在草创阶段，无疑要求研究者突破自己固有的文学专业智能的局限，尽可能多学一些法律知识、理论，摘掉法盲的帽子，这样便能出人意料地出现一批研究成果。这些成果一旦问世，无疑会加深原有的法学功底，促使研究者站在新的起点上，对文学中的法律思想意义及其相应的艺术方法有进一步的探讨与理解，这就又可能促使出现新的研究成果。如此循回往复，构成了一幅隐约可见的波浪式发展曲线图。这就是我作为法盲的文学研究者有所前进、写出了拙著《法律与文学的交叉地》，并在书中提出文学法律学概念；继而发表了数十篇涉法文学评论；接着又完成了《鲁迅与法律》《中国文学与中国法律》《外国文学与外国法律》等书稿的写作，如今又提出并全力论证法律文艺学的概念的大致学术心理历程。从这个历程中我意识到：从事涉法文学研究所必备的法律理论基础是个不断深化的过程，在很大程度上取决于研究者个人的感悟、设计与建构，并且它是涉法文学研究成果的不可分割的组成部分，又不断为日后新的学术提供攀升的基础。

因此，在如何培养兼具法律与文学功底的跨学科人才问题上，作为权宜之计，我主张只对文学家做先期法律补课工作，一举摘下法盲帽子，而不赞成人为地制造某些法律范式强加于他们，让他们依葫芦画瓢地去修炼法律功夫，而应使他们在初通法律之后到研究实践中去主动学习，积极创造。若要从根本上抓起，则应把涉法文学作为一个交叉学科，进行法律与文学的双重专业教育，才能培养出适应需要的人才。这一点，本书"绪论"已经谈过。

第四，上述三个环节或三个问题，无论如何理解、操作，都万变不离其宗地围绕一个中心展开，这一点是毫无疑义的。这个中心就是上文提到的巴尔扎克所说的法律的实施问题。它之所以是文学中的所有法律问题的中心，就是因为自古以来中国和世界各国文学只要描写法律现象，思考法律问题，无一例外都以法律实施效果为注目对象，且多注意到实施效果欠佳的负面、阴暗面。即使是披露立法不公、立法滞后等现象，作家们也是从现实生活中的不公平的、混乱的现象的描绘中告诉人们既定的法律不公平或是缺乏某种法律导致了相应的社会混乱，也就是说这些都是从法律的实施窗口来看立法不公、立法滞后问题的。因此，只要紧紧抓住了法律的实施这个中心，对涉法文学文本海洋潮起潮落的规律、思想脉动的大方向、艺术上呕心沥血的得失就会有大致不差的正确性的理解与把握。剩下的各种条分缕析的理性梳理、鉴别、赏析、论证工作，只要灵机应变、善于具体问题具体解决就万无一失了。做学问就忌讳连大方向都把握不了。法盲的文学家种种失误无不在于连法律实施的大方向都不知为何物，这怎能进而探讨更精微的种种文学法律问题呢！

四 现有的文学理论支柱为数众多

涉法文学研究同法学的关系已如上所述。接踵而来的是能否在现有的文学理论宝库中找到不可缺少的理论支柱问题。唯有进而解决了这一问题，研究者才可能兼具缺一不可的法律智慧和文学智慧。对法学家来说，这样要求他们是过分的、无理的，而对于有志于探讨涉法文学的文学家来说，却非如此要求不可。

从总体上来讲，法律文艺学属于文艺学的分支学科，故以文艺学为必备的理论基础，是不用多说的常识。由此可见，研究法律文艺学的人们，应以通晓文艺学，具有雄厚文学功底为前提条件。正因为如此，我们才可发现足以支持涉法文学研究的现有文学理论支柱为数众多，难以尽述。不妨择其要者，简述如下：

马克思主义文论的灵魂。文学一旦涉及法律，其鲜明的阶级性是不言自明的。仅此一点，马克思主义文论观察和解释文学问题作阶级分析、历史分析的立场、观点、方法在涉法文学研究中具有格外突出的重要意义。

中国古代文论中文以载道的观念。中国古代文论中文以载道的观念在涉法文学研究心目中，应当成为座右铭。文学载体中的"道"，对涉法文学来说，具体表现为"法"。由此，我们可欣喜地看到，专门研究涉法文学中的"法"而形成的一切论著，意在将文学中的"法"系统化、条理化，这就不仅符合"文以载道"的要求，更可贵的是由此引出了专门性的学问。文学法律学和法律文艺学能够在神州大地产生，这是文以载道的观念经过彻底改造的胜利和发展的表现。

文艺社会学。我以为，以社会学的方法研究文学中的深广社会内容，应是文艺社会学的基本精神。我所读到的文艺社会学论著，严格地说，所论只是文艺外部的社会关系，而不是内容丰富的文艺作品内部社会学思想信息的论述，故令人满意的文艺社会学迄今仍只是一种文学主张，并没有多少货真价实的理论专著出现。法律文艺学和文学法律学的学术方法可视为文艺社会学从理论倡导发展到了学术实践的阶段。然而，不通法律的文艺社会学倡导者、研究者却都看不到这一点。

例如，近年有文艺社会学倡导者全方位罗列文艺的各种社会价值，唯独不提法律上的认识价值。他说："文艺的价值从来就不是单一的而是多元的。它固然有审美的价值和娱乐的价值，但也可以有科学的、政治的、道德的、宗教的、社会的价值，可以有商品的、交换的、经济的价值，甚至还可以有心理的、生理的治疗和保健的价值。"[4]

比较起来，人类文艺的法律认识价值本当摆在数一数二的重要地位，却被完全拒之门外。这再一次有力证明法律是文学家的盲点。以法盲的观点谈论文艺社会学的偏颇是显而易见的。一方面，必然看不到涉法文艺作品的法律认识价值，另一方面对注意到法律认识价值的文艺社会学倡导者的既有成果会加以抹杀。事实上，这位如数家珍地——罗列文艺的各种社会价值的论者在谈到法国的史达尔夫人、丹纳等文艺社会学的倡导者、开拓者的学术功绩时，就没有注意到他们的文艺社会学视野中已经关注到文艺与法律的关系。

抛弃了法律的文艺社会学，是不完全的、不彻底的。说它不完全，指的是缺少了法律方面的社会价值的研究；说它不彻底，是法律的东西常常渗透到社会生活的各个角落，人类社会生活中找不到一块可以完全拒绝法律的"净土"，故阉割了法律的文艺社会学的理性穿透力会大大削弱。

涉法文学研究在方法论上，无疑同文艺社会学高度一致，然而在根本性的认识论上有着原则性的区别。这就是涉法文学研究注意的不仅仅是文学的法律认识价值，而在于把涉法文学当作文学品种之一和文学现象之一进行全方位的探索，并且能导致文学法律学和法律文艺学这两个兼具法律与文学话语特色的理论系统，可大大丰富法学和文学的理论宝库。泛泛谈论文艺的各种社会关系和社会价值的文艺社会学、文学社会学根本不可与之相提并论。二者的巨大差别固然也表现在对文学的社会价值涉及的领域在数量上有单一与众多的分别，更重要的是文艺社会学止于研究文艺的社会关系和社会价值，并不关心文艺的内容的社会性问题，而涉法文学研究及其导致的文学法律学和法律文艺学则是一种特有视角的全方位文学研究。一般文学研究所拥有的文学批评、文学史研究、文学理论和文艺美学理论研究等领域，也都是涉法文学所非插足其间不可的领域，并且会取得引人注目的一系列成果。对这一切，文艺社会学都望尘莫及。

再看看涉法文学研究同比较文学的关系。比较文学已被公认为一门学科，其特色是对文学进行跨文化与跨学科研究。中国比较文学学会名誉会长季羡林先生曾对比较文学作过这样的简明界定：

比较文学就是把不同国家的文学拿来加以比较。这可以说是狭义的比较文学。广义的比较文学是把文学同其他学科来比较，包括人文科学和社会科学，甚至自然科学在内。[5]

比较文学的美国学派的代表人物之一的亨利·雷马克早在 1961 年发表的《比较文学的定义和功能》一文中就提出了足以代表美国学派的理论主张：

比较文学是超出一国范围之外的文学研究，并且研究文学与其他知识和信仰领域之间的关系，包括艺术（如绘画、雕刻、建筑、音乐）、哲学、历史、社会科学（如政治、经济、社会学）、自然科学、宗教等等。简而言之，比较文学是一国文学与另一国文学或多国文学的比较，是文学与人类其他表现领域的比较。[6]

按照这些权威的说法，涉法文学研究理应属于比较文学学科，不必另起炉灶，另立山头。事实上有的比较文学论著明确指出："文学的跨学科研究一直是比较文学的一个重要分支。20 世纪后半叶，文学的跨学科研究如文学与哲学、文学与宗教、文学与人类学、文学与心理学、文学与其他艺术等已有长足的进步。"[7]这就是说，文学与法律的关系的研究，理应作为比较文学的分支学科来建立和发展。

然而，在已有了一百多年历史的比较文学界至今不见有谁研究法律与文学，把二者进行比较，甚至在上述本应罗列出"法律"、"文学与法律"字样的地方，也不见其踪影。这除了表明比较文学论者均不通法律、漠视法律之外，还暴露出他们的理论主张与研究实践之间的深刻悖谬：一方面是理论主张的逻辑中包含着法律，另一方面是表述理论主张的语言文字中和实际开展的学术研究活动中均拒斥了法律。面对此种悖谬，我们不能不发出这样的疑问：涉法文学研究到底是不是比较文学应有的分支学科？

不经过认真研究，谁也不能说清这个问题。我以为，在突破国界和学科范围对文学进行跨国界、跨学科研究的方法论上，涉法文学研究与比较文学确有完全一致之处，但以此为理由把涉法文学研究作为比较文学的分支学科则不妥。这是因为，在对象实体、哲学基础、研究范畴、理论框架以及社会功能、学术意义等方面，二者都相去甚远。两大理论系统的文学法律学和法律文艺学作为涉法文学研究的产物，因为这一系列的差异应当作为独立的学科存在，在二者内部还可产生不少二级分支学科。这些都是比较文学所涵盖不了的。

即使是在方法论这一点上，涉法文学研究也有比较文学所不可能拥有的运作方法，而它们共同运作所取得的成果却能促进比较文学的"比较"方法趋于更加完善、更加成熟。例如法律的介入，会大大增强各国文学之间的可比性，即有了许多具体的统一比较标准，如法律的阶级属性、历史类型、形式特征等在中国和世界各国文学中均有所反映，着眼于这些法律现象，比较文学活动的天地便大大拓展开来。再如形形色色的法律工作者的形象的刻画，是涉法文学的艺术创造威力得以发挥的重要环节。若从他们的司法道德、职业素养、执法效果等方面作比较，比较文学会如虎添翼，大显神威。因此，硬要把比较文学根本无能为力、反而从中大大受益的涉法文学研究纳入比较文学范围，不免有削足适履之嫌。

最后看看涉法文学研究同接受美学的关系。接受美学于20世纪60年代由德国的五位文学理论家创立。接受美学的积极作用和功绩在于把文学作品的接受者（读者），作为文学研究的一个重要对象，突出了读者在文学活动全过程中的地位，全面探讨了文学作品的自身功能和社会效果的问题，系统研究了作者、作品和读者之间的相互关系，是文学研究的一种新角度、新方法。我感到，引进接受美学的有关理论，对于涉法文学作品之所以在懂法律和不懂法律的读者心目中产生截然不同的认识这一问题上，能够找到新的解释，同时对于研究涉法文学史也有重要的支撑作用。这是我最感兴趣的两点。

以对涉法作品的阅读而论，我们已说到法学家与文学家往往走向了两个极端：法学家把涉法文学当作奴仆和传声筒，看不到涉法文学的独立的思想意义和艺术特色；文学家则对文学中的法律茫然无所见，或引出各种错觉、误读现象。对此，我们所作的解释是单科独进的专业教育模式和科研习惯造成的专业智能的缺陷所致。这当然是正确的解释。若用接受美学观点视之，还可找出新道理。接受美学认为，读者在阅读文学作品过程中会逐渐形成自己的审美经验，这审美经验对阅读具有诱导作用，而诱导作用需要一个"美学距离"或"角色距离"。当阅读者与艺术作品的角色距离为零时，即接受者完全进入角色，无法进行审美享受，也就是审美经验对阅读失控。相反，当这种距离增大时，审美经验对阅读的诱导作用趋近于零，阅读者则对作品漠然。用这种观点来分析面对涉法文学作品时法学家和文学家分道扬镳走向两个极端的原因，是很管用的。法学家之所以固执地把涉法文学中的法律内容当作自己的法学论著的论据，是因为他们的阅读中的角色距离为零，不能对文学化的法律信息进行审美的享受，而是当作了单纯的法律思想、理论的资料。而文学家之所以对涉法文学中的法律意蕴漠然无知，是他们的阅读中的角色距离太大，阅读一般文学作品的审美经验对涉法作品阅读的诱导作用接近于零，故把涉法作品混同于一般文学文本。

以研究涉法文学史而论，接受美学的如下观点对这项学术工程提供了认识论的启示。这就是接受美学认为的"文学的历史是作家、作品和读者之间的关系史，是文学被读者接受的历史。决定文学作品历史地位和价值的主要因素是读者的接受意识"[8]，由此我深深意识到涉法文学史研究的重要性和必要性的一个侧面。自开始有文学史研究的学术活动以来，国内国际的历代文学史家都不通法律，中国和世界各国的历代涉法作品因而从整体上、全局上都难以得到正确解读，这就意味着涉法文学自身的历史不仅仅被淹没了、遗忘了，更严重的是被歪曲了、误解了，因此，系统研究中国和世界各国涉法文学史，既是填补学术空白的迫切需要，更是系统、全面清理和纠正非法律的文学史家曲解涉法文学史，漠视涉法文学发展的特殊规律的学术偏颇、谬误的迫切需要。

可见，接受美学对涉法文学研究功不可没，是涉法文学研究的良师益友。

法律文艺学具有实证特色，注意法律术语的本义和隐喻意义的不同使用方法，尤其注重作品中各种关于法律的议论文字的收集、解释，阐述其法理法意，这些跟语义学派批评的主张与做法都不谋而合。

涉法文学创作中有一种常见现象：作品的法律认识价值即客观效果，同作家创作时的主观动机，往往不一致，中国作家尤甚。运用文艺创作心理学的方法，可扫除这里的疑团。

总之，环球之内一切言之成理且又能够派上用场的文学理论见解，无不可从不同方位支撑涉法文学研究，成为不可缺少的理论支柱。从这个意义上看，法律文艺学的友邻星罗棋布，极容易得到来自各方面的声援与支持，同时它自己又是任何现有的文学理论所不能替代的一家之言。

参考文献：

[1] 巴尔扎克. 人间喜剧（第十二卷）[M]. 北京：人民文学出版社，1997：400.

[2] 张南庄. 何典 [M]. 天津：天津古籍出版社，1994：123.

[3] 中共中央马克思恩格斯列宁斯大林著作编译局. 马克思恩格斯选集（第四卷）[M]. 北京：人民出版社，1998：506.

[4] 周平远. 文艺社会学：结合部与生长点 [J]. 文学评论，1998（6）

[5] 孙景尧. 简明比较文学 [M]. 北京：中国青年出版社，2003：15.

[6] 乐黛云，等. 比较文学原理新编 [M]. 北京：北京大学出版社，2004：32.

[7] 乐黛云，等. 比较文学原理新编 [M]. 北京：北京大学出版社，2004：55－56.

[8] 林骧华，等. 文艺新学科新方法手册 [M]. 上海：上海文艺出版社，1987：226.

第三章　发展简史

综观世界学术史，可以隐隐约约地看到涉法文学研究从自发到自觉的发展历史过程。回顾笔者二十多年来的摸索过程，也经历了从自发到自觉的变化。我以为，个人的学术心路历程在一定程度上反映了涉法文学研究历史发展的必然性和阶段性，故回顾一番大大有利于了解涉法文学研究的来龙去脉，也大大有利于总结经验教训，提高从事这一研究的自觉性，端正未来的发展方向。

一　自发研究的历史线索

涉法文学研究大大落后于涉法文学创作，这是世界范围内不争的事实。其落后的突出表现是涉法文学创作早在奴隶社会就已相当活跃，经过三千多年的发展，到如今蔚为大观，遍及世界各国，而涉法文学研究却长期处于自发研究状态，并出现了多种认识偏颇，至今未能予以纠正。堪称自觉的研究，直到20世纪末期才显露头角。经过多年探索，到21世纪头一年才又有所长进。日后的发展，迫切需要总结历史的经验教训。

涉法文学的自发研究，指的是未能意识到法律与文学这两种意识形态能够并且早已有机结合而产生了涉法文学品种的大量现象的客观存在，因而只是消极、被动、偶然谈论法律与文学的关系和文学中的法律描写的学术状态。这种不如人意的学术状态的出现、维持与宣告解体，经历了千年以上的漫长岁月。其滞后于涉法文学创作实践的弊端，可想而知是异常突出的。

以我有限的见闻而论，在中外文学研究史上曾不经意论及过文学与法律的相互关系的理论家寥若晨星。之所以把他们的有关议论称为自发研究，就是因为他们漫不经心，未能将其当作一种专门的文学课题来对待。在中国文学批评史上最早这样做的文学家当推刘勰。在他的《文心雕龙》中，可以找到一些与法律有关的说法。《书记》篇在论述文章（文学）体裁形式的多样性时明确提到了法律，甚至运用了跟现代汉语中的"法律""法制"完全相同的概念，指出："申宪述兵，则有律令法制"，"法律驳民，八刑克平，以律为名，取中正也"，"令者，命也。出命申禁，有若自天，管仲下命如流水，使民从也"。这些话的意思是表述法律规范的文章形式，可称之为"律""令"。换句话讲，就是被视为法律的"律""令"等，从文学写作的角度看，都是文章，代表了一种特殊的文体形式。显然，这种看法是正确的。在我看来，古往今来的一切法律文本的书面表现形式就是文章。文章学、写作学往往把法律的文体形式遗忘了，这是不能令人满意的，从一个侧面反映了学人对刘勰的既有认识成果的漠视。刘氏不足之处是没有认识到法律内容与文学形式相结合的更广泛、更普遍的事实，因而涉法文学现象未能进入他的自觉的理性视野。

刘勰语焉不详的涉法文论话语在后来的整个封建社会成为绝响，再也找不到有人加以谈论的例子。一直到20世纪初年，青年鲁迅才打破维系了一千四百多年的寂寞，开始对具体的涉法文学作品发表评论意见，此后三十多年从未中断，应是我国涉法文学研究的开拓者，我在拙著《鲁迅与法律》中曾以《鲁迅评论涉法文学的方法论启示》这一章加以论述。这一章的结尾，有收束全章的结论，不妨抄录如下：

> 毋庸讳言，鲁迅只是涉法文学的专门研究的不自觉的尝试者，而不是自觉的倡导者。他既没有提出任何相应的概念，又没有固定的范畴，仅仅只是注意到一个基本原则：在他的全部文学评论活动中，始终注意把涉及法律的作品同总体文学区分开来，尽可能言简意明地道出它们的法律认识价值，同时也不放过它们在思想上、艺术上带倾向性的问题，并每有真知灼见。[1]

在中国，对涉法文学的不自觉研究的代表人物，大约只有刘勰与鲁迅。其间一千四百多年似乎没有传人出现。鲁迅之后，又有近半个世纪的寂寞笼罩着中国文坛，不见有人从鲁迅手中接下接力棒往下传递，致使鲁迅的不少真知灼见被长期冷落。

在世界各国，涉法文学研究虽然也呈现着自发研究的不景气状态，但比中国显得活跃，出现了很值得一提的若干个代表人物，他们就是：德国的黑格尔、法国的丹纳、日本的胜本正晃等。在黑格尔《美学》中，法律的概念连篇累牍，除在其第三卷专论建筑、雕刻、绘画、音乐等门类的艺术很少论及法律之外，其余各卷在论及艺术的一般美学原理和文学美学问题时均一再谈到社会生活中的法律同它们的内在联系，在文艺同生活的审美关系问题、法律内容在不同文学体裁中的不同表现、作家如何有效描写犯罪、文学中的法律同宗教道德纠缠不休等方面均有值得注意的见解。为了印证自己的理论，黑格尔分析、评论了不少涉法文学名著，如索福克勒斯的《安蒂贡》、埃斯库罗斯的《复仇的女神》、席勒的《强盗》、歌德的《葛兹·封·伯利兴根》、莎士比亚的《哈姆雷特》《麦克白》、印度史诗《摩诃婆罗多》，等等。由此可以认为，黑格尔《美学》的一个突出特点是使法律、文学、美学三位一体，从而奠定了涉法文学美学的理论基础，至少是提供了后来者建构涉法文学美学理论不可缺少的基石仓库，可资利用的东西相当丰富。可惜的是黑格尔是在无心插柳柳成荫的心态下做这种工作的，他依然没有看到自己所列举的一系列涉法戏剧、史诗作品的法律内容与文学形式相结合的本质属性，也不曾认识到这种作品数量大、体裁形式多，具有独特的美学原则与规律。因此，黑格尔《美学》对涉法文学的美学研究仍未跳出自发研究的混沌状态。

丹纳是西方继黑格尔之后对法律同文学艺术的关系谈论最多的又一位代表性的文艺理论家。在他的《艺术哲学》中，无论是说明古希腊雕塑中的人体美，还是在论述意大利 15 世纪文艺作品中人物性格的凶暴，无论是谈但丁的《神曲》，还是讲巴尔扎克的《人间喜剧》，这位理论家总忘不了社会生活中的法律规定、法律制度、执法官员与警察等人物的所作所为等对作家、艺术家的心理及其作品产生的深刻影响。其突出不足，在于对文学作品所反映出的法律内容未作出具体分析。这一点，远远比不上黑格尔。

日本的胜本正晃于 1929 年推出了《文艺与法律》一书。全书共六章，第一章为绪论，认为文艺与法律是两个既有联系又有区别的世界，第二章至第六章为正文，分别论述的问题有：文艺中出现的法律现象（犯罪与文艺、私法与文艺、判决与文艺等）、法律中出现的文艺现象（法律与诗、法律与语言）、文艺家的法律素养和法律家的文艺素养、文艺家和法律家的心境、文艺与法律的斗争及协调。由此看来，这部数十万言的专著所关注的是文学与法律的外部联系，对二者的内在联系虽有所留心，但不是很感兴趣，更没有看到文学与法律联姻所产生的具有特质性的涉法文学品种的客观存在，于是失去了把涉法文学当作专门研究对象，从而建构别开生面的文学理论系统的可能性。

应当看到，中外对涉法文学的漫长自发研究历史上最突出的代表者应当是胜本正晃。在他手中，文学与法律的相互关系已进入了理论探索的视野，看到了法律进入文学世界的若干重要现象，所缺乏的只是从现象中抽象出来的概念、范畴、理论命题。可以说，胜本正晃这部专著代表了涉法文学自发研究的最高水平，离自觉研究的起点仅一步之遥。它对自觉研究涉法文学的启示较之别人，显得更多更直截了当。遗憾之至的是这部日文专著尚未见到有其他语种的译文本问世，故鲜为人知。我仅见到全部目录，而未能研读正文。

二 题材论的死胡同

涉法文学研究落后于创作的又一突出表现是不少学者钻进题材论的死胡同而难以迷途知返。国内外文学界均有此种弊端存在。以国内而论，20 世纪 80 年代初，文坛有人提出了法制文学的概念，随即成立了法制文学研究机构，创办了《中国法制文学》《法制文学选刊》等专门刊物，不久便接连有于洪笙等人的《法制文学概论》、魏军的《法制文学与创作》，西南政法学院集体编写的《法制文学写作》等专著问世。90 年代初，黄柏岩的《中国公案小说史》虽是中国古代公案小说的专史，究其实质只不过是在法制文学大潮的裹挟下，有意回首往事，把古代的公案小说作为当今的法制文学和后来提出的所谓"公安文学"的源头，从而将其作为一种古亦有之的小说题材分类来对待。事实上，作者在该书"绪论"中开门见山地指出："公案小说是中国古代小说的一种题材分类"[2]。平心而论，中国当代文坛出现的这一系列新现象、新著作标志了文学研究的新的追求与开拓，是值得肯定的。但不能不看到，在法律的视角之下，这种题材论是一条走不通的死胡同，无法究明涉法文学的本质特征与特有规律，论者稍有不慎，种种难以避免的不当观点便浑然不觉地暴露出来。

根本的弱点是论者往往作茧自缚，把理性目光人为地囚禁在自造的牢笼里，故所论大都违背了文学的实际。例如有人说：《红楼梦》这类作品内容很复杂，"但是法制文学并非如此。法制文学必须具有思想的明确性，具有鲜明的是非立场。"[3]其实，《红楼梦》中充斥着大量的深刻的法律描写，构成了它的复杂内容的有机组成部分。如此排斥《红楼梦》，并以此作为法制文学特色的反证，不仅抹杀了《红楼梦》的法律认识价值，同时宣告了所谓法制文学仅仅指那些通俗性的侦探小说罢了。在涉法文学的大家庭里，通俗性的侦探小说只是居于次要地位的成员之一。论者一味在它身上查来找去，根本不顾及其他更重要的成员，不免会舍本求末。

受法制文学提法的影响而出现的公安文学的提法，使上述作茧自缚的弱点被恶性发展到了顶点。我曾谈到这一提法不能够成立的理由。[4]最近几年，未见倡导者在理论上有什么新进展，却日见其文学实践活动同其理论主张之间的矛盾不断出现。据倡导者的定义，公安文学"就是以反映公安战线火热斗争生活为内容，以塑造人民公安民警、武警官兵和治安保卫人员的艺术形象为主旨的文学"[5]。按照这个定义，被公安文学的专门园地《啄木鸟》隆重推出并造成很大社会反响的长篇小说《抉择》，金河的被收入"当代中国公安文学大系"中的《重逢》、从维熙的《第七个是哑巴》《第十个弹孔》《大墙下的红玉兰》、余华的《河边的错误》、韦君宜的《检查组的记录》、叶辛的《凶案一桩》、方方的《凶案》、陈源斌的《万家诉讼》等中短篇小说的"主旨"都不可纳入公安文学的定义之中。这种矛盾显然反映了公安文学理论的不能自圆其说。

题材是文学作品描绘的社会生活事件或现象，依其范围可划分为工业题材、农业题材、军事题材、科技题材等。中国古代的公案小说，当今的法制文学、公安文学按题材的理论将它们分别作为题材的分类似乎能够成立，但会碰到不少麻烦，以致使这种分类束手无策。比如说，当代文坛有大墙文学、犯罪心理小说、公安刑法小说、侦探小说等提法，这些属于法制文学还是属于公安文学？论者不能予以回答。再如，无论是工业题材、农业题材、军事题材等，其中都可能、事实上也的确渗透了法律内容，这种现象也是题材论解释不了的难题。抛开种种既有的复杂文学现象、课题，硬要一头钻进题材的牛角尖，自我囚禁地营造一种文学小天地，实在是难有什么建树。

在世界各国，也有将涉法文学当作题材分类的做法，且也在提法上五花八门，未能统一。如西方的侦探小说提法十分流行，还有美国的律师小说、法律小说，缅甸的监牢文学，日本的推理小说，苏联的法制小说等提法也广有市场。在理论研究上，西方理论家对于侦探小说兴趣浓厚，据说每年发表的有关研究文章的数量之大，仅次于关于《圣经》和莎士比亚的研究文章，居第三位。然而具有世界影响的堪称理论的东西却十分罕见。日本有人编写出了洋洋数十万言的《世界推理小说大观》，并在中国出版了它的译本，除了对世界各流派的侦探小说的代表作家、代表作品的简介之外，毫无理论建树。[6]

　　由此可见，仅仅只是从题材的分类上来谈论公案小说、侦探小说、法制文学、法律小说之类的文学作品与现象，理论视野是极其有限的，甚至连那些名异而实同的种种提法都无法加以探究，从而促使它们趋于一致，成为一种专门化的文学研究的对象实体的统一名称。而在法律的视角之下，这种一致与统一可以毫不费力地实现，这是因为：无论中国古代的公案文学还是当今中国的法制文学、公安文学，无论是日本的推理小说还是西方的侦探小说，无论是美国的法律小说还是缅甸的监牢文学，其共同特征都在于法律内容与文学形式的有机结合与统一，故它们全都可被称为涉法文学，都是涉法文学大家庭中不可缺少的成员，都应当置于法律的视角之下加以衡量、定位与系统化解释。在本书中，它们将作为涉法文学的一个分支而存在，甚至是一个未能占主要地位而是占次要地位的分支而存在。在题材论者那里，古今中外固有的大量文学现象只能一任其杂然纷呈于眼前，没有可能让它们固有的内在联系暴露出来，让其成为文学研究深入开展的一个突破口，更没有给它们准确定位的理论标尺与运作勇气。于是一个本来异常丰富复杂的学术领域被弄得日暮途穷，无可观瞻，而本来属于通俗性文学的东西在有意炒作中又给人造成了重要无比的感觉，在这种褒贬失度的理论氛围中，文学研究的科学真理性必将大受损伤。毋庸讳言，法制文学市场的萎缩和理论研究的难以为继，反映的正是题材论致命弱点大暴露的趋势。一旦摆脱题材论的桎梏，用法律的棱镜来观察文学，就立即能清楚地看到法律与文学合而为一所产生的文学现象实乃蔚为大观，美不胜收。

　　题材论的又一弊端，是研究者由于缺乏法律知识、理论功底而不能正确解释他们面临的种种文学现象，如果企图加以解释就不免闹笑话、出差错。

这类事例举不胜举。上述研究公案小说史的中国学者在谈到中华法系时说："中华法系，作为世界有数的一大法系，对于犯罪原因的探讨，对于整个法学领域的理论、制度、法制、政策的探讨，不可谓不早、不全、不深。"[7] 论者对中华法系的概念理解有误。中华法系指的是以中国封建法律为代表的一种法律及其司法制度的系统，而不是对于法律和有关法学问题的理论研究。论者的说法中明显是以法学研究取代了中华法系或说成是中华法系，这就出了常识性错误。再说，这段话中的"制度"与"法制"并提，在逻辑上讲不通。"法制"即"法律制度"之简称，已包容了法律上的"制度"，何须如此多费笔墨呢。

法律知识、法律思想、法学理论具有极强的专业性，不是专业圈内人是不能言、不能为之的。文学家不通法律是全球性的现象。国内外文学界为数众多的人误入题材论的死胡同，就是因为文学家的专业智能结构中存在着法律的空白点，从而导致他们对涉法文学除了只能死死盯住题材的一隅之外，对其他与法律挂钩而形成的特有景观均茫茫然无所见。这一点，很值得题材论者深刻反省。

三 法学家的贡献与偏颇

较之文学家法律意识的沉睡不醒，法学家自觉的法律意识和丰富的法律知识的确不失为领悟和解释涉法文学作品法律思想意义得天独厚的优势。也正因为如此，中国和世界各国的法学家中有不少人对中外涉法文学作品的引用和谈论怀有极大热情和浓厚兴趣，世界文学名著乃至不起眼的通俗文学作品，每在法学论著中频频亮相。毫无疑问，涉法文学研究的必要性、可行性，足以从众多海内外法学家的这些学术兴趣和活动中得到有力的说明，我作为涉法文学研究的倡导者与探索者，对此感到由衷的高兴，深以为受到了有力的声援与支持，总不免引以为志同道合者。

不过，实事求是地说，法学家的文学研究有得有失，且得不偿失。这是因为，有志于此的中外法学家不见有谁把涉法文学当作独立的文学研究实体来对待，而是毫无例外地一致把涉法文学作品当作了法学研究的论据仓库，为着证明、论述某些法学见解，不约而同到文学仓库中来随意取用他们所需要的一切。于是乎，误读、肢解、碎割涉法文学文本的有机统一体，被削足适履地纳入各种法学理论建构中的现象，十分普遍而严重。例如，《中国法律思想史》《中国法文化散论》《法律社会学》《法理学问题》《美国法律史》等中外法学专著中，凡论及文学的地方，无不存在着把文学当作法学的奴仆和传声筒的弊端。针对其中《法理学问题》和《美国法律史》这两部美国法学家的论著的偏颇，我曾以《两位美国法学家的文学论据的得与失》为题撰文予以披露，读者可以参阅。[8]

尤其值得一提的是美国法学界自20世纪70年代开展的"法律与文学"的运动，对于长期冷落涉法文学的世界各国文学家来说，是一种挑战，为涉法文学的自觉研究作出了开拓性的贡献。波斯纳的《法律与文学》一书，已译介到中国。不过，以上所说的法学家的贡献与偏颇在"法律与文学"运动中同样存在着。

法学家把涉法文学当作法学论据仓库的偏颇同上述文学家把涉法文学当作题材分类的困惑，虽然表现形式各不相同，但不能把握涉法文学的特质、特征与规律的弊端是共同的。法律内容与文学形式的有机结合、统一，是涉法文学的特质之所在。法律文学化或文学法律化，兼具法律的理性内涵和文学形象性，是其特征之所在。法律内容与文学形式相结合的手段、发展过程，以及这种结合的产物——涉法文学文本因文学体裁、创作方法、作家的法律意识等因素的不同而彼此相区别所带来的种种现象，都是其特殊规律之所在。文学家以纯文学的眼光将其作为题材分类看待，自然看不到这些特质、特征与特殊规律。同样，法学家以纯法律的眼光将其作为法学理论的论据仓库，自然也看不到涉法文学作为文学的品种之一的这些特质、特征和特殊规律。

唯有克服了文学家的纯文学眼光和法学家的纯法律眼光所造成的失察、失真的不足之处，采取兼顾文学与法律的眼光，注视二者合而为一的浩森现象或事实，深挖细掘，纵横开拓，上下寻觅，才可把涉法文学的全部奥妙逐步攻克，并公之于世。当今的文学家和法学家都是在互相排斥对方的单一专业教育模式和科研习惯中成长起来的，一般都没有兼具法律与文学两大学科修养的可能性，故一接触涉法文学文本，便无可避免地各为其主、各有所失。

在我看来，涉法文学研究者酷似一仆二主，必须一身而二任：时时想到自己研究的是文学，非忠于文学事业不可；与此同时又处处想到自己的文学研究与法律有千丝万缕的内在联系，故在一定程度上是在进行法律研究，非忠于法律事业不可。单科独进的文学家和法学家在没有弥补自己固有的专业智能的缺失之前，无疑都只能固守各自的专业领地，根本不可能有这种甘愿充当一仆二主角色的自觉性，更不可能有将其视为独特学问的兴趣与追求。这就是文学家之所以钻进了题材论的死胡同，法学家之所以把涉法文学当作了法学论据仓库的学术心理结构上的原因。

我们来看一个法学家近几年致力于涉法文学研究而有所失的典型例子。青年法学家徐忠明出于"引据文学作品中的法律故事"与有关法律规定相互释证，增加一点讲课的情趣，以使课堂气氛活跃起来的目的，近几年在关于中国法制史的教学和研究中先后以《窦娥冤》等元杂剧和《金瓶梅》《活地狱》等小说中的法律描写为论据，写出了一系列文章，如《〈窦娥冤〉与元代法制的若干问题试析》《〈金瓶梅〉"公案"与明代刑事诉讼制度初探》《〈活地狱〉与晚清州县司法研究》等。只要一看这些文章的标题就可以知道其兴趣在于研究法律，而不在于文学。再看他对于所论及的有关作品的方式，则是全然抛弃了文学批评的一切基本原则，把文学形象、情感这些审美特征置于不顾，一味操持法律的解剖刀在字里行间东剜西割，提取一个个论据，按论者认定的法理法意去串联、缝合它们，从而组织成一篇篇纯粹的法学论文。读完这些文章，我们的印象里只知道被论及的作品大约涉及了不少法律问题，而不明白作家作这些法律描写的意图是什么，也不明白整个作品的思想寓意何在，更不明白因为描写法律而发生了什么样的特殊文学现象。因此，以专门研究涉法文学为己任的法律文艺学绝对不能走这种路径。

徐忠明将自己最近几年写出的上述论文与其他法学论文结集出版，书名为《法律与文学之间》。该书多处提到拙著《法律与文学的交叉地》，尤其是热情肯定了拙著中关于建立"文学法律学"的呼吁，认为这是"非常必要的，也是令人鼓舞的"，他还指出："余氏著作范围非常广泛，内容也极为丰富；遗憾的是余氏著作对于法律问题的分析太弱。"[9] 依据这些说法，结合其研究的实际，可发现这位学者虽积极赞同并投入"文学法律学"的研究，但他所认定的"文学法律学"并非我所说的交叉学科意义上的"文学法律学"，而是纯法学研究加文学例证的机械组合，其结果必然是离开了文学的轨道，把碎割得毫无文学生命的僵死文学材料杂陈于各处并自以为研究文学中的法律问题。徐忠明曾表示，他的这种研究是"对文学中的法律进行研究"[10] 实际上，我所说的"文学法律学"并非如此，它实质上依然是文学研究，只不过这种文学研究的法律内容较浓厚，法律上的认识价值较丰富罢了。徐忠明以纯法律眼光来对待、理解我所提出的"文学法律学"的概念以及拙著《法律与文学的交叉地》中的全部文学研究课题与成果，自然就免不了感觉到"对于法律问题分析太弱"。

很有意思的是以纯文学眼光读拙著《法律与文学的交叉地》的文学界同仁、朋友们没有哪一个认为其中的法律分析太弱，相反倒是觉得新颖、陌生，有的表示了"惊喜"，有的认为是新的"视角"（见于钱理群、陈忠实给笔者的来信），两相对照足以证明：面对相同的"文学法律学"概念及其相应的研究成果，站在法学或文学的不同学科位置上，会产生颇不相同的阅读心理效应：法学家过多地注意其中的法律成分，而文学家过多地注意其中的文学成分。于是乎，法学家心目中的短处在文学家心目中恰恰成为长处，反过来也一样：文学家所感到陌生、疑惑的东西，恰恰是法学家感到欢欣鼓舞、还嫌不够的东西。而我所倡导、从事的"文学法律学"与"法律文艺学"是名副其实的文学的跨学科研究，均熔法律研究与文学研究于一炉，而各有其不同的侧重点。文学法律学侧重于文学的法律认识价值的系统化清理、解释，而法律文艺学的侧重点在涉法文学自身的特质、特征与规律的研究，因为这一区别，二者的理性内涵必然有重大差异。依据上述学术心理的差异，可以对法律文艺学的名称及相应理论建构的未来命运作如下推测：文学家将因之而欢迎，认为唯有如此才更像文学研究；而法学家则因之而失望，以为如此一来把原有"法律分析太弱"的缺陷恶性发展到了不可容忍的地步。

果真如我所推测的那样，我会一如既往坦然对待，而不会在两种不同反应中动摇不定：一会儿为赞赏者而自我陶醉，一会儿又为批评者而垂头丧气。这是因为，文学的法学研究是真正意义上的文学的跨学科研究。以传统的法律或文学专业的纯学术心态视之、论之，总免不了来自不同方向的隔膜感。唯其如此，涉法文学研究才具有同时促进法律与文学两大专业发展的意义。

四 进行哲学玄想者不乏其人

在回顾涉法文学研究的历史，反思研究涉法文学的各种不同方式的时候，不能不提到法国的哲学家雅克·德里达。他的哲学论文有不少充满了文学思考。在其《在法的前面》和《类型的法则》这两篇文章中，所论及的卡夫卡的短文《在法的前面》和莫里斯·布朗肖的短篇小说《白日的疯狂》都是涉法文学文本，可德里达的兴趣不在解读这两个涉法文学文本自身而是借题发挥，对文学和法律的关系问题作哲理的玄想，又完全没有运用传统文艺学的范畴术语，故很难从中窥见他对于法律与文学这两种意识形态的相互关系到底持怎样的看法。因此，我把这位哲学家的所谓解构文学见解称之为对涉法文学进行的哲学玄想录。虽持此方式的论者目前仅发现一例，但毕竟代表了一家之言，是我们正确、有效地研究涉法文学所不可不加以考虑的参照系之一。

德里达的哲学玄想的一个特色是从涉法文学文本出发，抓住一点而不及其余地作抽象理性思辨，讲一大通似乎与文学有关却关系疏远的难解道理，终究不能使读者明白法律与文学到底是什么关系，论者高谈阔论的法律话语同涉法文学文本自身到底有怎样的内在联系。德里达似乎意识到自己的这种哲学玄想的特色，他在《在法的前面》一文的开头坦言相告："如果没有一点偏见或强词夺理，这一切是决不可能发生的。"[11]我在反复研读德里达的《在法的前面》和《类型的法则》这两篇关于涉法文学的哲学论文之后，不能不认为他的确有"一点偏见或强词夺理"之嫌，这就于事无补了。

《在法的前面》一文的标题，借用的是卡夫卡的短文《在法的前面》的标题。德里达在自己的文章中连题带文全部引用了卡夫卡的《在法的前面》，此短文在卡夫卡生前单独发表过，后来被纳入长篇小说《审判》中，是作为第九章教士对小说主人公约瑟夫·K所讲的一个小故事的一部分出现的。此后便是小说的第十章《结尾》部分。综观《审判》和教士所讲故事可以清楚看出卡夫卡之所以单独发表短文《在法的前面》，日后又将其纳入《审判》这部涉法长篇小说，是因为此短文所表现的现实生活中法律的公正性可望可闻而不可即的见解，正是《审判》的主旨之所在，通过教士之口讲出来实质上是画龙点睛之笔。假如德里达如此解释短文《在法的前面》及其同《审判》的关系，那么我毫无异议。令人遗憾的是他抛开这客观存在的文学事实，以他已意识到的"强词夺理"的方式表达了下列三大哲理玄想：

"第一条公认的意见是，我们都承认我刚刚读过的文本（指全文引用的卡夫卡的《在法的前面》——笔者按）有它自身的同一性、独特性与统一性。"

"这种公论的第二条实际上与第一条是分不开的，即这篇文本有一位作者。与故事中的人物相比，这位署名人（指卡夫卡——笔者按）的存在是非虚构的。"

"第三条公理或前提是，在这篇以'在法的前面'为标题的文本中，事件是被叙述出来的，而这种叙述属于我们所说的文学。"[11]

德里达的理论兴趣根本不在如实描述卡夫卡的涉法短文《在法的前面》的法律上的认识价值，因而对该短文同《审判》的血肉联系也无暇顾及，而一心一意要借题发挥来论证他的上述三大"公理"。在我看来，这种云天雾地的所谓"公理"也许自有其高妙之处，但要如同德里达的译介者所说，拿来当作"有关文学与法的讨论的一种独特见解"来对待[11]，却是极不妥当的。这是因为，德里达主观上没有这样的自觉追求，客观上也没有提供足以解释法律与文学相互关系的任何实质性的"见解"，而只有贴满了法律标签的哲学玄想话语。如果有谁想从中了解关于法律与文学相互关系的论述，自然不会有多少收获。德里达甚至说出了下面的话，让读者颇感惊异：

对于法是谁、是什么、在哪里的问题，我们必须保持愚昧，我们不准了解它是谁，它是什么，它在哪里出现、怎样出现，它从哪里来，从哪里说话。这就是在法的不可或缺面前的不可或缺的事。[11]

读着这种句句不离法律的文字，完全有理由认为德里达在将法律神秘化，散布对法的不可知论。然而，随着德里达对自己所提出的上述三大"公理"的解释、论证的开展，又明确提出了不少涉及文学与法律的关系的"见解"，可当你企图抓住它们的时候，又仿佛烟消云散，什么也抓不住。例如，德里达说：

文学本身就制定法，它在制定法的地方脱颖而出。所以说，在某些确定的条件下，它可以使语言述行的立法权力，从而规避现行的法律，不过它仍然从这些法律得到保护并取得自身发生的条件。这是因为某些语言结构所指的模棱两可所致。在这些条件之下，文学能够愚弄法，一方面重复它，一方面又改变它的方向或者说规避它。

在愚弄法的一瞬之间，文学超越了文学。[11]

这些绕口令一般的表述，虽然满纸的法、法律、文学，但你始终不明白德里达到底在说什么。

德里达的另一篇文章《类型的法则》论及的莫里斯·布朗肖的短篇小说《白日的疯狂》同样是涉法文学作品，然而依然成了论者进行哲学玄想的对象。在此文中，同样充斥着法律的概念，同样似乎在谈论法律与文学的关系，甚至同样有着绕口令一般的法律话语，其最终结果，也自然同样是使读者如坠五里雾中而不知所云。请看下面一段话：

法律彻底疯狂了。法律彻底疯狂了，法律就是疯狂；但疯狂并非法律的原来意义。没有法律，就没有疯狂。疯狂必须和法律结合在一起才可以理解。这就是法律，法律就是疯狂。[11]

这真是绕口令。从这种夹缠不清的表述中的确很难看出德里达对于法律本身以及法律同文学的相互关系有怎样的切实看法。如此对待法律与文学合而为一的文学现象，除了代表着一种倾向之外，对于这个学术问题的解决并无多少可取之处。

五　跨入自觉研究的新时代

经过 10 年摸索，直到 1995 年拙著《法律与文学的交叉地》问世，涉法文学自发研究的漫长历史才宣告终结，自觉研究的新时代才宣告到来。我以为，拙著所获得的"填补了一项学术空白"的殊荣，应当而且只能从这种历史性的开拓一角加以理解，而不可夸张其词地说它有什么非凡的贡献。唯这样看问题才是客观而公允的。

在经过最近十年来的进一步向纵深开掘之后，我发现自己当年的涉法文学观的自觉程度还有差距，即未能完全摆脱必然王国的牵制，而无拘无束地进入自由王国。也许，这种差距在我目前着手撰写《法律文艺学》的过程中会因被当作攻克目标而逐渐在缩小，以至于消失。这就是说，我的涉法文学研究的自觉性并非天生十全十美，而是经过了一个痛苦的探索过程。如果加上当年最初接触法制文学、在法制文学题材论的大军中为之摇旗呐喊多年，之后才与之分道扬镳而进入《法律与文学的交叉地》的撰写阶段这一不自觉的追随时期，我所经历的从不自觉到自觉的过程便更曲折、更漫长。

以己推人，我以为任何人一旦有志于涉法文学研究，大约都免不了经历一个由浅入深、从不自觉到自觉、由有疑惑到有信心的认识过程。这应是追求真理的学问之道上必有的现象。为了说明这一点，在此有必要对拙著《法律与文学的交叉地》所存在的缺陷或差距加以反思与剖析，以便读者认识自觉的涉法文学研究应达到的目标何在。我以为，当年的不足主要有两点。一点是对于涉法文学作为研究对象实体的特质、特征、特殊规律的认识很不完全、很不具体。当时，我袭用了"法制文学"的提法，但反对法制文学论者作茧自缚的倾向，主张对这个概念作宽泛的理解。下面两段话可代表我当年对法制文学概念的基本理解：

我认为，"法制文学"是一个科学概念，可用以概括古今中外一切描写法律现象的文学，它在法律内容的表现上没有禁区，在所运用的文学体裁上没有空白。

我认为的法制文学是历史性的、开放性的，没有什么限制：古往今来，只要是多少涉及法律的文学，不管什么时代，不分哪个国家，不看什么体裁，都可一概称之为法制文学。

现在看来，这种看法的缺陷颇为明显，这就是它未能正面告诉人们，这种十分广泛的法制文学现象的本质属性到底是什么。直到我又研读了大量中外文学名著之后，我才清醒意识到无论怎样理解、解释"法制文学"的概念，都难以究明有关文学现象的本质属性，或者说难以跳出固有的理性认识窠臼。这样，我提出了"涉法文学"的新概念，用以概括浩如烟海的有关文学现象，与此同时又把涉法文学的特质界定为法律内容与文学形式有机结合而产生的文学文本、文学现象、文学规律，从而彻底摆脱了题材论的羁绊，开拓出一个崭新的文学研究视角与天地。

当年的另一点不足之处，是在研究涉法文学所形成的理论成果方面，仅提出了"文学法律学"的概念，用以涵盖一切涉法文学的法律内容和法律认识价值，现在看来这样做犹如缺少了半壁河山：没有看到涉法文学自身的特征与规律。正是鉴于这一缺失，我才明确提出了"法律文艺学"的概念，用以涵盖文学因描写法律而发生的一系列特殊变化、特殊规律。到这个时候，我对涉法文学研究的自觉性才达到了应有的高度——首先是认识到涉法文学由法律与文学这两种意识形态合而为一的特质，其次是认识到研究涉法文学而产生的理论系统包括文学法律学和法律文艺学这两个方面，二者的实质应是法律与文学的交叉学科应有的两个相对独立的分支学科。两个分支学科各有侧重、各负其责：文学法律学侧重涉法文学的法律认识价值，肩负使之系统化、理论化的任务；法律文艺学侧重涉法文学作为文学品种的特征与特殊规律，承担使之被全面、深入、系统地揭示、解释的重任。

至此，我可以理直气壮地说，在经过了艰苦、曲折的探索过程之后，自己对涉法文学的研究终于从不自觉的起始阶段一跃而进入半自觉状态，再一跃而达到现在的自觉状态。我的上述认识过程，应当是作为这个新时代到来的见证人所必有的学术心理历程，没有任何值得夸耀的地方。

参考文献：

[1] 余宗其. 鲁迅与法律 [M]. 北京：华艺出版社，2001：295.

[2] 黄柏岩. 中国公案小说史 [M]. 沈阳：辽宁人民出版社，1991：1.

[3] 于洪笙，等. 法制文学概论 [M]. 石家庄：花山文艺出版社，1990：117.

[4] 余宗其. 法律与文学的交叉地 [M]. 沈阳：春风文艺出版社，1995：243-245.

[5] 陈荒煤. 祝贺《当代中国公安文学大系》出版 [M] //公刘，等. 当代中国公安文学大系. 北京：群众出版社，1996.

[6] 日本自由国民社. 世界推理小说大观 [M]. 冯朝阳，等，译. 北京：群众出版社，1990.

[7] 黄柏岩. 中国公案小说史 [M]. 沈阳：辽宁人民出版社，1991：26.

［8］余宗其．两位美国法学家的文学论据的得与失［J］．国外社会科学，1998（4）．

［9］徐忠明．法律与文学之间［M］．北京：中国政法大学出版社，2000：28．

［10］徐忠明．法律与文学之间［M］．北京：中国政法大学出版社，2000：40．

［11］雅克·德里达．文学行动［M］．赵兴国，译．北京：中国社会科学出版社，1998．

第四章 范畴系统

范畴是科学思维的一种形式，是反映和概括客观事物的普遍本质的基本概念。具有学术革命意义的法律视角的文学研究，必然要求一系列相适应的范畴供其操作、运用。法律文艺学的主要范畴都不同于纯文艺学，没有多少现成的东西可供直接运用。为此，笔者不得不进行大胆杜撰，并密切关注它们成龙配套的内在联系，称之为范畴系统。

一 对象范畴系统

法律视角的文学研究的对象实体，是涉法文学。本书第一章已对它的特质、特性作了论述。这里应进一步指出，为着研究的需要和方便，可将涉法文学这一核心范畴作若干层次的分解，使之构成一个能够满足观察、解释各种不同侧面的文学景观的范畴系统。这样，对涉法文学的了解（认识）的活动就可由表入里、由浅入深地依次推进，不断深入。下面是对象范畴系统的示意图：

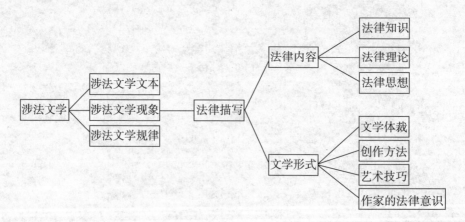

示意图表明，对象范畴系统包括五个逻辑层次。涉法文学这一母体范畴处于第一层次，囊括了法律视角的文学研究的一切对象。涉法文学文本、涉法文学现象、涉法文学规律等三大范畴处于第二层次，标志着涉法文学对象实体可以分解为三个组成部分，由此可见所谓涉法文学研究，就是研读涉法文学文本、解释涉法文学现象、揭示涉法文学规律。处于第三层次的范畴是法律描写，它意味着这样的研究思路：无论是研读涉法文学文本，还是解释涉法文学现象，进而揭示涉法文学规律，都离不开法律描写的基本着眼点，亦即都得从形形色色的法律描写的实际出发。法律内容和文学形式这两个范畴处于第四层次，二者指示着探究法律描写的两条必由之路：一是思考法律描写所体现、暗示、隐喻的思想意义，二是究明法律描写采取了哪些文学形式。

第五层次的范畴有两个分支，分别承接法律内容与文学形式这两个范畴，意思是法律内容包括有法律知识、法律理论和法律思想这三个方面。同理，文学形式包括有文学体裁、创作方法、艺术技巧、作家的法律意识四个方面，它们都影响着各种法律内容的表现方式和效果。

在我看来，有这五个层次的对象范畴系统的分工合作，作为法律视角的对象实体就不再是抽象、空洞、悬浮不定的东西，而是变得切实、具体，富有操作性。

有志于此的学者，只要弄清了对象范畴系统的内在逻辑联系，在实际研究工作中完全有自由运作的自主权——随意寻找切入点，大可不必拘泥于五个逻辑层次的先后次序。因此，对象范畴系统内部的严密逻辑联系丝毫不会束缚研究者自由运作的手脚，相反倒处处不知不觉为研究者提供种种方便，预示研究步骤和方法。例如，以《红楼梦》这一涉法文学文本为对象，必然要尽可能多地一一具体把握该书 120 回里法律描写出现的回目中的具体文字段落，这是第一步工序。紧接着，可从这范畴系统中依据需要任意选取研究者感兴趣的某一范畴作为课题对象。课题一旦定下来，你所了解到的法律描写材料的取舍、解释便悉听尊便了。依照这一构想，笔者已完成《红楼梦与法律》一书的手稿，约有 20 万字。

明确了对象范畴系统，对于了解研究涉法文学所形成的两门学科——文学法律学和法律文艺学的联系与区别，具有格外重要的意义。从上述示意图可以看出，二者的联系，表现在前三个逻辑层次，即二者都以涉法文学为对象，都得研读涉法文学文本，关注涉法文学现象，发现、解释和遵循涉法文学规律，都要从法律描写的实际出发。二者的区别，则表现在侧重的目标和达到的目的不同：文学法律学侧重涉法文学的法律内容的清理、阐释，使之系统化、条理化，而法律内容不管如何千变万化，归根结底不外乎是传播法律知识，表达法律理论，闪现法律思想这三个方面；法律文艺学，侧重于涉法文学的文学形式的采取、运用和不知不觉发挥作用的方面，揭示和说明法律描写的文学形式如何规定和影响法律内容表现的种种现象、问题和规律性。

由此可见，无论是文学法律学，还是法律文艺学，从根本上来说，都是对于涉法文学的研究，属于文学范畴的东西占压倒性优势，故二者都在文学家的职责范围之内，责无旁贷。是故，纯文学家由于不通法律导致的长期冷落涉法文学的局面，是极不正常的，非彻底扭转不可。

由上述对象范畴系统还可知道，中外法学家之所以不约而同对涉法文学怀有浓厚兴趣和热情，是因为其中的法律内容的东西五彩缤纷，美不胜收。他们的行动意味着对纯文学家的挑战和鞭策，是对法律文艺学的有力声援与支持。

二 话语范畴系统

要赢得涉法文学研究的发言权，就应当在了解上述对象范畴的基础上进而了解遣词造句以表述研究成果所需要的话语范畴系统。顾名思义，法律视角的文学研究或涉法文学研究的话语范畴系统的特殊之处，就在于一切思维与话语都离不开法律。假如研究者对于法律的了解少得不能打开话匣子，就无从开展研究活动了。因此，有关法律的话语范畴系统，如同一把打开话匣子的万能钥匙。运用它的前提条件，是要求研究者对现实生活中的法律和文学中的法律有足够的认识和了解。

上面谈到的对象范畴系统产生于对涉法文学对象实体的层层剖析。那么，这里所说话语范畴系统来自何处呢？简言之，来自对文学中的法律描写的全部特征的思考。关于这些特征，本书将专门讨论，这里，我们只要知道有关法律的话语系统产生于对这些特征的思考这一结论就足够了。依据这一结论，话语范畴系统也可以用如下示意图加以说明：

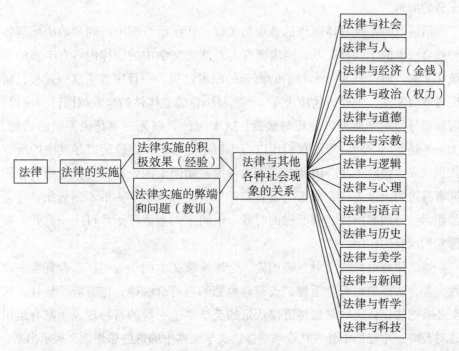

这个示意图表明，话语范畴系统也包括五个逻辑层次。首层的法律，是母体话语范畴，概括着古今中外一切涉法文学中的法律。次层的法律的实施，指的是文学中的法律内容，以法律的实施为轴心或根本，研究者务必牢牢抓住不放。第三层的法律实施的积极效果（经验）与法律实施的弊端和问题（教训），表示文学对法律实施的思考与反映呈现两种不同的趋势，若两相比较，以后者占主导地位，即文学善于暴露法律实施的负面效应。第四层的法律与其他各种社会现象的关系，是法律实施的好坏效果的产物，即要具体谈论法律实施的效果如何，必然要落脚到社会生活中法律与其他社会现象的错综复杂的关系。第五层的十四种关系，是中国和世界各国涉法文学中万变不离其宗的具体话题，以它们为依托，可建构出研究者所需要的任何千言万语的理论系统。

在实际运作上，话语范畴系统的任何一个层次，也都可以自由切入和转换，不必拘泥于示意图中的逻辑层次的划分。

这个示意图还表明，法律视角的文学研究，其实就是以法律为切入点的跨学科、多学科研究。唯其如此，文学的百科全书的认识价值才能得到全面、充分的揭示。

话语范畴系统具体运作的难点与关键，在于示意图中所列举的法律与各种社会现象的十四种关系，要求研究者对涉法文学中的法律内容有丰富的系统化了解，而这需要一个长期的充分的积累过程。一旦完成了这一过程，研究者就会发现，中外历代涉法文学作家对法律的立体性的全方位探讨的成就，假如要分门别类地加以梳理与概括，这十四种关系无一不是说不完的话题，无一不是专门学问。即使我们用以写十四本专著，未必就能穷尽其中的所有认识成果，包罗尽净。因此，这十四种关系如同十四处路标，只能指引着研究者行进的大体方向，真正的发言权的取得，有待于学人的不懈开拓、寻觅与积累。待到有所悟、有所得的时候，十四个大型话匣子才可一一打开，发挥它们应有的作用。

以法律与道德这一对范畴而论，全球涉法文学创作表明：二者有着一致性，符合法律的也符合道德，或符合道德的也符合法律；也有着矛盾性，甚至还有把法律认定的罪犯与道德认定的英雄集于一身的奇特现象。唯有运用这对范畴，才能把中外古往今来的涉法文学文本中的这些思想意义揭示出来。

无论从事法律文艺学研究还是文学法律学研究，都毫不例外地要掌握话语范畴系统的每一层次的各种具体范围。否则，就会无所见无所得，或者虽有所见有所得而不知道如何准确形诸笔墨，形诸口舌。纯文学家在无可推脱的条件下不得不谈论文学中的法律的时候之所以尽说外行话，或以政治性、道德性的话语进行鉴定式的评说，一个重要理由就是他们根本没有意识到文学中的法律与各种社会现象的血肉联系的具体规定性，亦即没有掌握这里所说的话语范畴系统，故完全没有发言权。

话语范畴系统的功能不仅仅是使研究者可以获得充分的自由的发言权，还能使研究中找到相应的研究课题。从这一点看，话语范畴系统意味着研究课题系统，或就是研究课题系统。显然，这个课题系统应归属于文学法律学。在法律文艺学范围内，只须从这里获得发言权，并不对它们作详尽研究。不过，若要细读涉法长篇小说，作为话语范畴系统的东西都可能一一变成研究课题。例如《红楼梦》《复活》《悲惨世界》《荒凉山庄》《农民》等中外长篇小说中的法律内容，唯有综合运用话语范畴系统，并将其列为论证课题，才可能淋漓尽致地道出其丰富的法律思想意义。

三 学科范畴系统

涉法文学研究是法律与文学的交叉学科研究。其理论成果在学科归属上如何理解呢？其理论框架上呈怎样的大体态势呢？这样重大的理论问题的探讨，就涉及学科范畴系统的确立。我们也可以将其用如下示意图表示出来：

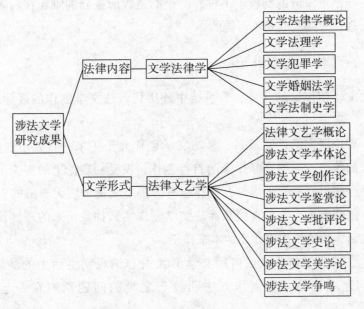

图示表明，以涉法文学研究成果可以建立两大学科范畴系统，其一是文学法律学，其二是法律文艺学，二者各有其若干分支学科。文学法律学重在对涉法文学内容进行研究，法律文艺学则重在研究涉法文学的文学形式方面。下面着重说明一下法律文艺学的范畴系统。

（一）涉法文学本体论

在本书中，涉法文学本体论未能充分展开，仅在第一章《对象实体》简略作了说明。实际上，涉法文学本体论自身应有丰富内容。至少应当详尽阐述以下三大问题：（1）涉法文学概念的内涵、外延；（2）涉法文学中的法律到底是什么；（3）涉法文学有哪些特有现象、规律。

我在涉法文学本体论研究中，碰到了一个棘手的问题：简略论之，说不清是任何道理，可详细道来，又会与别的理论板块撞车，甚至雷同。这使我很苦恼。在万不得已的情况下，我放弃了本体论部分的写作计划，仅在本书第一章《对象实体》论及涉法文学的特质特性。说实在的，这样做完全是为了《法律文艺学》书稿行文的方便。从本来的需要讲，涉法文学本体论应开展许多层面详加探讨。

我希望有志者日后写出《涉法文学本体论》专著，对涉法文学自身的特质、特性作出更深透的剖析。不过，困难的是我所碰到的难题在后来者那里仍然会出现，想摆脱它是不可能的。

（二）涉法文学创作论

涉法文学创作论的任务，是总结中外历代涉法文学创作的规律、经验、教训。

由于理论研究的严重滞后，涉法文学创作几千年来一直处于放任自流、自生自灭的状态，一切全靠作家的自行创作，没受到理论上的多少干扰。唯其如此，经验也好，教训也好，规律也好，都是无掩饰、无雕凿的实实在在的东西。依我看来，我们直接从涉法文学创作实践抽象出来的理性认识，如果正确的话，恰恰是作家作品的本来样子。

首先，应当了解作家如何用文学形式去容纳现实生活中的法律内容。而这个问题又同体裁、创作方法和技巧之类的问题纠缠在一起，难分难解。

其次，涉法文学文本自身的法理法意的表现同作家主观创作动机呈一致、不一致、相去甚远等差别，不能不加以区别和一一解释。

最后，对中国当代涉法文学创作而言，如何深化、贴近法制建设的实际，是一个未能正视的大问题。

（三）涉法文学鉴赏论

阅读任何涉法文学作品的一个特殊要求，是读者应具有与所读作品的法律描写相适应的法律知识。否则，作品中固有的法律意蕴就必然消解。鉴赏论不仅要披露这一现象的存在，还应究明之所以如此的原因。这是鉴赏论的议题之一。

其次，中国、西方读者对涉法文学所具备的颇不相同的心态，也在鉴赏论的视野之中。

此外，不通法律的文学家和对文学陌生的法学家对涉法文学作品的误读误解表现形式不同，原因不同，在理论上解释得令人信服，也是涉法文学鉴赏论特有的课题。

我在研究中极感欠缺的东西，是有计划、有针对性地调查所得到的个案实例几乎是一片空白。我感觉到，有计划做一些调查、采访、座谈、对话的工作，会有效获得必要的第一手个案资料。笔者打算今后注意这一点。

读者读到此处，不妨进行一次自我测验。在读完鲁迅的小说《一件小事》之后，想一想：这篇小说有无法律内容？把作品与法律联系起来以后，其解读结果与非法律的解读有什么不同？涉法文学鉴赏论可以清楚解答你的疑问。

（四）涉法文学批评论

涉法文学批评论不同于传统文学批评论的地方，一是批评标准有别，二是批评方法有异。以批评标准而论，不管人们理论上如何解释，在事实上都是将政治标准摆在首位，其次才是艺术标准。法律文艺学则认为有必要用法律标准取代政治标准。之所以如此，是因为用政治眼光尺度来衡量涉法文学作品，不仅不科学，不公正，反而往往导致误读误解现象大量出现。

尤其在世界范围内，用政治标准批评文学是很难彼此对话、沟通、交流的。我见到两种国外出版的跨国性文化杂志，一宣称"对政治一贯严守中立"，一宣称"从不过问政治"，其印数每期都在两千万以上。由此，能窥见世界各国文化界淡化政治的心态和社会风气。而这种心态和社会风气对文学领域的影响之广泛、深刻情形，是可以推知的。西方各国文学论著对政治的低调姿态，就是一种明证。这样，法律文艺学的文学批评论以法律作为批评标准，取代中国文学家习以为常的政治标准，不仅符合涉法文学自身的实际，同时也符合国际文化潮流。

某些敏感的人可能会指责用法律标准取代政治标准会有政治立场、政治倾向犯错误的嫌疑。这种担心是不必要的。须知，法律与政治的关系之密切，超过了法律与其他任何意识形态的关系。从这个意义看，法律标准取代政治标准并未抛弃政治，而是换一个角度谈政治，即通过法律谈政治。而纯文学家对法律角度的运用困难重重，这就使法律标准取代政治标准具有学术革命的性质。

由于标准变了，批评方法也必然发生相应的改变。文学文本传统的、习惯的政治思想批评，在涉法文学批评中变成了法律思想意义的批评。完全不通法律，或对法律一知半解，当然不可能形成法律思想意义的批评话语，当然不能发现作家在法律上的真知灼见。举一个极具体的简单例子，鲁迅在《而已集·可恶罪》中说过这么一段话：

> 我以为法律上的许多罪名，都是花言巧语，只消以一语包括之，曰：可恶罪。

若操持法律标准来评论鲁迅的这段话，可写出一篇洋洋洒洒的评论文章，而我国历代鲁迅研究专家对此一直保持着沉默。我用法律标准谈鲁迅，写了一本《鲁迅与法律》的书，而鲁迅专家们类似的单篇论文都极为罕见。我不认为自己有什么高明之处，而只是认为涉法文学作家作品的批评标准、批评方法等都有其特殊之处，非从理论上阐释清楚不可。

（五）涉法文学史论

涉法文学有其发生、发展的历史。这种历史很悠久，一直可以追溯到中国和世界各文明古国的奴隶社会。拒斥法律的文学史，从根本上抹杀了涉法文学的发展史。涉法文学史论的任务，不能不从零开始，另起炉灶，建构出中国和世界各国的涉法文学史的理论系统。

草创阶段，只能是从浩如烟海的作家作品中依历史时序依次发现、挑选出种种涉法作品，对其法律思想意义、描写法律的艺术手段作高度概括的点评，从而勾画出一条较清晰的发展线索。

在此基础上，应是从理论上揭示、阐述涉法文学史的种种特殊规律。

涉法文学史论的任务极为艰巨，其理论成果因而也会篇幅浩繁。是故，涉法文学史的研究可以专门化，即作为法律文艺学的分支学科来对待。

作为法律文艺学一部分的涉法文学史论，有别于涉法文学史的专论专著的地方，在于从理论上阐述涉法文学的特殊规律，而不可能详述其历史进程，也不可能一一谈论历代作家作品。

应当向读者坦白交代的是，我没有以文字表述的形式正式做草创阶段应做的基础工作，而径直撰写法律文艺学，侈谈涉法文学的发展规律，这在学术工程进展的先后次序上，有点违反操作规程。这是很无奈的事情。须知，全世界涉法文学史的编写是个大工程，以我个人的时间、精力去从事这个大工程，谈何容易。现在勉为其难谈涉法文学史的规律云云，实在是很冒昧的。

本书涉法文学史论部分所谈规律之类，只是个人大量浏览各国涉法文学作品之后的一些总体性的感觉、印象，名之曰"规律"在很大程度上带有科学上的假说性质。到底是否如此，有待于日后的涉法文学史的正式研究成果加以证明。

但愿我的假说失误的成分少一点，正确的东西多一点，以免贻误了读者。

（六）涉法文学美学论

涉法文学美学第一次打通法律、文学、美学三者之间的厚厚障壁，从而思考三者互相渗透的一些理论问题。本书在此预先说明几点盘绕在纯美学家心头的疑问。

（1）对黑格尔《美学》的理解、评价离不开法律

只要逐字逐句阅读黑格尔《美学》全书，无论是否弄清了其中的理论框架与蕴涵，都将不难发现这样一个基本事实：除了在专论建筑雕刻、绘画、音乐等门类的艺术之美的篇幅里——第三卷上册（占全书四分之一）——仅偶尔能见到"法律"字样之外，在其他泛论艺术之美的第一卷、第二卷和专论文学的语言艺术之美的第三卷下册之中，"法律"二字以及同法律相关的法、法庭、法官、犯罪、审判等法律名词术语层出不穷，犹如繁星密布在洋洋百万余言的文字天幕之上。这个事实表明，以自觉的法律意识来谈论艺术之美，是黑格尔《美学》独具的特色。

若想正视、研究这一特色的本质的东西，还会进一步看到，凡是在有法律名词术语出现的地方，大多数均有文学名著的法律思想意义与艺术成就的分析、说明作为例证伴随其后。古希腊的荷马史诗，三大悲剧家的代表作，

莎士比亚、歌德和席勒等人的一系列作品，还有《圣经·旧约》、印度史诗《摩诃婆罗多》等东方文学名著，都反复充当着法律意识浸润的《美学》的对象。如此一来，我们有充分理由认为，黑格尔《美学》虽然意在全面而系统地研究各个门类的艺术之美，但从其主要篇幅的主导思想理论的倾向来看，呈现出熔法律、文学和美学于一炉的阐述风格，而侧重点在于探索法律与文学的交叉之美的理论问题。

从这两方面的事实看，黑格尔《美学》的特色和成就的一个重要方面在于对法律与文学交叉之美进行了初步探索。非常遗憾的是历来研究黑格尔《美学》的人们对此置若罔闻，避而不谈，这就不能不使他们在很大程度上误解这部富有特殊贡献的美学著作，同时也对读者产生了误导，损失不可谓不大。

鉴于上述基本而严峻的事实，我以为理解、评价黑格尔《美学》而抛弃法律，是不能容忍的重大学术错误和缺陷。

（2）法律美学与涉法文学美学不可混淆

要正确无误地究明法律、文学、美学三者之间的关系的一个重要方面，是要区分两个不同的概念，绝不可将二者混为一谈，这两个概念是：法律美学与涉法文学美学。法律美学，也有人称之为法美学，是研究立法文本的美学问题的美学，当是美学的分支学科之一。早期的法律规范，有用图画、诗歌、散文等方式表述的情形。法律工作中，法庭演讲、司法文书写作等方面受文学的语言艺术影响的东西很多，如修辞方式的运用，演讲技巧等。所有这些都是法美学所要研究的问题。

涉法文学美学，则以涉法文学的美为对象，研究涉法文学中法律思想内容的理性特征、审美特征、法律描写的艺术、法律语言的文学化手段的运用等，跟法律美学的区别是很明显的。

从学术史上看，研究法律美学的大有人在，而研究涉法文学美学却是笔者的倡导，尚未见有人进行研究。本书的涉法文学美学论就是倡导者初步尝试的产物，粗浅之处势所难免。

（3）法律美学在德国竞相研究成风

德国以《格林童话》作者之一的雅可布·格林为首的一批法律史家从事法律美学研究，在从1816年至1952年的130多年中，先后问世的有关论著有

《论法之诗》《德意志法上的幽默》《作为艺术的法学》《法律中的笑话》《我们民族诗歌中的法与国家》《在法学舞台前的莎士比亚》《法律和想象》《绘画上的法》《诗里的法》《作为科学的美学和法学》《论法的风格：法美学文集》《法的世界与美学》等[1]。这些著作所讨论的是立法文本与文学、艺术关系问题。涉法文学美学则不然，它研究的是涉法文学作家描写法律所形成的上述艺术美。

（4）涉法文学美学正酝酿于中华大地

涉法文学美学起步很晚，迟至 20 世纪才正式提出这个概念，而以文字方式加以论述，试图建立有关理论框架，则是进入 21 世纪大门之后的事情。本书第二十二、二十三两章所谈，是笔者关于涉法文学美学的初步见解，此处不赘述。

参考文献：

[1] 舒国滢. 从美学的观点看法律——法美学散论 [J]. 北大法律评论，2000，3（2）.

第五章 基本方法

法律文艺学的基本方法，取决于法律视角的确立与运用。如果说涉法文学研究的对象、内容同纯文学研究截然不同，那么其研究方法因而完全不同于纯文学研究的惯用方法，也就极其自然了。这样，便充分显示出它的基本方法的独特性。

一 抛弃抽象，转到抽象的直接对立面
——实证主义方法

纯文艺学运用的是抽象的方法，谈论的是"什么是文学"这种抽象问题。法律文艺学运用的是法律视角带来的具体方法，谈论的是"什么是涉法文学"这种具体问题。因此，法律文艺学首要的基本方法，就是抛弃抽象，转到抽象的直接对立面——具体。这一方法可称之为实证主义方法。

这里的实证主义仅限于语义学上的理解，跟孔德、斯宾塞等为代表的哲学流派无关，根本没有混淆唯物主义与唯心主义的任何意念与追求，相反倒是充满了关于唯物主义与辩证法的执着信念与运用文学研究实践的坚定意志。在此方法的提出与命名上，直接受益于马克思在其《神圣家族》中对施里加的思辨哲学的批评和关于欧仁·苏的《巴黎的秘密》的评论。

《巴黎的秘密》是欧仁·苏轰动一时的小说，由于大量涉及法律，理所当然是法律文艺学非谈论不可的实例之一。正确的谈论方法，应当是从作品充斥的法律描写的实际出发，对其艺术手段和法律意蕴作出合乎实际的评价。马克思在他执笔撰写的《神圣家族》的第五章和第八章，正是运用这种实事求是的方法，对《巴黎的秘密》的法律描写的具体实际作了详尽分析，尤其在评论关于犯罪的描写和关于刺客、玛丽花、鲁道夫、校长等人物与法律的

关系的表现方面，不厌其详，充满了法律术语、法律理论和法律思想，致使我们可以把这两章当作涉法文学研究的专题论文来研读。从方法论的角度看，马克思所运用的方法就是我所说的实证主义方法。

由于马克思意在釜底抽薪，通过评论《巴黎的秘密》的得失，达到批判施里加的思辨哲学错误的目的，故他评论《巴黎的秘密》中的法律描写的方法更具有哲理的深度和方法论的普遍意义。这是笔者直接受益并从中提出法律文艺学研究的首要基本方法的理由之所在。

施里加把《巴黎的秘密》置于他的思辨结构中，抹杀了小说的全部法律描写的具体规定性，把欧仁·苏用小说形式探讨的"文明中的野蛮"和"国家的无法纪"说成"秘密"，其实质是把它们消溶在"秘密"这个范畴之中，使之变得空洞无物。马克思举例驳斥说：

欧仁·苏描写的是罪犯的酒吧间、巢穴和言谈，而施里加先生却发现了一个"秘密"，即"作者"的目的并不是要描写犯罪的言谈和巢穴，而是要"研究作恶的动机的秘密……因为正是在这些交往最活跃的地方……罪犯们才是无拘无束的"。[1]

对此，马克思针锋相对地指出：

罪犯的巢穴和他们的言谈，反映罪犯的性格，这样巢穴和言谈是罪犯日常生活的不可分离的一部分。所以描写罪犯必然要描写这些方面，正如描写情妇必然要描写的幽会密室一样。[1]

马克思在引用了施里加评论《巴黎的秘密》的一段话之后，指出：

不知道欧仁·苏的小说的内容而只读过施里加先生的文章的读者，一定认为塞西莉是这个舞会上的一个迷人的女人。然而在小说中，当巴黎在跳舞的时候，塞西莉正坐在德国的监狱里。[1]

为什么施里加如此荒谬呢？马克思指出：

用这种方法是得不到内容特别丰富的规定的。如果有一位矿物学家，他的全部学问仅限于说一切矿物实际上都是"矿物"，那么，这位矿物学家不过是他自己想象中的矿物学家而已。这位思辨的矿物学家看到任何一种矿物都说，这是"矿物"，而他的学问就是天下有多少种矿物就说多少遍"矿物"这个词。[1]

就这样，马克思在以详实的论据材料分析、评论《巴黎的秘密》的基础上，指出了施里加的思辨方法的一般哲学上的错误：

要从现实的果实得出"果实"这个抽象的观念是很容易的，而要在"果实"这个抽象的观念得出各种现实的果实就很困难了。不但如此，要从抽象转到抽象的直接对立面（具体——引者），不抛弃抽象是绝对不行的。[1]

读到这里，我深刻地意识到：纯文学家之于涉法文学，非常类似施里加之于《巴黎的秘密》。纯文学家使用抽象思维的办法，从现实的文学得出了文学理论上的"文学"这个抽象的观念，以及加以论证的一套术语和方法，代代相传，习以为常，大家都感到"很容易"，然而要在"文学"这个抽象的观念支配下去认识形形色色的现实的"涉法文学"果实，就很困难了。就这样，并不信奉施里加的思辨哲学的纯文学家，甚至曾援引马克思的上述各种论述的马克思主义文论家，在抽象对待涉法文学，不能认识现实的涉法文学的"果实"这一点上，跟施里加竟如出一辙。

这种严峻事实表明，要正确研究涉法文学，即"要从抽象转到抽象的直接对立面，不抛弃抽象是绝对不行的"。这是赖以安身立命的首要方法。

二 紧扣法律，读懂读透法律意蕴
——文本至上主义方法

上述首要方法，具有哲学的方法论的意味。若停留于此，依然只是一种"抽象"。这样，作为涉法文学研究的基本方法必须将其具体化，从而提出若干具有操作性的方法。紧扣法律，读懂读透一切被研究的涉法文学作品的法律意蕴的方法，就是与"抛弃抽象"相适应的一大具体方法。这种方法可简单称之为文本至上主义方法。

搜罗、诠释涉法文学文本中的法律术语，是读懂读透法律意蕴的起码要求。例如口供、假释、犯罪嫌疑人、禁治产、讯问笔录、审判、罪、犯罪、罪犯等现代化法律术语，礼、刑、城旦、鬼薪、格、式、令、律、斩监候、绞监候、秋审、录囚、休妻等中国古老的法律术语，民法法系、普通法法系、伊斯兰法系、中华法系、案例、法典、转婚等法制史的概念，在古今中外的涉法文学文本中都大量存在着，有的用于标题，有的出现在正文中。若不作解释，势必不同程度地影响着对作品的正确解读。

一旦做搜罗、诠释的工作，就有一举两得之收效：既有利于读懂作品，更能从中找到有学术价值的课题。例如法律术语作标题的艺术，就值得专门研究。

概念是思维的细胞。涉法文学的思想意义区别于纯文学是从运用法律术语起步的，涉法文学彼此互相区别开来也是在运用不同的法律术语方面起步的，东西方涉法文学创作与鉴赏上的差异也与以不同方式运用各不相同的法律术语系统密切相关。因此，以普适全球为追求方向的法律文艺学必须从起步的地方开始拆除阻碍世界各国读者与学者彼此沟通与交流的语言路障。

这个工作并不轻松。如礼，是中国古代涉法文学中层出不穷的法律术语。中国学界除了法学家之外，其他学科的学者几乎都不知其具有法律属性。现代汉语中没有与之对应的概念。让世界各国读者了解它的法律属性更困难。不同法系都拥有各自富有特色的法律术语，在世界各国涉法文学中都或多或少地存在着。法律文艺学研究迫切需要做法律术语的诠释工作。

解读涉法文学文本是法律文艺学研究的基础工程。凡是有志于此的学者，至少要潜心研读中国和世界各国历代涉法文学文本一千种以上，才有自由发言、各抒己见的前提条件。具体说来，本书附录所列最低限度书目，达到一千多种。待一一研讨后，方有发言权。这是本研究实行文本至上主义的具体研究方法之一。

读懂与读透的区别在于衡量标准不同。读懂的标准是能否从总体文学中把作为对象的涉法文学文本一一提取出来。能够运用自如地做到这一点，在确定自己的研究对象实体上准确无误，并能言之成理，即可视为读懂了。

读透的标准在于两点：一是究明所读所论涉法文学文本在世界范围内跟同类作品相比，是否有某种独到之处，有没有值得一谈的特别之处；二是考察各有特点的涉法文学文本是独一无二的呢，还是与别的相关作品有某种内在的逻辑联系。把这两点弄明白了，就意味着不仅赢得了发言权，而且有希望言之有物，言之成理，甚至可谈出别人所不能谈的独到见解。

提倡文本至上主义，把读懂读透涉法文学文本作为基本研究方法之一，从多方面具体体现了法律文艺学的学术革命的性质与意义：打破了文学理论家动辄到现成的文学理论之林里旁征博引的从理论到理论的老传统、老习惯，故有望从涉法文学文本的汪洋大海中抽象出某些原创性的理论见解，甚至独创某种理论系统；把学者的聪明才智从纠缠于文坛掌故、作家轶事、人际关系、无关紧要的文学论争、无关大局的时代背景等文学文本之外的各种问题的是是非非的漩涡中解脱出来，从而集中精力攻克涉法文学自身的堡垒里的奥秘；关注法律对文学的影响所带来的文学认识价值的拓展与艺术创造上的突破、革新的事实，以同就文学论文学的学术方式决裂，等等。

读懂读透涉法文学文本，还要求研究法律描写的一切文学因素。这是法律文艺学的对象，故本书可归结为法律描写的文学因素研究。

三　注重比较，理顺七大法律信息系统的关系
——将比较法学与比较文学相结合、求突破

法律作为社会现象和意识形态之一，是由七大彼此联系而相对独立的信息系统所构成。要正确认识法律的方方面面，就一定要理顺这七大法律信息系统的关系。这七大系统是：（1）现实生活中的各种法律事实、现象、问题、案件；（2）公、检、法等司法机关和海关、税务、环保等行政执法机关依法办事、办案的活动；（3）法官、警官、检察官、律师等法律工作者的性格、人品、学识、经验、执法活动内外的一切言行；（4）国家机关和地方政府制定、颁布国家法律和地方行政法规的活动以及历代各种法律文本；（5）法学教育和法学研究活动及其成果；（6）各种新闻媒体每天报道、传播的形形色色的法制新闻信息；（7）古今中外历代涉法文学作品所蕴含的丰富法律思想意义。在这七大法律信息系统中，前四项构成了现实生活中的法律秩序，从根本上来说，它们是客观的社会存在，是大千物质世界的重要组成部分之一，不管人们主观上是否意识到它的存在，也不管人们对它进行怎样的认识和反映，它都是客观的严峻的存在。没有它的存在，社会就会动荡不安。当今伊

拉克战后所发生的全国性的骚乱、哄抢风潮，就是战争破坏了伊拉克的法律秩序的必然结果。后三大法律信息系统，都是对现实生活中的法律秩序系统的认识和反映。比较起来，三者的认识和反映彼此有别，不可混为一谈。

第四系列中的立法文本，既是现实生活中的法律秩序的标志、保障，同时也是对法律秩序的认识与反映，具有双重性。立法文本对现实生活的法律秩序的认识与反映，是直截了当的。一方面，它承认和重视现实生活中的法律秩序的极端重要性；另一方面，又以各种法律规范来建立和维持现实的法律秩序。当生活中的法律秩序发生了变化，原有法律不能适应新的需要之际，就要求修改甚至重新制定法律文本。

法学理论，依情理而论，应是既对立法文本作学理解释，又对现实的法律秩序作理论探讨，然而从实际情况看，当今的法学研究基本上停留在对立法文本作学理的解释的一个侧面，至于被解释的各种法律文本是否能够得到实施，以及实施效果等法律秩序的活生生的问题，法学家可以不过问，事实上往往不予过问。从这个意义上看，法学研究有着天然的难以克服的理论脱离实际的倾向。

法制新闻信息，是对现实生活中新近发生的法律事实的报道，要求所报道的法律事实可信，不可虚构。其中含有五彩缤纷的法理世界，值得专门探究。

涉法文学中的法律描写，以上述七大法律系统为对象，然而并非平均使用力量对上述七大法律系统作出认识和反映。涉法文学作家作品可能描写到某些法律条文，也可能描写到某些法学理论，但从百分之九十五以上的个案实例来看，现实生活中法律秩序是涉法文学作家作品关注的中心目标。换一句话说，法律实施于社会所建立的法律秩序的方方面面，是涉法文学的法律描写的根本之所在。

以上所谈，就是七大法律系统及其相互关系的大体情况。理顺这些关系，仅仅靠孤立地一一研读涉法文学文本是不可能的。唯有运用比较法学与比较文学相结合、求突破的方法，对涉法文学文本作综合性思考，才可通往理顺关系的目的地。比较法学和比较文学是法学和文学两大学科所分别拥有的方法和分支学科。在纯法学研究和纯文学研究中，二者是彼此拒斥的。因此，无论是比较法学还是比较文学都不能独自、孤立地解决上述理顺七大法律系统的关系的问题。而把二者结合起来，运用到涉法文学的整体性的综合思考上，七大法律系统自身及其相互关系的本来样子的问题就迎刃而解了。

解决这个大问题的学术意义，在于得以认识涉法文学的特有法律认识价值，从而自觉、正确地对待涉法文学研究，有效从事各项具体的研究活动和工作。否则，读者，尤其是研究者就会一直处于含糊其词，不得要领，不辨东西的困境。

凡有意于研究涉法文学的法律认识价值的学者，唯有对上述七大法律系统自身及其相互关系有详明、深透了解，才具备谈清其研究课题的可能性。这一点是不能含糊的。

法律文艺学虽重在研究法律渗透于文学之后引发的特有文学现象和规律，似乎不明上述七大法律系统无关紧要，其实不然，以本书第二十章《涉法文学的发展规律》为例，我们论述了"世界各国涉法文学史跟该国法制史同步的规律"等三大规律。要揭示、解释其中每一规律，都会碰到七大法律系统互相纠缠的情形，只有心中有数，才可作出必要的分析，得出应有的结论。不然，这三大规律便无从进入我们的意识而被揭示出来。

四　不忘考证，究明文学中的法律描写的真实性与科学性

——法律考证方法

法律考证方法，在法律文艺学研究中必不可少。

在世界范围内，法官、律师、法学家出身的作家为数众多，他们的涉法文学创作对法律的描写具有怎样的权威性？广大涉法文学作家直接从现实生活的法律秩序的本来样子出发而展开的法律描写是否具有法律意义上的真实性、科学性？被文学家所称道不已的世界文学名家与法律是否有内在联系，有怎样的特殊贡献？不讲究细节真实的浪漫主义文学中的法律描写能否做到细节的真实？在著名的、伟大的作家笔下，会不会出现法律知识性的错误？中国当代作家笔下的法律描写的知识性错误普遍吗？严重吗？如此等等，我们可以提出一连串的疑问。若从事涉法文学研究，不可避免要碰到或需要回答这些疑问。不作大量具体考证，就休想能意识到这些问题的客观存在，更别想有把握解答它们。

　　我不止一次地说过，对文学中的法律描写有作考证的必要。拙著《红楼梦与法律》的写作，在很大程度上是我对自己提出的这一考证方法的运用实践的产物，读者可以参阅。

　　我从自己长期的研究实践中一再看到，运用法律考证方法的目的，主要是为了究明涉法文学固有的法律认识价值的具体的质的规定性，避免似是而非的定性分析，杜绝不得要领的抽象结论，使所有法律理性论述恰如其分。例如说"家"是一个法律概念，我们认为巴金的长篇小说《家》具有运用"家"的法律概念进行法律分析的可能性，文学界一定会感到莫名其妙。其实，这是名正言顺的事情。我是经过法律考证才得知这一事实的。"家"，是"中华民国"时期使用过的一个民法概念。中国自古以来缺乏把人当作人对待的民法精神。西方民法强调以人为"本位"，法国民法典共分三编，第一编便称为"人"。国民党政府于1929年5月至1930年12月制定并陆续颁布《中华民国民法》，在其"亲属法"中提出了"家"的概念，并专列《家》为一章。这种立法虽然有其进步意义，却反映了当时民法立法思想与西方的差异。法制史家指出："鉴于家在中国传统习惯中的重要性，亲属法保留并改造了家之制度，专列'家'为一章，规定家长对亲属不再具有人身权，法律更强调家长对全体成员所负的义务。"[2]这正是小说《家》创作的法律背景。巴金在《家》中通过高老太爷高高在上，君临一切的艺术描写表明：民国时期的民事立法上限制家长对成员主宰人身权的微弱进步，被现实生活中家长特权持续发挥作用的严峻现实所粉碎。现代中国的家长并不比封建时代的家长开明多少。就这样，小说《家》与民国的亲属法《家》对现实生活中的"家"的认识与反映，呈极不和谐的对峙状态。因此，文学意义上的《家》与法律意义上的《家》不仅有可比性，而且通过比较可看出文学涉及法律后特有的法理法意：亲属法的《家》的立法意图虽然有进步性，然而被现代中国家庭顽固存在的封建性所完全扼杀，中国式的"家"，依然压倒了西方民法意义上的"人"。于是，觉醒了的觉慧们就不得不离"家"出走，去寻求和创造"人"的生活。

　　此外，运用法律考证方法还会有一些意想不到的收获：认识到文学创作中许多不被文学家所注意的有趣现象，从而纠正文学理论上的不少偏颇。例如，我认为浪漫主义文学的细节描写也能做到真实可信的观念，就是通过对

《西游记》作法律考证而形成的，同时还发现吴承恩笔下的法律描写不是依照唐代法律而是依照明代法律。例如，第二十五回孙悟空偷吃五庄观里的瓜果，被清风定了一个"擅食田园瓜果之罪"的罪名。此罪名成立吗？查《大明律》，果见有"擅食田园瓜果"的罪名，此条律文是："凡于他人田园，擅食瓜果之类，坐赃论。"[3]诸如此类原文引用《大明律》法律条文或概括某些法律条文的法律规定的要义地方，在《西游记》中反复出现多达几十处。这些都有力证明了吴承恩对《大明律》很熟悉：凡涉及法律的地方，他或抄原文，或凭记忆为之，决不随意编造。讲究细节真实的现实主义创作家，当从这里学到忠于法律而一丝不苟的严谨作风。文学理论家通过这种法律考证，更会有理论上的新发现。

五　各种方法的共同立足点

本书"绪论"已经说过，法律视角的文学研究，是一场文艺学革命。这一学术革命有两个终极目标：一是在涉法文学研究范围内彻底抛弃纯文学方法和纯法学方法，实现二者的有机结合与统一；二是建立涉法文学学科和文学法律学、法律文艺学这两个分支学科。在这里，我们要强调说，以上所谈各种具体方法的共同立足点，就在这里。也就是说，各种具体方法的运用目的，都在于为实现两大终极目标服务，而不是为纯文学研究或纯法学研究提供论据。否则，这些方法就走了样，不再是我们所认定的特有方法。为了说明这种方法论的立足点的东西，不妨把一位纯法学家和一位纯文学家的涉法文学研究作一番对比。法学家苏力的《法律与文学》一书，其主要素材是元杂剧，所谈论的是他意识到的一些法律问题。他直言不讳地谈到了该书所运用的方法是这样的：

尽管我以元曲做主要的分析材料，但必须注意，本书并非研究元代戏剧中的法律，而是通过古代戏剧来研究具体的法律现象。否则，读者完全有理由对我的文本使用提出疑问，即这样不分年代的使用戏剧文本以及其他文本是否过于随意。我的分析单位是戏剧文本中表现的某一种社会现象，而不是文本，或某一朝代的戏剧文本。本书使用的主要戏剧来自元曲仅仅是一种便利而已。[4]

这就清楚表明，他研究元杂剧不是为了研究元杂剧本身的法律思想意义，而是要把它们拿来作为研究别的法律问题的论据，为建立研究者预想的法学理论系统服务。在这种前提条件之下，我们所说的一系列方法也可能得到认可与运用，然而这势必改变这些方法本身的模样，因而也就失去了我们所说的立足点。

文学家吴锡民的专著《沟通的探索——西方文学与文化论稿》（1996 年由广西师范大学出版社出版）的下篇为《文学与非审美文化论》，其第七章是《西方文学与法》，从标题可以看出他的论题是西方文学与法律的关系。这是我所见到的文学家的唯一的有关论述的实例。论者所要讨论的中心话题是：

在西方文学史中，文学是如何介入"法"的领域的；这种介入是否使文学变得有非审美化之嫌；如果没有，作家成功的奥秘在哪里？本章的话题就从这里开始。

不必看这位文学家的具体论述，仅从提出问题的方式，就可看出研究者所运用的是纯文学方法。论者心目中没有"涉法文学"的任何意向，仅仅只是看到了西方文学"介入"法律的若干实例罢了。紧接着，论者感觉到这种"介入"会引起文学读者、研究者的嫌疑——法律是否会使文学"变得非审美化"，换句话讲就是法律会不会把文学变成了非文学。这种感觉和担心，意味着他根本没有看到涉法文学固有的一系列审美特征。以这样顽强的纯文学的立场和方法来谈论西方作家们"介入"法律的"成功的奥秘"，绝对不可能有什么大收获。因此，涉法文学研究的上述几种方法到了纯文学家手中，是找不到我们所强调的立足点的。

通过简单比较说明可以知道，纯法律方法和纯文学方法各有其主，各有归依：前者为的是纯法学，对涉法文学自身的法律并不关心；后者为的是纯文学，对涉法文学自身的法律价值尚未形成自觉意识。因此，尽管他们各执一端，没有共同话题，没有共同的理论兴趣和归宿，但在无视涉法文学自身的法律思想意义和审美特征上，在不能对涉法文学进行系统化研究上，是彼此一致的。这就是说，他们所操持的纯文学方法和纯法学方法，根本不可能具有我们所谈到的和强调的立足点。

参考文献:

[1] 马克思恩格斯全集（第二卷）[M]. 北京：人民出版社, 1998：71 – 86.

[2] 张晋藩. 中国法制史 [M]. 北京：中国政法大学出版社, 1999：249.

[3] 大明律 [M]. 小不效锋, 点校. 北京：法律出版社, 1998：57.

[4] 苏力. 在中国思考法律与文学 [M] // 《法学前沿》编辑委员会. 法学前沿（第五辑）. 北京：法律出版社, 2003：58 – 59.

第六章　固有特色

文学研究的法律视角的运用和由此导致的法律文艺学理论的建设的积极学术意义，表现在开创文学研究的新局面和建立人文社会科学互相监督的学术机制这两个方面。二者均是前所未有的学术革命现象，不可等闲视之。

先说开创文学研究的新局面这一方面。关于这一点，只要我们充分了解到涉法文学研究的一系列特色，便不难明白其开创性意义之所在。

一　跨学科性与多学科性

涉法文学研究活动以及由此产生的法律文艺学理论首先具有跨学科性、多学科性，即此一端便完全突破了千百年来就文学论文学的单学科、纯文学的思维习惯和话语模式。涉法文学研究采用熔法律与文学于一炉的观察、思考、表述手段，具有对文学自身固有的百科全书的丰富内涵作系统化清理与阐述的长处。由此看来，涉法文学研究的建设性学术意义大大超出了涉法文学自身，扩展到整个文学，标志着整个文学研究的思维、习惯、手段从就文学论文学的纯文学方法、路径到以法律为龙头的跨学科、多学科的文学方法、路径的大发展、大变革。看不到这一点，把涉法文学从总体文学中剔除出去，将涉法文学研究当作旁门左道，就会犯"白马非马"的古老形而上学错误。而要不犯这个错误，就得老老实实承认涉法文学研究的开创性意义。二者必居其一。

涉法文学研究的跨学科性与多学科性非常适应把握文学的百科全书的认识价值的需要。就全球各国历代作家描写生活领域之广泛，文学作品思想内容之丰富，伟大作家作品的理性认识的丰富、深刻与独到，文学的确堪称生活的百科全书。事实上，面对美不胜收的文学大师的名著名篇，文学研究者每每以百科全书誉之。例如，鲁迅的杂文、莎士比亚的戏剧、巴尔扎克的《人间喜剧》、欧·亨利的短篇小说，均有学者用中国半封建半殖民地社会生活的百科全书、百科全书式的戏剧、百科全书式的小说、美国生活的幽默百科全书之类的说法高度评价它们。还有曹雪芹的《红楼梦》、卜迦丘的《十日谈》、但丁的《神曲》等内容极丰富的文学名著，也都堪称生活的百科全书。然而，如果我们要问这些被称为百科全书的作品是否涉及法律、如何涉及法律这一问题，我相信没有哪一个文学家能够作出明确而圆满的回答。这就表明，百科全书云云，在很大程度上是一句套话。唯有从法律的角度切入，才能探究明白，使这套话一变而为真理。

据我的初步研究，上述作家作品无一不能纳入法律视角进行最严格的考察，发现其丰富的法律意蕴，从而建构出文学的跨学科、多学科解释话语系统。拙著《法律与文学的交叉地》曾以莫泊桑的短篇小说《拔蒂士特夫人》为例，对其将法国十九世纪社会生活中法律、道德、宗教、社会文化心理、宗教势力等交相发挥作用的情形描写得入木三分的内容作过分析，读者可以参阅。可惜，非法律的文学研究难以承担文学的跨学科、多学科的解释任务。

为什么只有涉法文学的研究视角，才能深入揭示文学的百科全书的丰富内涵呢？要清楚回答这个问题，就需对法律这种意识形态的复杂性有所了解。一方面，法律自身是统治阶级的意志的表现，同时有国家机器作强有力的后盾，并密切反映着一定社会的经济、政治、道德、宗教等发展的水平与要求，因此即使是静态的法律规范文本、条文、司法制度，就已经构成了一种相当复杂的意识形态现象。法学院所开设的几十门法律课程，归根结底是为了全方位、多角度对法律作学理的解释。法学家的各种论著，同样是为了满足法律的学理解释的需要而产生的。另一方面，在现实生活中，形形色色的法律诉讼活动的进行，是法律及司法制度的运行的动态过程，参与其事的都是活生生的人——执法者、律师、当事人、知情人、证人、旁观旁听者，他们自身的肉体状况与精神状况，他们幕前的关系与幕后的活动，往往会牵扯到社会的各个领域，致使任何法律诉讼活动都显得很复杂，决非法律条文的简单对号入座。

当这法律动态运行过程尘埃落定之后，每一起法律诉讼活动无不会发生预料不到的后续故事。世界各国历代作家所描写的法律，固然有法律的静态面的东西，而占绝对压倒优势的是法律运行的动态立体图画。这样，越是法学教科书上找不到的法律的奥妙之处、纷纭难解之处，越会诱发作家寻根问底般的描写欲望与兴趣。于是，古往今来的中外文学中的法律，实质上是法律与各种社会现象、社会意识形态大交会的代名词，其中蕴含有生活中百科全书的无穷知识的汪洋大海。文学研究的法律视角，因而便成了到文学中寻觅百科全书宝藏的入海口之一。其实质，在于以法律为突破口，对文学作跨学科、多学科考察与解释，使我们对文学的百科全书的奥妙有更完善的把握。

为了说明这个道理，不妨再剖析托尔斯泰的中篇小说《神性与人性》这样一个涉法文学文本的实例。作品写于 1906 年，反映的是 19 世纪 70 年代俄国社会生活中各种矛盾对立、纠缠而难以清理楚头绪的真实情形。一旦置于法律的视角之下，那混沌状况就会变得清晰可辨起来。故事发生在沙皇政府的牢房里，革命者斯维特拉谷、梅热涅茨基、罗曼等人，还有一个分裂教派的老头，均以反对沙皇政权的罪名被关进了监狱，然而入狱后同为难友的人们逐渐发生分化，从而各有不同的结局：坚定的革命者斯维特拉谷被判处了死刑，被新一代革命者罗曼等人所不理解，甚至遭到反对与嘲弄的老革命者梅热涅茨基终于心灰意冷而自缢于狱中。虔诚接受狱方的宗教势力的训导的分裂教派的老头则对基督教教义中的羊羔哲学深信不疑，后因病而安然去世。罗曼等一批新一代革命者在入狱后悔恨没有在入狱前好好地享受人生，革命精神明显蜕化。综观这样的艺术描写的寓意并且准确道出所以然，非要求研究者具有多方面学识不可：当年俄国的法律、政治、宗教、革命派中民粹派与自由民粹派的分别、还有托尔斯泰本人的"勿抗恶"的哲学观念等。综合这一切，可以认为《神性与人性》所昭示的思想是揭露了沙皇俄国的法律与宗教联手扼杀革命残害革命者的生命和消磨他们的斗志的残酷性、反动性，同时还暴露了革命队伍内部的弱点与矛盾，对于分裂教派老头的勿抗恶的宗教思想持欣赏、肯定态度。显然，这部作品的思想内容是相当复杂的，而法律既是作家切入复杂生活的通路，又是我们研读、解析的突破口，舍此很难把握其思想的脉动。

鉴于法律的复杂性，西方有一派法理学家主张用"综合法学"方法来全方位研究法律，故被称为综合法学派。此派代表人物之一的博登海默指出："法律仿佛是一座有许多厅、室、角落的大厦。用一盏灯很难同时照到每个室和角落。由于技术和经验的限制，其困难就更大"，因此，"我们不能以任何单一的绝对因素和原因来解释法律制度。许多社会、经济、心理学、历史和文化因素以及许多价值判断都影响或制约着法律的制定和执行。"[1] 在我看来，经由作家之手的选择、操作，本来就异常复杂的法律像变魔术似的，变得更加花样翻新，神出鬼没，难以捉摸。文学的法律研究视角的跨学科性、多学科性就这样取决于法律的复杂性，也取决于法律文学化过程与结果的复杂性、多样性。唯其如此，法律视角的文学研究才大有用武之地。

涉法文学是法律内容与文学形式相结合的产物。现实生活中复杂的法律现象被文学化之后变得更加复杂的原因，自然要求从文学形式——文学体裁、艺术技巧、语言风格以及文学创作主体的作家的法律意识、所采用的创作方法等方面加以探讨。而这种探讨都不是纯文学方法所能济事的，而只能是把希望寄托在文学的跨学科、多学科观察、思考方式的运用之上。在这里，至少有两大景观是被传统文学研究所忽视而在涉法文学研究中非注意不可的。

一是在中国文学史上，有二十多位作家被中国法律思想史学家当作法律思想家加以研究与论述，由此可以断定：这些作家的法律思想不可能同他们的文学创作完全不沾边。既然如此，对这众多被誉为法律思想家的作家们的文学创作进行法律视角的研究，不仅是必要的，而且会从他们的创作中看到文学中的法律比他们意识中的法律复杂得多。这二十多位作家是老聃、孔丘、墨翟、孟轲、庄周、荀况、韩非、贾谊、王充、曹操、韩愈、柳宗元、白居易、王安石、司马光、黄宗羲、顾炎武、王夫之、龚自珍、严复、章太炎等，贯穿于中国古代至近代的两千多年的文学发展史之中，充分证明了对中国文学作法律研究的必要性。

二是在国外一些国家，从古至今发现有一大批作家曾有志于从事法律专业的学习，可后来改操文学，于是当初的法律功底在后来的文学创作中均发挥了功不可没的显著作用，从又一个侧面充分证明了对世界文学进行法律视角研究的必要性。这类作家可开出一长串名单，如古罗马的维吉尔，德国的歌德、席勒、格林兄弟，俄国的果戈里、托尔斯泰，英国的乔叟、菲尔丁、司各特、萨克雷、高尔斯华绥，法国的梅里美、巴尔扎克、莫泊桑，意大利的薄伽丘，匈牙利的米克沙特、卡夫卡，印度的泰戈尔等。同样，在这些从法学城堡走出而进入文学宫殿的作家那里，不仅有着描写法律的自觉性，更重要的是他们笔下的法律都是多元多维的立体生活图景，远远比他们所曾专门学习、研究过的纸张上的法律微妙复杂得多。

即使以中外这两类作家的作品为限，其跨学科、多学科属性就十分突出，其研究任务就很繁重，更何况还有无计其数的其他作家作品同法律结下了不解之缘。

二 宏观性与整合性

文学研究的法律视角的跨学科性、多学科性取决于文学中的法律的复杂性，已如上述。这里所说的宏观性、整合性，则取决于对象实体的涉法文学的一致性，即古今中外的一切涉法文学，无不具有法律内容与文学形式有机结合这一共同点。文学研究的法律视角区别于非法律的文学研究的根本特质特征，就在于它紧紧抓住这一共同点展开全部理性思考活动，从而建构出一种宏观性、整合性的文学理论系统。非法律的文学研究没有这种共同点作统帅，故对文学采取了只有分工而没有合作的散点透视的方式，所建立的理论系统既无宏观性，又无整合性，呈学派林立、各据山头的庞杂无序状态，文学研究的严肃性、科学性因而不能不大受影响。

在中外文学界，至今还没有形成一个起码的共识：所有一切关于文学理论研究的学问有没有一个共同的概念来加以概括？能不能将其称为文艺学？说起来真是笑话，连这常识性的问题在全球文学界都没有解决，那么其他种种问题的见仁见智、莫衷一是的情形是可想而知的。

文学研究的学术分工的过于严格、精细，使学人习以为常地囚禁在各自的学术领地里难以旁顾，只见树木而不见森林，是文学理论顾此失彼的局限性产生的罪魁祸首。文学批评、文学史研究、文学理论研究是文学学科通常划分的三大领域。在中国文学教育界和文学研究界则在文学史和文学理论中又进而划分出许多井水不犯河水的专业：中国文学史、外国文学史、中国文论、马列文论、西方文论。在中国文学史中，又有中国古代文学、中国近代史学、中国现代文学、中国当代文学的严格界限。同为中国古代文学史的学者，被人为框定在先秦文学、秦汉文学、唐宋文学、元明清文学的范围之内的现象屡见不鲜。尤其有意思的是一部作品、一位作家在中国文学界都能成为一门学问、一种专业方向，如由《红楼梦》导致的红学，鲁迅研究导致的鲁迅学、莎士比亚研究导致的莎士比亚研究中心的学术机构等。从某种意义上看，这样做有利于文学研究朝深入、细致的方向发展。然而，从宏观整体上看，这种文学研究只是一种微观艺术，势必引导学人朝拾枝抱叶、钻牛角尖的偏颇境地越陷越深。习以为常者，不仅不以为是过错，反而会美其名曰发展、填补空白。现在中国文学研究已出现了这种困境，若不及时加以遏制，其后果将是很严重的。

令人格外忧虑的也许是文学史研究的状况。长期以来以地域因素、时间因素作为划分文学史标准的做法，如今被推向了极致，把省、市、地区作为研究文学史的标尺，出现了湖北文学史、湖南文学史、河北文学史、广东近代文学史、内蒙古当代文学史、桂林抗战文学史、胶东文学史、台港文学史、澳门戏剧史等之类的文学史专著。如果说当初编写按文体分类的诗史、词史、小说史、戏剧史具有必要性，那么《新中国中篇小说史稿》这种小说史未必就有什么价值。如果说中国少数民族文学史有必要专门研究，那么每一个少数民族都拥有各自的文学史，从而编出藏族文学史、纳西族文学史、布依文学史……未必都有必要。

文学史不是作家的功劳簿，不是作品的座次表，不是文人墨客的光荣榜，不是有闻必录的地方志，大可不必以各种借口、理由让凡获得作家头衔的人们都可名垂史册。文学史应对文学发展的规律进行揭示与描述。越高瞻远瞩便越能真正发现文学规律之所在。学人的理性目光仅仅盯住巴掌大的地方，完全没有宏观的历史意识，只能是抢山头，占地盘，根本不能编写出像样的具有学术价值的文学史。

以法律作为文学研究的视角，由于它紧紧注视法律内容与文学形式的联手合作这一核心问题，故上述文学的地域因素、时间因素、作家的民族、性别因素等，均退居不显眼的地位，而文学文本自身的法律认识价值、因法律而产生的艺术特色与成就，则上升为中心目标，成为从事涉法文学创作、批评、文学史和文艺美学诸方面进行专门研究的课题。其中所揭示的各种特征、规律、现象，往往渗透于全世界各国古往今来的涉法文学之中，唯有让理性思维跨越时空限制自由驰骋，跟踪描述那些远景镜头、近景镜头、特写镜头，才可把全球性的宏观文学特征、规律、现象整合为有机统一体。这仿佛宏观艺术——乐山大佛、万里长城、金字塔群……近距离观看会一无所获，高瞻远瞩其全景，那气壮山河的雄浑之美，才能尽收眼底。较之把一位作家、一部作品、一种体裁、一种流派、一个国度的某个历史时期的文学当作一辈子的文学专业来对待的微观艺术，涉法文学研究包罗万象、涵盖一切的气度与方式，的确堪称宏观艺术。其宏观性、整合性大体如此。

平心而论，微观的解析与宏观的整合，都是人类认识世界的需要，二者并无优劣高下之分。认识文学也如此。然而从中外文学研究的习惯、状况来看，几乎是一刀切地倾向于微观的解析研究，宏观的整合性研究尚未实现零的突破。这种严重的失衡现象已成为文学研究深入发展、寻求革新与突破之路的一大障碍，从而使人感到宏观的整合研究在中国和世界各国文坛的弥足珍贵。如果完全跳脱出习以为常的微观的解析研究的窠臼，一跃而登上宏观的整合研究的平台上，那么会顿时感觉到微雕艺术般的文学研究实在太单调、太软弱，对于法律与文学联姻而产生的一系列文学现象、问题的了解太缺乏ABC式的起码常识，甚至谬误百出。关于这种令人极为忧虑的情形，我们已作过专门论述。这里应当补充的是：问题虽直接表现为文学界中人对法律所知甚少，而在深层的观察上则可知就文学论文学的微观艺术般的文学研究中的单调、软弱、缺乏科学精神，让浓厚的主观随意性泛滥成灾，淹没了文学原野上真理的花花朵朵，致使该有的真理无法揭示，不该有的谬误大量出现，缺乏法律常识的低调话语充斥。唯借法律视角的宏观、整合性特长，我们才能对非法律的微雕艺术的文学研究的种种不足处看得格外清晰。

不妨再看一个小例子。1986年9月下旬至次年1月上旬，《中国文化报》开展了"文艺与犯罪"的专题讨论，参加讨论的有作家、评论家，还有法律工作者。讨论的中心议题是：文艺作品中的性描写会不会诱发、唆使青少年犯罪，能不能把青少年的犯罪原因归结为文艺作品中的不健康性描写的影响。以纯文学的眼光论之，这一讨论似乎很有现实针对性，而以涉法文学的眼光论之，则会发现人们只不过开了一个严肃的学术玩笑，无论人们持何观点，都不能改变这场讨论的学术水平低下的基本面貌。这是因为，"文艺与犯罪"是一个学术性极强的课题，足以用古今中外涉法文学关于描写、探讨犯罪问题所提供的材料进行专门研究，从而写成《文学犯罪学》这种跨学科理论专著。1995年出版的拙著《法律与文学的交叉地》曾提出："世界各国文学自古以来对于犯罪问题所作的长期探索而取得的成果,经过系统化条理化之后,对于现实的反犯罪的斗争和犯罪学的理论研究,都是具有重要意义的。事实上,文学中的犯罪问题的材料很丰富,对于犯罪问题的探索也比较全面、深入,故用以建构文学犯罪学,将左右逢源,毫无枯竭之虞。"依据这种理解,我撰写了该书中《文学犯罪学》这一章,从"什么是犯罪""罪与非罪的界限""共同犯罪""犯罪根源""救治犯罪的途径"等方面进行了论述。[2]随着近几年的进一步研究,我除了深感应当坚持原有的看法之外,还陆续有不少新发现,例如中外作家笔下都有轻罪重罚的现象,清白无辜者被当作罪犯而严惩的现象,普遍寄同情于犯杀人罪的主人公的现象,对真正的罪犯的囚禁与改造无济于事的现象,为金钱等原因而主动顶替罪犯去服刑的现象等,所有这些都应是"文艺与犯罪"这个课题必不可少的内涵,有着深入研究的广阔天地。回顾当年那场专题讨论,不能不使我大失所望:讨论者对议题固有的学术性一无所知,而对文学之外的常识性问题却津津乐道。

这个例子足以表明,因为文学研究的法律视角具有宏观性、整合性,故对于"文艺与犯罪"这类课题探究与思考能够置于中外文学大交会的深广背景之下进行,于是多有所得。相反,淡忘法律的纯文学方法与蛰伏于一角的微雕艺术般的文学研究习惯,大大遮掩了人们理性的目光,使之无所见或所见甚少,因而只能在许多缺乏学术性的话题上做无意义的高谈阔论,甚至把本来极具学术性的课题世俗化为茶余饭后的闲谈。

宏观、整合的法律文艺学以揭示、解释遍及世界各国古往今来的涉法文学的特殊规律、现象、特征为己任、为特长。而这恰恰是微雕艺术般的文学研究的致命短处,是终生囚禁在狭小文学专业牢笼的文学家不可思议的事情。当今文学研究因学术分工过于严格、精细所导致的微雕艺术倾向,已越来越明显地暴露出它的短处。从这一点看,涉法文学研究以其宏观性与整合性对传统文学研究所造成的困境是一种强有力的反拨。

三 实证性与实用性

法律文艺学的理论建构的另一特色,是具有实证性与实用性。所谓实证性,是指它的每一理论命题、每一个范畴、每一个规律,都与文学对法律的描写与思考有关，而一涉及法律，必然同一定的法律人物形象、法律案件、法律现象、法律问题发生联系，不引述有关作品的实例，这一切都无从说清楚。这样，法律文艺学的理论表述，必然要采取文学现象的描述与文学认知说理紧密结合的方式，从而大大有别于那些凭虚蹈空的高头讲章。法律文艺学无论正面说理，还是反面辩驳，都如此重事实，举实例，给人以实实在在的感觉。

这种实证性，取决于法律文艺学具体回答什么是涉法文学的具体核心问题的理论宗旨。假如剔除了文学中的历历在目的法律话语的花花朵朵，那些无所挂系的空泛理论枝条，就不知为何物了，或者容易将它们混同于纯文学理论。从这个意义上看，法律文艺学的实证性特色，与生俱来，自然而然。

跟实证性相关联的是实用性特色。文艺学界曾有人发出"文艺学何为"的疑问，那答案大约是除了抽象解释"文学是什么"的问题，文艺学毫无任何实际用途。我同意这个看法。与之相比，法律文艺学的实用性特点相当突出。具体说，它有两大实际功用：一是丰富法学理论宝库的同时，能够以其再研究的方式和成果，对人文社会科学各学科研究发挥学术监督功能；二是对现实生活中的法制建设有多种促进作用。关于前者，本书下一章将专门讨论。关于后者，属于文学法律学的课题，此处不赘。

有人可能从这里找到贬低法律文艺学的口实，以为它缺乏理论的深度广度，显得肤浅。这种贬斥是站不住脚的。因为，下面将要讲到的尖端性特色，会把这种妄自尊大的贵族老爷的高傲打消得无踪无影。

四　尖端性与启蒙性

涉法文学研究的跨学科、多学科性，宏观性、整合性的特色，充分表明了这种文学研究的开创性、建设性的学术意义的一个重大方面在于拓展了文学研究的新思路、新领域、新方法，因此在中外文坛上出现文学研究的新局面是指日可待的事情。

然而，不容盲目乐观的是在另辟蹊径的探索中将面临巨大的障碍与阻力，而这种种障碍与阻力虽来自文学的外部环境，表现为文学工作者的严重不适应，甚至会像晕车、晕船那样引起精神的呕吐现象，但归根结底都取决于涉法文学研究本身的特征或特性的另外一种表现，可称之为尖端性与启蒙性。在涉法文学研究实际开展、波及文坛的各个部门的过程中，就是尖端性和启蒙性这两样东西常困扰着人们，甚或使人感到格格不入，在陌生、困惑、反感中简直可能会将其斥之为异端邪说。目前正处于涉法文学研究的草创阶段，各种不适应的症状会表现得格外突出。随着时间的推移，人们终究会逐渐适应的。任何新的学说、理论、思想在传播途中都不免经历这种曲折过程。

对于涉法文学研究的理论、方法来说，若想缩短人们对它的适应、认可的曲折过程，一个重要工作就是正确理解、解释它的尖端性与启蒙性特性到底是怎么一回事。这是寻求和解除各种不适应症状的根源工作，务必尽可能做得好一点。所谓尖端性，指的是上述跨学科性与多学科性、宏观性与整合性等特性的综合体或最高表现形态，因为它们都是迄今为止的现有一切文学理论系统中从未有过的独特之处，而所论及的每一个课题都因这些独特之处的存在而显得格外艰苦、繁重，非文学通才兼法学通才的新型文学家根本不能从事作何一个课题的哪怕最粗浅的研究活动，更不能指望会有什么好成果出现了。从这个层面上看，法律文艺学所承担的任务，无异于高悬在现有一切文学理论都未曾企及的异域或峰巅，若想义不容辞地走近它、攀登它，就必须具有攀高峰、攻尖端的勇气和相应的学术修养。当今中外的文学教育、法学教育都是按互相排斥对方的单科独进的模式进行的，故培养出来的一代代文学家、法学家身上都存在着俗话所说的"隔行如隔山"的现象。这样，熔文学研究和法律研究于一炉的法律文艺学便成了困难重重的学问。这种可望不可及的情形，谓之尖端性是不过分的。这是问题的一个方面。

与此同时，法律文艺学又具有启蒙性，它是尖端性的派生物。唯其具有尖端性，为文学和法学两大学科中人一时难以企及，而涉法文学所引发的众多艰巨、繁重课题又非攻克不可，非被人们认同不可，故在攻尖端的同时不能不从普及涉法文学的基本知识起步。于是乎，连什么是涉法文学、法律文艺学的提法是否成立、怎样进行涉法文学作品的尝析这样一些本来属于日后的常识性的问题，在其草创阶段都成了非解决不可的难题。从本研究一切都得从零的突破起步这一点看，其启蒙性是不言而喻的。

尖端性与启蒙性处在两个极端。在整个草创阶段，这两个对立的极端会一直共居于法律文艺学研究的各个环节之中，从而迫使研究者不得不在表述自己的研究成果的时候，既要胸怀攻尖端的终极目标，致力于贯穿于全球各国涉法文学之中的宏观现象、特征、规律的揭示与描述，又要充分顾及读者对涉法文学所知甚少的限制，因而不能不注意基本知识的传播，从而把攻克理论尖端课题与进行涉法文学基本知识启蒙教育有机结合、统一起来。这就需要把涉法文学研究论著写得深入浅出，雅俗共赏。

在此，我必须作如下郑重声明：认为涉法文学研究具有尖端性不意味着它的高贵，同时认为涉法文学研究具有启蒙性也不意味着它的低贱，我的本意只不过在于客观、公正地指明它所固有的一对矛盾对立的特性不以任何人的意志为转移地客观存在着，因而无形地强有力地制约着研究者，也无形地影响着读者对该研究的每一项成果的理解与接受。

唯有了解到涉法文学研究的尖端性与启蒙性共居的情形，我们才能从又一个侧面认识到它不同于传统文学研究的差异之所在，难处之所在。传统文学研究是在纯文学教育的基础之上进行的，二者的分工很明确：文学研究致力于新的理论系统的建立，倾向于攻尖端；文学教育致力于既有知识的传播，倾向于搞启蒙。传统的文学活动，就是按这种明确分工进行的，一直持续到现在，今后还得如此坚持下去。因此，传统的文学研究可以而且应当抛开文学知识的启蒙教育，从而使文学研究论著都那样高雅、艰深，超凡脱俗。涉法文学研究则不然。一方面，不可能也没有必要大面积地按部就班地进行涉法文学专业教育，培养众多的专业性极强的涉法文学专门人才（可在一两所学术实力雄厚的高校开展涉法文学本科教育和研究生教育，并持之以恒）；另一方面，也难以毕其功于一役地一举网罗到有志涉法文学研究的学者，造成一种有一定专业基础的学术交流环境：二者交会起作用的结果，只能是少数倡导者一身而二任，一举而两得——既从事涉法文学知识的启蒙教育，又不能忘记攻克各种艰难困苦的尖端课题，使自己的各种有关理论著述既是涉法文学知识的启蒙教育读本，又是各种尖端课题的理论成果表述系统。显然，这是吃力不讨好的苦差事，远没有传统文学研究那样洒脱。

例如，文学与法系的关系，是涉法文学史研究领域的极富学术价值的课题之一，包括有中国文学与中华法系、法国文学与民法法系、英美文学与普通法法系、阿拉伯文学与伊斯兰法系、印度文学与印度法系等子课题，如果有人穷读毕览，详尽占有第一手材料，将写出规模宏大的传世之作。我目前只能是对此有初步的猜测与估计，因为所研读的作品数量有限。这就是该课题的尖端性的具体表现。一旦从事这一研究并有所成，向学术界报告这一重大成果的方方面面，便不能不做大量的知识启蒙工作，使读者得以知道什么叫法系，中华法系等五大法系是怎么一回事，法学家心目中的法系与作家笔下关于法系特征的描写有何联系与区别等基本知识之后，才能进而深入到本课题的深层学术价值、意义的探讨之中去吸取堪称理论的东西。可以断言，在未做相应的文学、法学知识启蒙教育工作之前，无论是文学界还是法学界，都很难找出一个能够就此说出 ABC 的学者来。可见，在文学与法系的课题研究上，尖端性与启蒙性共居的情形很显著。在法律文艺的所有课题系列中，此种情形比比皆是。

在——究明涉法文学研究的跨学科性与多学科性、宏观性与整合性、尖端性与启蒙性等特色之后，我们不难明白涉法文学研究在开创文学研究的新局面上的建设性学术意义到底何在。因为，这种文学研究的长处、功能、方法以及对于传统文学研究的短处、缺失的反思与革除，都体现在上述特色之中。相信读者会从上述特色的说明中找到应有的结论，我不必再饶舌了。

参考文献：

［1］余宗其．法律与文学的交叉地［M］．沈阳：春风文艺出版社，1995：13．

［2］余宗其．法律与文学的交叉地［M］．沈阳：春风文艺出版社，1995：193-212．

第七章 理论（学术）意义

——建立人文社会科学互相监督的机制

涉法文学研究的建设性的理论（学术）意义，在于它有利于建立人文社会科学领域各分支学科互相监督的学术机制，使它们互相取长补短，共同健康发展。不用说，这也是学术界从未碰到的新问题，而在涉法文学研究实践中却能一再见到它的身影，认识它的实际功能，并找到它发挥作用的具体途径。

一 从"学术腐败"谈起

方舟子在设立学术打假网页以来，对国内的学术腐败现象——论文抄袭、学历伪造、商业炒作、廉价吹捧等给予了大胆、深入的披露，故被称为"学术警察"。关于方舟子的"学术打假"活动的报导和拥戴方舟子的文章，一时间频频见诸报纸。为了救治"学术腐败"，有人主张"寻找失落的学术秩序"，有人呼唤"需要这样的学术警察"（见冯雨、江晓原的文章，《中华读书报》2001 年 5 月 30 日，第 24 版）。而方舟子本人则提出一个成立"全国性学术道德委员会"的对策，以专门负责学术打假工作。（《中华永读书报》2001 年 11 月 14 日第 24 版）这些都令人欣慰。

不过，如果联系到涉法文学研究的深远理论（学术）意义，上述一切都不免失之于表面化，而且作为对策的东西很难付诸实施。在我看来，深层的学术腐败并不是抄袭剽窃、弄虚作假的外部行为方式，而在于被称为科研成果的学术作品自身的真理性欠缺，甚至很糟糕的状况，此种状况在人文社会科学尤为突出。这些年在涉法文学研究中我越来越多、越来越清楚地看到，无论是纯文学家、纯法学家，还有其他学科的纯专家，只要谈论涉法文学，就往往有可议之处，等而下之的是一再闹出缺乏法律常识或文学常识之类的错误，连权威学者、专家也不能幸免。如果说能够自我反省，还有救活的希望。可悲可叹的是论者浑然不知，自我感觉良好，这就堵塞了救治的门径。这样，无从救治的学术谬误本已甚多，加之日后的逐渐淤积，岂不就是一种深藏的"学术腐败"现象吗？

由此，我感到，无论是表层的"学术打假"，还是深层的"学术指谬"，的确需要呼唤"学术警察"，的确要有行之有效的学术对策。这种警察何许人也？这种对策何在？答曰：他是我所提出的人文社会科学互相监督的学术机制，存在于涉法文学研究实践中。

由于涉法文学有跨学科性，吸引法学家的注意是极其自然的。法学家一旦参与其事，就免不了对文学研究发表具有法律专业特色的意见。同理，文学家一旦参与其事，也免不了对法律发表具有文学特色的意见。笔者二十年来一直没有停止地发表这样的意见。不用说，双方如此行事、如此议论的本身，就意味着固有的学术疆界的高墙被拆除了，实现了一定程度的沟通与交流。人文社会科学互相监督的学术机制，就这样不知不觉地出现了，只不过没有引起学界注意罢了。涉法文学研究的重大学术意义之一，就在于揭示和解释这种互相监督的学术机制。

鉴于拒斥法律的纯文学研究的普遍而严重的弊病，我以为文学家倾听来自法学家的声音尤有必要。例如，有一位法学家在谈到文学理论的价值时，说过这样尖刻的话：

这些文学批评理论的价值对于一般非文学专业人士来说就几乎毫无价值。它们有的不仅在法学界人士看来甚至有些荒唐，例如"作者死了"；而且高度抽象，玄之又玄。

不错，有许多文学批评家称这些理论为"游戏"……对于当代中国的法律家甚或法学家来说，这哪里是游戏，无疑是一种折磨。[1]

纯文学家对此会不以为然。在法律文艺学看来，种种牌号的文学理论及批评方法，凡对于解释涉法文学不仅完全无济于事，而且一再流露出各种偏颇与错误，这样尖刻的意见自有其振聋发聩，击中要害的作用。其中就包含着本章所论述的人文社会科学各学科互相监督的机制的因素。

二 人文社会科学迫切需要互相监督

归根结底，人文社会科学的各个部门或学科相互间的学术监督机制的建立，不是谁灵机一动的异想天开，也不是迫于现实需要的急功近利的权宜之计，而是它们自身共同健康发展的内在的、无形的迫切需要。只要我们重温一下早在 120 年前恩格斯不满于人文社会科学的研究成果缺乏足够的真理性的论述，这种客观需要的迫切性便不言自明。他把人类的全部科学划分为三大类，第一类包括数学、天文学、力学、物理学、化学（现在习惯称它们为自然科学），认为这类科学的许多成果是永恒真理，是最后的、终极的真理，故可称之为精密科学；第二类科学包括研究生物机体的那些科学，如生物学、医学，其特点是由于各种原因，迫使学人在最后的、终极的真理周围造起茂密的假说之林，而假说与真理之间还存在许多中间环节有待探究与证实；第三类科学包括哲学、宗教、艺术等历史科学（现在习惯于称之为人文社会科学），这一类科学中的永恒真理的情况比第二类科学更糟，更令人不满意。他描述其糟糕情形说：

> 我们在人类历史领域中的科学比在生物学领域中的科学还要落后得多……在这里认识在本质上是相对的，因为它只限于了解一定的社会形式和国家形式的联系和后果，这些形式只存在于一定的时代和一定的民族中，而且按其本性来说都是暂时的。因此，谁要是在这里猎取最后的、积极的真理，猎取真正的、根本不变的真理，那么他是不会有什么收获的，除非是一些陈词滥调和老生常谈，例如，人一般地说不劳动就不能生活，人直到现在大部分为统治者和被统治者，拿破仑死于 1821 年 5 月 5 日，如此等等。[2]

在这里，恩格斯不仅指明了人文社会科学的理论成果的真理性偏低的现象的普遍存在，还阐明了其根源在于研究对象和方法上的局限性。此后一百多年来，束缚人文社会科学发展的对象与方法的局限性不仅没有得到消解，反而随着时间的推移在不断加剧，使原有的天然性的限制又增添了许多人为的限制，这就是人文社会科学内部的学科、专业的划分和分工越来越精细、越来越严密，致使学者们的视野日益狭窄，形而上学的思维习惯日益顽固，所取得的理论成果也不能不因而日益糟糕。

相形之下，在人文社会科学的所有学科中真理性最差的应首推文学，其次是法律。之所以如此，除了上述学术分工、专业划分格外精细、严密的共同原因之外，还有这两大学科自身的特殊原因。以学术分工、专业划分的精细与严密而言，文学特别突出，以至于一部作品、一位作家都能成为其中的一门分支学科或一个专业，拥有代代相传的学者、专家队伍。这种微雕艺术般的文学研究成果，到底有多少真理的普遍性，的确值得怀疑。法律学科内的分工也相当细致，不仅可划分为理论法学、部门法学、法制史学、法学的边缘交叉学科等几大板块，而且每一板块内又可划分出若干更具体的分支学科或专业，其极致也是一部法律能导致一门法学专业方向的成立，如刑法导致的刑法学，民法导致的民法学等。如此一来，当法学家们各自埋头治学于小小专业圈内之际，关于法律的普遍本质、特征、发展规律及其同社会生活的广泛、复杂联系等便势必被淡忘。马克思、恩格斯多次谈到的法学家的错觉、幻想，就产生于这不该有而事实上常常有的淡忘之中，而这所谓错觉、幻想，其实质就是关于法律的理性认识缺乏真理性。

此外，文学与法律两大学科的理论成果的真理性较差的情形之所以格外突出，还有着法学与文学的对象实体特别庞大、复杂、且处于不停顿地大发展的运动过程中，新的法律文本与新的文学文本层出不穷这些共同的特殊原因。无论是文学研究还是法律研究，都得以古今中外的一切文学与法律为对象，这浩如烟海的文学文本、法律文本就令学者们眼花缭乱，更何况在中国和世界各国无时无刻不产生新的文学作品、新的法律规范，这就更增加了研究任务的分量和难度，从而使学人的认识不可避免地带有滞后性。专业分工的精细需要文学家、法学家朝纵深发展，新的文学文本和法律文本的层出不穷需要文学家、法学家知识更新，不断调整、充实固有的知识结构。这两种互相悖逆的需要的同时满足，不是轻而易举的事情，于是乎就不能不削弱文学家、法学家的理论成果的真理性。

在谈论人文社会科学的真理性糟糕的情形时，不能回避东西方、中国和世界各国的文化差异现象。在中国文学界，学人通常能够正视这种现象的客观存在，然而在寻求之所以然的原因时却很少有人能够正视那客观的原因，而过分强调了主观的原因——彼此所建立的社会制度不同、各民族的价值观念不同。如此一来，人文社会科学中普遍存在的真理性较糟糕的现象便理所当然不是什么坏事情，甚至是一种光荣和骄傲。这显然是令人不能满意的解释。依据恩格斯的看法，社会制度、民族的价值观念相对于人类的生命存在、生产劳动实践来说，是主观的东西，是意识形态，如果过分强调主观方面的原因，势必把东西方文化的差异看成是天经地义的、百分之百合理的，如此一来东西方文化的差异现象中就不存在人文社会科学的真理性不足的糟糕情形了。因此，在我看来东西方文化的差异，中国和世界各国文化的差异集中地、突出地表现在人文社会科学方面，而不在作为精密科学的自然科学方面，故这种差异在很大程度上是人文社会科学真理性欠缺的反映。正如恩格斯所指出的那样，彼此都"只限于了解一定的社会形式和国家形式的联系和后果，这些形式只存在于一定的时代和一定的民族中"，故由此而建立的种种理论便"都是暂时的"，终究使我们难以在人文社会科学中"猎取真正的、根本不变的真理"。

由此可见，人文社会科学领域各个学科的划分以及各个学科内部的严密、琐细的学术分工的消极作用，是人为地扩大、强化了固有的局限性，使之变成了束缚学人聪明才智充分自由发挥和发展的桎梏，致使学人的专业智能呈现畸形或片面发展的不良状态。尤其是面对中国和世界各国的涉法文学整体，纯文学家和纯法学家不仅都从根本上无能为力，而且几乎是只要谈论就免不了出错。这种学术失误、失职的东西仅就我已经发现的实例而言，就达到了非加救治不可的严重程度。其对症良药，就是人文社会科学领域各学科互相监督的学术机制。

那么，这种机制从何而来呢？不能坐等上天的恩赐，不能指望外界的帮助，不能仰仗于行政手段的干预，只能依靠人文社会科学的各学科学者加强多学科修养，努力消除"隔行如隔山"的现象，做到善于对法律和文学这两种意识形态作跨学科、多学科研究，对于纯法学研究和纯文学研究的上述病症保持敏锐的识别力——监督机制，就存在于这样的做法之中。目前的当务之急是应当首先提倡在涉法文学研究上建立这种学术机制，积极主动地运用这种机制。这就要求涉法文学研究者一改学人做学问所恪守的老传统——温文尔雅，各自为政，对他人著述一概保留只评功摆好，不作尖锐批评的态度与做法。

三　成果共享与谬误相克

涉法文学研究中存在的互相监督的学术机制的功能有两个相辅相成的方面，一是成果共享，二是谬误相克。所谓成果共享，指的是在对文学进行跨学科、多学科研究时，会一再发现人文社会科学的各个学科的积极成果突破了各个学科自身的范围并对其他各学科研究活动发挥作用的情形，这实质上是在共享每一个学科的既有成果。例如，哲学的认识论和方法论、语言学的语法规则和修辞手段、逻辑学的逻辑推理原则与方法等，无论对哪一门人文社会科学乃至自然科学研究都是必不可少的。正因为如此，各种门类的专业教育与研究都注意到多学科知识的综合素质教育与训练。这是人文社会科学各学科成果共享的常见事实。

值得注意的是，当人们各自囿禁在本专业领域作单学科的封闭性研究的时候，这种共享人文社会科学各学科的成果的客观事实不容易被觉察，甚至感觉不到共享的过程的发生与效果的出现。而在对文学作法律研究时因这种研究的跨学科性与多学科性的存在，会一再清楚地看到、身体力行地体验到人文社会科学众多学科成果共享的重要性和必要性，尤其是中外法学家的许许多多的积极成果的融会、贯通、重构，是这种研究的生命与灵魂，给研究者带来的是取之不尽、用之不竭的智慧源泉和向纵深发展的巨大动力。关于这一点，本书第二章已作较详细说明，此处不另。

在这里，我想着重指出的是，在共享人文社会科学的积极成果的问题上存在着忽视法学成果的弊端，其消极影响不仅仅是造成了对古今中外涉法文学的忽视甚至完全遗忘，更值得注意的是早已不同程度地影响到其他许多学科，造成了难以弥补的一系列损失。例如，中国自古是礼仪之邦，礼在中国从奴隶社会到封建社会的漫长历史上，甚至直到今天的许多生活现象中，尤其在中国人的意识里，都发挥过或继续发挥其实际规范作用和价值判断作用，然而对于什么是礼这样一个基本问题的理解与回答竟然人言言殊，未能形成共识。只要我们有意识从哲学、历史、文学、语言学、法学等学科的各种论著中去寻找学者们的有关论述，便会发现除了法学家明确指出礼是周朝的法律形式之一，以礼入法而刑礼并用是中华法系的突出特征之一以外，其余各学科的学者都没有谁持这种观点，都是无视、排斥其法律内涵的。在法律意识沉睡、全社会一致冷落法律的漫长时日里，连法学学科也不免备受压抑，故人文社会科学各学科对于礼的理解和解释中的重大偏颇无从发现。唯有在法学界对礼的法律属性和内涵作了正确解释后，涉法文学研究才能据以看到中国文学中的礼同世界文学中的法的内在联系，同时也能看到其他学科无视礼的法律属性与内涵的重大缺陷。这就从反面证明了法学界的研究成果被其他学科共享的重要性与必要性。

为了说明其重要性与必要性，不妨举一些具体例子看一看。在语言学中，关于礼的词条都阉割了法律内容，使广大读者无从正确了解其本来面貌。王力主编的《古代汉语》关于礼的解释有三项。"（一）剥削阶级社会的典章制度与传统习惯"；"（二）礼貌、礼节、典礼"；"（三）行为的规范"。[3] 上海辞书出版社出版的《简明社会科学词典》云："礼，中国古代社会的典章制度和道德规范。"[4] 由于对礼的词义把握不准，人文社会科学的其他理论著述在论及礼的场合就难以避免出错。游国恩等主编的《中国文学史》全文引用了《诗经·鄘风·相鼠》，认为此诗"把统治者看成了连老鼠都不如的东西"。[5] 这是很不准确的。《礼记·曲礼》云："鹦鹉能言，不离飞鸟；猩猩能言，不离禽兽；今人而无礼，虽能言不亦禽兽之心乎。"在我看来，《相鼠》的思想内容，正是以这种价值观念来看待统治者的，认为统治者制定、颁布了礼法而自己却不遵守，故讽刺他们不如老鼠，在诗的末尾发出了"人而无礼，胡不遄死"的诅咒。在关于中国的古代哲学、传统文化思想的许多论著中，普遍存在着把礼与刑、礼与法对立起来的倾向，从而把礼的法律内涵道德化了。贾谊讲过这样的话："礼者禁于将然之前，而法者禁于已然之后。"其本意在于说明礼与法作为并用的法律规范有联系又有区别，既分工又合作的情形，然而哲学家朱伯昆先生在引用这两句话后指出："这两句，可以理解为未犯罪时，要靠道德教化；已犯罪后，要靠法律制裁。"[6] 如此把礼等同于道德，把法等同于制裁犯罪，均是简单化的做法，不符合中国古代法制史史实，在理论上也有极大片面性。在刘再复、林岗的《传统与中国人》一书中，大量充斥着将礼、礼治说成是道德、德治的说法，同样是因为有极大片面性而不可取。

难以一一罗列的大量事实反复表明，无视法律和法学研究成果的传统习惯，导致了人文社会科学各学科的专家、学者的数不清的学术偏颇。以上所谈，只不过是与礼有关的几个有限的实例罢了。由此可见，共享包括法学成果在内的一切人文社会科学既有的积极、精华的东西，实在是学人们相互取长补短的必由之路。从事文学的法律研究的实践活动，每每使我感觉到该活动具有促使我们如是想、如是做的强大功能，同时也在不断地促使我们大量运用着众多人文社会科学的知识、理论，力求对文学中的法律现象的百科全书式的丰富内涵作出综合性的概括。

谬误相克，是涉法文学研究中人文社会科学各学科互相监督的学术机制的又一功能。这种功能可以认为是成果共享功能的副产品，二者相辅相成，互相依存。共享成果，是各学科互取别人长处的过程，而谬误相克则是扬弃、弥补各自的短处的过程。而之所以需要取长补短和能够取长补短，那是因为各学科的积极成果都具有一定的真理性，同时许多方面真理性较差的缘故。这样，取人之长的同时往往包含着补短的因素，无形之中克服着种种相应的谬误。我们上面所举的各种实例业已同时证明了二者互相并存的道理：法学家关于礼的研究成果是中国人文社会科学需要吸取的长处，在未这样做之前其他学科关于礼的看法均有较明显的短处，故众多学科在取法学之长的同时，无不在补自己之短。从这难以分割的密切关系看，谬误相克的功能正是成果共享功能的结果、产物，而成果共享功能是谬误相克的原因、前提条件。因此，在学术研究中，成果共享与谬误相克的两种功能是同时存在、同时发挥作用的，这如服药治病的过程一样：服药的同时在治病，治病意味着要服药（其他治疗方式相当于服药）。

从理论上来说，二者的关系应当如此。然而从实践上来看，我以为要特别强调的是谬误相克的功能必须引起人文和社会科学各学科的广泛注意和重视，这是因为不通法律、不谙文学的专业智能缺陷在众多学科，尤其在法律与文学两大学科中有着十分突出的表现，已经达到令人难堪的严重程度。拙著《法律与文学漫话》的代自序，已列举实例较为全面、较为系统地清理了文学界不通法律给学术研究带来的巨大损害。因此，文学界势必格外注重涉法文学研究所具有的学术监督机制，使其谬误相克的功能得到充分发挥，逐步扭转不通法律之弊害所造成的不正常局面。

关于法学界因不谙文学而造成的种种有关研究中的失误的情形，将在其他章节另行论述，此处暂且不论。在这里我要说的是，在人文社会科学的大家庭里，法律与文学这两大学科像是一对到处有伤的难兄难弟，而他们的伤痛来自以往彼此太不珍惜手足之情而相互冷落对方的传统习惯势力。因此，涉法文学研究所推动建立起来的学术监督机制及其谬误相克功能一旦被双方所清醒意识，这对难兄难弟的面貌将会大为改观。这就需要两大学科中人切实互通有无，取长补短。

四 途径在研究之研究中

文学的法律研究所推动建立的人文社会科学各学科互相监督的学术机制及其功能发挥作用的途径何在？我以为，必由之路在于研究之研究中。具体说来，在涉法文学研究中，其对象实体的涉法文学被文学家进行非法律的解释和被法学家当作法学论著的附庸的做法相当普遍，从而导致了对涉法文学本来面貌的不同性质的歪曲，并且在各自相应的读者圈内造成了消极影响，出现了知识、理论、思想的混乱，亦即是致使产生了恩格斯所说的人文社会科学的真理性较差的情形。这样，涉法文学研究要想正面解释涉法文学的方方面面，做到以理服人，就不能不以极大的注意力对文学家和法学家的有关言论进行研究、开展辩论，这样做的实质就是对文学家和法学家的有关研究成果进行再研究，从而作出然否的价值的判断，以便澄清学术是非，清除在读者中产生的消极影响。

确认人文社会科学各学科互相监督的机制和谬误相克的功能存在于研究的活动过程及其结果之中，意味着我所提出的重大学术问题的解决完全不用另起炉灶、兴师动众去组织一班人马充当学术警察的角色，以旁观者的身份凌驾在学术之上发号施令，对所看不顺眼的东西评头品足，横加指责。相反，任何一位人文社会科学工作者，只要对涉法文学感兴趣并投身其中进行探索，就有可能发现他所不以为然的有关意见，意识到如不展开学术争议，自己心以为然的道理便难以论述清楚。于是乎，在他的有关研究中，就自然而然出现了各学科互相监督的机制，克服谬误的功能也同时寄寓在其中了。这样做的人越多，该机制与功能便越能充分体现出来。

我们来看一个具体的小例子。《论语·颜渊》记有孔子的这段话："听讼，吾犹人也。必也使无讼乎！"要想了解孔子的法律思想，就不能忽视这段话所讲的意思。有趣的是各学科中人对这同一段话的理解彼此有出入，故据以发挥的观点就有正误之别。我在思考《论语》中的法律问题时，渐渐注意到了这种意见纷纭的现象。有一本中国法律思想史教材在引用这段话后指出：

> 既然人与人之间的争讼都不会发生，那么，刑罚自然就没有必要了。也就是说，实行"德化"、"礼教"，最终可以达到"以德去刑"。说得很动听，实际上是空话。[7]

有一位哲学家也看中了这段话，全文引用之后解释说："意谓断案并不难，难的是使天下无案可断。"论者如此解释的落脚点在于证明他的这种观点："孔子并不主张废除刑罚，而是主张对百姓先进行道德的教化，教化无效再用刑罚制裁。"[8]

在一些《论语》研究的专著中，对孔子这段话的理解尽管不尽相同，但在基本精神实质的把握上大体趋向是一致的。杨伯峻先生的译文如下：

> 审理诉讼，我同别人差不多。一定要使诉讼的事件完全消灭才好。[9]

经过比较可以知道，杨先生的理解符合孔子的本意，而另外两家则走了样。既然曲解了孔子的原话，那么加以发挥的说法就离孔子的实际法律思想更远了。如此建立起来的学术观点的主观随意性就难以避免了。很清楚，当我着手收集上述材料并进行上述辩论工作的时候，法律、哲学、语言学、文学等学科间的互相监督机制与披露谬误、澄清是非的功能便始终伴随着我的研究过程与最后结果。而我做的工作纯属研究之研究。

学术研究的本质是追求真理，摒弃谬误。而这不可能毕其功于一役，必然要开展研究之研究，研究之研究之研究，使之成为一个不断深化的过程。着眼于这正确的学术之道，我们不难看到以讹传讹的现象不仅没有摒弃谬误，反而在将谬误当作真理广为扩散。针对这错上加错的学术现象，特别有必要强调开展人文社会科学各学科的研究之研究活动，甚至可以将其作为系统化、专门化的学术工程来对待。这是因为，随着人文社会科学的迅速发展，国际学术交流的加强，以讹传讹、错上加错的弊病也日益加剧。故不加强研究之研究，使涉法文学研究固有的学术监督机制和克服谬误的功能充分发挥作用，便不能遏制谬误流传的势头。在这里不乏典型事例。

1994 年，在撰写拙著《法律与文学的交叉地》的时候，发现法学界有人持这样的观点：

"法"与"律"连在一起作为一种法律形式，则是近代的事。

当时，我因为掌握有《吕氏春秋·杂谓》《史记·酷吏列传》《西游记》第一回等处关于"法律"概念的材料，认为这种说法不符合中国文化史的事实，故以一节的篇幅在该书中予以反驳。[10]这是我以研究之研究的方式，第一次对这不当之处进行披露的情形。

没有想到后来又发现了类似而更加武断的说法：汉字"法""律"虽有两千年以上的历史，但作为独立合成词的"法律"都是近代由日本输入的，其历史不过百年。

论者的依据，来自日本学者实藤惠秀的《中国人留学日本史》一书的第七章第十三节，此书 1983 年由三联书店出版。[11]由此，我感到当年已初步证明其错误的这种说法由来已久，在中国、日本乃至其他国家广为流传，其消极影响较大。不久又意外发现，这位论者的该书被再版，其中持此论的文章还多次入选其他法学论文集，致使这根本不能成立的说法在漂洋过海来到中国之后一次次扩散于神州大地，受其误导的人数之多可想而知。在深深为之遗憾的这几年，我继续更广泛地研读着中国古代文学名著与有关文化典籍，不断陆续发现了更丰富的可资进一步反驳的材料，于是不能不在此开展新一轮的辨析。请看下列各例：1975 年在湖北省云梦县睡虎地出土了一大批秦代竹简，其记载的内容大都与法律有关，如《法律答问》便是对秦代法律的某些条文、术语以及立法意图的解释。显然，《法律答问》中的"法律"概念是"法"与"律"的合成词，跟现代汉语中的"法律"概念完全一样。由此可见，在我国运用"法律"概念的历史至迟可追溯于此，其时至今已两千多年。

班固的《汉书》中"法律"概念不止一次地出现过。《食货志第四上》云："今法律曲贱商人，商人已富贵矣。"《五行志第七上》云："传曰：弃法律，逐功臣，杀太子，以妾为妻，则火不炎上。"

《魏书·刑罚志》云："于定国为廷尉，集诸法律，凡九百六十卷。"

刘颂于晋元康九年（公元 299 年）给晋魏帝的奏章中，专门谈法律，并运用了跟今天完全相同的法律概念，有"法律之内""论释法律"[12]等语。

刘勰《文心雕龙·书记》有"法律驳民，八刑克平"的话语。

公元七世纪中叶唐朝《永徽律》颁布的第二年，长孙无忌等十九人撰写《唐律疏义》，对《永徽律》逐条进行解释，在《名例篇》中有这样的话："异类相犯者，若高丽之与百济相犯之类，皆以该国法律论定刑名。"唐代张读的小说《宣室志·游仙都稚川》说："契虚自孩提好佛氏法律。"所谓"佛氏法律"即宗教戒律，跟世俗法律一样是行为规范。

欧阳修等人所撰《新唐书·来俊臣、周兴传》在提到唐代酷吏周兴时指出："兴，少习法律，自尚书史积迁秋官侍郎、屡决制狱，文深峭，妄杀数千人。"

元杂剧《神奴儿》结尾处，包公断案的判词中有道是："本处官吏，不知法律，错勘平人，各杖一百，永不叙用。"

康熙《圣谕》十六条颁布于1670年，其中第八条全文是"讲法律，以儆愚顽"。而其第九条是"明礼让，以厚风俗"。法律与礼让对举，表明了这位被誉为道德贤君的帝王礼法并用的传统思想观念，同时也表明其"法律"概念跟今天无异。

写成于1847年的俞万春的小说《荡寇志》第八十回有这样一段话："原来宋朝的法律，待守令最宽、知县官便治得人的死罪，所以盖天锡敢说这话。"这段话中的"法律"概念问世时间最晚，然而也有一百五十年以上的历史。

我不厌其详地列举上述散见于法律、历史、文学等著作中的材料，意在让广大读者看到，现代汉语意义上的"法律"概念在中国运用的历史至少在两千年以上，"由日本输入"、"其历史不过百年"云云，纯属日本学者的主观臆断之词，中国法学家一再袭用这一说法，则是在以讹传讹。然而，这类学术谬误在单科独进的封闭性的法学研究界是难以被发现的，故少有纠正的希望。而在跨学科、多学科的文学研究中，因拆除了人文社会科学间的座座高墙，形成了成果共享和谬误相克的机制与功能，故能一再证明其错误，从而一举击破之。

从以上大量实例中可以看到法律视角的文学研究的研究之性质以及它内部存在的学术监督机制、攻克谬误的功能都不是在外力作用下勉强的、机械的、人工操纵的反科学的东西，而是极其自然的、灵活机动的、积极主动的

科学实践活动过程，是学术争鸣、发展的必由之路。只要是有志于从事涉法
文学的正确研讨的学者，一旦投身到各项切实的研究中去，寻觅各项应有的
参照系，其研究活动的过程必然不知不觉伴随着上述机制与功能，从而取得
富有澄清学术是非的积极成果。当这样的学人及其学术活动越来越多、越来
越频繁的时候，也就是人文社会科学各学科互相监督机制与谬误相克功能普
遍建立并发挥作用的新时代的到来——不知不觉地到来，自然而然地到来。
这将是人文社会科学各学科共有的幸事。当今闭关自守、自行其是而谬误百
出的、积重难返的人文社会科学研究的局面，将在不久的未来的新时代为之
彻底改观。

参考文献：

[1] 苏力. 在中国思考法律与文学［M］//《法学前沿》编辑委员会.
法学前沿（第五辑）. 北京：法律出版社，2003：58－59.

[2] 马克思恩格斯选集（第三卷）［M］. 北京：人民出版社，1998：
128－129.

[3] 王力. 古代汉语（第一册）［M］. 北京：中华书局，1981：157.

[4] 《简明社会科学词典》编辑委员会. 简明社会科学词典［M］. 上
海：上海辞书出版社，1982：252.

[5] 游国恩. 中国文学史（第一册）［M］. 北京：人民文学出版社，
1979：37.

[6] 朱伯昆. 朱伯昆论著［M］. 沈阳：沈阳出版社，1998：176.

[7] 张国华. 中国法律思想史［M］. 北京：法律出版社，1982：58.

[8] 朱伯昆. 朱伯昆论著［M］. 沈阳：沈阳出版社，1998：163.

[9] 杨伯峻. 论语译注［M］. 北京：中华书局，1980：128.

[10] 余宗其. 法律与文学的交叉地［M］. 沈阳：春风文艺出版社，
1995：143－144.

[11] 梁治平. 法律的文化解释［M］. 北京：三联书店，1994：
282，305.

[12] 晋书·刑法志［M］. 北京：中华书局，1974.

第二编　涉法文学创作论

涉法文学创作由于引进法律而大大不同于纯文学的地方，不在少数。涉法文学创作论不能不是对这些特殊之处的考察与阐释。概括地说，涉法文学创作论的根本任务，是阐明法律内容与文学形式如何有机结合的一系列问题。这些问题的性质，属于涉法文学创作的艺术论，同时也表明这些艺术与法律内容的表现密切相关。

第八章 法律内容与文学形式互相
结合的基本类型

涉法文学创作区别于一般文学创作的根本点在于作家自觉或不自觉地描写了生活中的法律现象，使法律内容与文学形式有机结合起来，从而产生了形形色色的涉法文学文本。如此一来，系统研究涉法文学创作活动的全部思考无不应当围绕一个中心展开：怎样做才能使法律内容与文学形式的结合是有效的、完美的，怎样做又是效果欠佳、不够完美的。涉法文学创作论的根本任务，在于对这个中心问题进行探讨，做出回答。

首先，依据古往今来大量涉法作品的法律描写的美学特征，可以将法律内容与文学形式相结合的情形划分为三大类型。通过这种分类研究可以知道，中外历代涉法作家作品无论数量上怎样浩繁，法律思想意义怎样丰富复杂，法律描写的艺术手段怎样千变万化，在使法律内容与文学形式相结合这个根本点上都只能归属于其中的某一类型。也许有少数作品的归类会引起争议，或者发生归类上的困难，但就绝大多数作家作品而言，这种分类不存在什么疑问。

这种分类研究的意义，在于总结涉法文学作家作品的创作经验与教训，提供中外涉法文学作家作品的纵向比较与横向比较的客观、公正的尺度，有志于从事涉法文学创作的未来的作家也可以从这里寻觅自己该何去何从的归依。

一 通俗涉法文学

法律内容与文学形式相结合的类型之一，可命名为通俗涉法文学。这类作品的数量首屈一指，占压倒优势，拥有极为庞大的读者群。这类作家对自己作品的广受欢迎的火爆景象，自然是欣慰的，我们也没有理由妄加褒贬，只能实事求是进行评说。

（一）基本特征

追求故事情节的完整、紧张、曲折，不大注意人物性格的塑造，是通俗涉法文学的基本特征之一，也是它拥有众多读者的原因之所在。人类有好奇的天性，从孩子到老人，很少不喜欢听新奇故事的。通俗文学于是应运而生。通俗涉法文学受欢迎出于同样的社会心理原因。

我们要着重说明的是这类作品中法律上的认识价值普遍偏低。具体表现主要是含量本来稀少的法理法意经过精心编织的故事情节的稀释，便显得更加淡乎寡味了。大量的侦探小说、案例故事大都如此，描写破案的影视文学也往往如此：当悬念一一解开，终于水落石出，真相大白之后，值得回味的法律上的启示几乎一无所有。

即使有某种法律寓意，其品位不高是这类作品的通病。通俗涉法文学作家大都对法律有所了解，不少人甚至是身为法律工作者而业余从事文学创作的，这样的有利条件往往使他们有一种自觉愿望与追求：希望用文学形式来解释某种立法精神，或体现某种法学理论原则，从而为宣传社会主义法制，表彰法律工作者的严于执法的精神，打击形形色色的犯罪现象做出自己的贡献。这自然无可非议。共和国依法治国方略的实施，的确需要如此动用文学的手段进行舆论宣传工作。问题只在于文学是一种艺术，对于社会主义法制进行反映、思考的时候不能仅仅停留在宣传的水准上，而应上升到审美的高度上进行审美观照与反思，给读者以新颖的体验与启示，从而领悟到法律条文中和法学教科书中所没有而社会生活中都客观存在的法理法意。这些鲜活的领悟所及，恰恰是建设社会主义法治国家所面临、应当注意的深层问题。致力于解释法律条文和现成法理原则的通俗涉法文学作家绝大多数往往忽略了这一点，或者说故事性过强容易消解法律寓意。

人们通常所说的法制文学，当今中国相当一部分人所谓的公安文学，基本上都属于这一类型。它们的共同特征，大都如此。短篇小说《审判》足以代表这类作品的共同之处。小说以主人公刘磊由以前的部队军官、现今的领导干部沦为罪犯的经历，宣传了应当普及的一种法律知识：任何人一旦犯罪，都要依法论处。刘磊的失职行为（负责修建的大型水库刚竣工便被雨水冲垮）、法律意识（他知道任何人都不能凌驾于法律之上）和服从判决的心态（他决心在刑满释放后为四个现代化再干十五年）等无不在形象地解释着这一法律主题。读这种小说就跟看到一幅法制宣传的图片一样，虽然有一定的直观性，却没有多少审美体验，心弦未曾有什么动静。这不是因为读者麻木不仁，实在是因为小说本身没有表现出法律上的真知灼见。

文学理论界一般不谈论涉法文学，在很大程度上是因为这类通俗涉法文学存在着我们所指出的这种不足之处，败坏了人们的阅读兴趣。

（二）常用体裁

通俗类涉法文学常用的体裁是小说、案例故事。我国古代的公案小说、现代的侦探小说等，是大家所熟悉的，它们大都属于通俗涉法文学。

有些法制报刊的文学副刊不时发表一些涉法散文、诗歌，也有法制宣传的特色。《法制日报》的《华表》副刊于1990年5月10日发表了一首《高墙诗》，全文如下：

> 手铐
> 两个残缺的月
> 月不能圆人亦不能圆，
> 铁窗
> 一排水流中的栅栏
> 清水流走了
> 卡住了杂草乱砖
> 高墙
> 一脉冷峻的山
> 山无情
> 将尘世隔作两个天

诗的主题一目了然：告诫人们不要犯罪，否则就会受法律追究而失去自由。在这首诗中，手铐、铁窗、高墙等都代表了法律的威严，虽用了月、栅栏、山来比喻它们，仍嫌较为直露。诗贵抒情。涉法诗歌当以表现诗人对生活中的法律现象的情感的真挚体验为准则。

值得注意的是中国当代纪实文学得到了蓬勃发展，而其中引人注目的一系列作品往往涉及到中国当代立法、司法、执法、守法的方方面面，足以代表当代中国通俗涉法文学创作的最高成就。社会主义法律实施中的各种问题、弊端、教训，在这些纪实文学中均有生动的描写与思考，具有法学研究上的珍贵的学术资料的价值。在社会上引起较大反响的这类作品不少。田珍颖在20世纪80年代末推出了"大墙"系列《大墙无阻》《迷离青春》《红装囚服》，后以《罪与悔》为书名结集出版，对当代青年尤其是女性青年犯罪原因和北京监狱对罪犯的管教经验进行了探索和总结。张平于20世纪90年代初发表的《法撼汾西》和《天网》两部长篇纪实文学，再现了山西省汾西县县委书记刘郁瑞深入调查研究，力挽狂澜，以艰苦卓绝的奉献精神和大无畏的气魄胆量纠正现实的、历史的冤假错案的过程，是警示有法必依、执法必严的良好教科书。以写中篇小说《太姥山妖氛》被判犯有诽谤罪而坐牢一年的女作家唐敏，出狱后用亲身见闻写出了《走向和平——狱中手记》这部三十余万言的纪实文学，书中披露的女犯们特有的心态和社会各界人士同情、声援作为囚犯的唐敏的情形，都发人深省。

（三）涉法纪实文学与法律社会学

整个涉法文学同法律社会学有着实质意义的内在联系，其互相挂钩的结合部在于二者都以法律实施于社会的途径、效果作为关注的中心对象。其中尤为突出的是涉法纪实文学的法律社会价值更加重要、更加确切。这一点有加以讨论的必要。

纪实文学所写人与事，都是现实生活中的真实的客观存在。一旦涉及法律，这些纪实文学往往描述的是生活中实际发生的诉讼案件、法律现象、违法犯罪的人物的言行、法律工作者的正反两方面的经验、法律实施中各种意想不到的尴尬与无奈等，因此构成了活生生的法律社会学图景。如此一来，这些纪实文学的作者们的调查、采访、创作过程，很接近法律社会学家的实地调查、法律研究活动，甚至在密切联系法律实施于社会的客观实际这一点上比法律社会学家更胜一筹。

当今问世的中国法律社会学家和世界各国法律社会学家的论著虽然注意

力都集中在法律实施这一中心目标，但往往抽象谈论法律实施的理论原则、见解，而不是名副其实地到现实中实地观察、了解、探讨法律实施的实际效果，既无抽样调查的个案材料、数据，又缺少全面的倾向性问题的剖析，故依然是对法律实施于社会的各种原则问题的学理解释，是纸上谈兵式的法律社会学。纪实文学中的法律描写，没有法律社会学的任何抽象概念，然而所写一切人和事、言和行无一不是直接同法律实施密切联系在一起的。因此，广泛、系统提取当代中国涉法纪实文学材料所建构的理论系统，将是名副其实地反映共和国法律实施效果的法律社会学。

一般涉法文学中的法律描写由于有虚构、有想象、有艺术加工，并非实有其人其事，它们只能在本质真实上贴近现实法律实施的情形，具有浓厚的审美特征，故以实用的功利的态度与做法直接把它们的法律认识价值归结为、等同于法律社会学，是不妥当的。对纪实文学中的法律认识价值作法律社会学的理论探讨，则没有这种问题存在。

鉴于建设社会主义法治国家的现实需要和发展法律社会学的学术需要，我愿借此机会呼吁法律社会学家和涉法文学研究者积极研究涉法纪实文学。谈到这一点，我不禁联想到法律小说在美国一直畅销不衰的盛况同人们对法律入迷的程度，并感到二者有不可分割的联系。从这里可找到热情阅读、研究涉法纪实文学的借鉴。

美国当代法律小说、律师小说非常走俏。仅律师出身的格里森姆这位"律师小说家"所写的法律小说就有七部之多。它们是《陷阱》（原名《法律事务所》）、《鹈鹕案卷》《终极证人》《毒气室》《杀戮时刻》《超级说客》《失控的陪审团》。这些被称作法律小说的作品的内容深受作者格里森姆作为律师的个人经历、见闻的影响，连人物的性格和命运的设计上也有作者的影子。他的小说的主人公几乎都是攻读法律专业的大学生、男女青年，涉世未深，身不由己陷进了法律诉讼的漩涡。为什么这类法律小说那么畅销，原因在于美国人迷恋法律，把法律当宗教来信奉。有一位研究美国的专家、法国学者曾经说过：美国人生活中最显著而且令人赞赏的事情，莫过于对法律的广泛研究。从这些材料可以看出，我国的通俗涉法文学创作本身还不够发达，缺少足以与美国匹敌的作家、作品，而读者和研究者对于法律的兴趣和涉法文学的兴趣，更不能同美国相比。这从一个侧面反映出中华民族的法律意识有待加强的紧迫性和必要性。法律社会学的重要课题之一是研究公民的法律意识。而通俗性涉法文学的创作、阅读、研究是否兴盛发达，是衡量公民法律意识觉醒程度的一个社会性标志。

二 高雅涉法文学

高雅涉法文学指的是不以法制文学自命，没有专门发表园地，而实际上涉及法律，并且在法律思维和法律描写艺术两个方面均成就卓著的众多文学作品。我们曾经描述过的涉法文学的主要景观——历史悠久，体裁无禁区，作品数量浩如烟海，拥有世界性的文学大师和文学名著等——实际上是就这类作品而说的。因为上一类通俗涉法文学和下一类将要提到的另一类涉法文学，都没有或不完全有这些景观。唯有这类高雅涉法文学才全面拥有这些文学现象。

正因为如此，涉法文学研究的重点对象是这一类型的涉法文学。其各种特有现象是法律文艺学要一一加以探究和解释的课题。这里单从文学创作的角度，着重论述法律内容与文学形式相结合的途径与手法等同通俗涉法文学的区别。

区别之一，是这类作品不像通俗涉法文学那样追求故事情节的完整、紧张、曲折，而注重人物形象的刻画，使之成为法律思想意义的载体。就人物的法律地位，可划分为司法执法人物系列、违法犯罪者形象系列、无辜而受刑人物系列、对法律有各种不同见解和态度的普通公民形象系列。高雅涉法文学的法律意蕴，往往通过各种不同人物的性格、命运、结局、法律思想意识以及人物相互之间的关系的具体描写与暗示给读者。这就需要读者和研究者善于分析人物形象。

这里有一个十分有趣的问题：中国公案文学中的包公、西方侦探小说中的福尔摩斯，是两个知名度极高的执法者的形象，却出现在通俗类涉法文学中，而注重塑造人物形象的高雅涉法文学反而没有创造出知名度可以与之抗衡的人物形象，这一点怎么解释呢？我有两点想法。首先，我认为包公与福尔摩斯只是人物类型，而不是文学典型。所谓类型，指的是人物性格定型化，没有鲜明的个性，也没有性格的发展变化，只是某种抽象性格的符号，给人的印象是永远没有什么改变的活动着的雕像。具体来说，包公代表的是清正廉洁，秉公执法，铁面无私的精神；福尔摩斯代表的是头脑冷静，善于逻辑推理，比警方聪明能干的理想。二者无论出现在哪里，这精神与理想都不曾改变。这种人物不能称之为文学典型形象。

其次，包公和福尔摩斯之所以具有极大的社会知名度，是因为他们的出现顺应民心民意，分别从一个侧面表达了中国人民和西方人民的社会理想与人生愿望，于是成为广大民众顶礼膜拜的精神偶像，故能获得有口皆碑的美名。

正因为这两个原因，包公只是具有道德上的训诫意义，福尔摩斯只是具有理智上的榜样意义，司法执法工作者当然需要兼具良好的司法道德修养与善于执法的聪明才智，然而如果想在这两个类型人物身上寻求更多的法律思想意义，就不会有太大的新收获。

高雅涉法文学所创造的各种人物形象则不然。他们一般都有鲜明而不断发展的个性，足以体现各种意料之外的法律思想意义，有时感到新颖，有时感到睿智，有时感到深刻，这些都是现成的法律教科书，是法学论著中所没有的。

由此可见，从事涉法文学创作要想使自己的作品成为高雅涉法文学精品，可行的办法之一，是调动一切艺术手段，力求创造出各种栩栩如生的人物形象，把作家对于法律实施于社会引发的各种现象、问题的见解寄托在各种人物身上，形象化地表现出来。

区别之二，两类不同的作品对现实生活中的法律所采取的立场、观点，以及描写时追求的效果均有所不同。通俗涉法文学作家通常站在完全支持、认同现行法律的立场上，采取跟立法精神、原则高度一致的观点，追求对现行法律作学理的形象化解释的效果，企图用自己的作品直接为法律宣传服务。所有这些跟法学家的法学研究很接近、很类似。中国人民大学有一位爱好文学、有不少涉法作品问世的法学家打算开拓创作视野，用更多的新作来较全面地反映许多重要部门法律的立法精神和主要内容。我没有读过这位法学家的文学作品，不能准确了解他具体谈论什么，但从他的宏大设想可以窥见他的文学创作追求的目标，应属于通俗涉法文学范围，并且认为他能够代表这一类作家的创作特色与创作心理特征。

高雅涉法文学创作则不然。这类作家自古以来就形成了对现行法律采取思考、探究、怀疑、批评、暴露、否定态度的传统，坚持从生活出发，把法律实施中发生的不公平、不合理、不人道、的种种矛盾、问题、弊端、黑暗、残忍、痛苦、血泪一一披露出来，使人触目惊心，陷入不由自主的回味、反思之中，并多少有一些耳目一新的感觉。愈是品位高的作品，给读者的这种感觉愈突出、愈强烈，读者所领悟到的法理启示愈丰富、愈深刻。这是一览无余的通俗涉法文学所根本不具备的宝贵艺术意境的奇妙功能的生动表现，也是之所以称这类涉法文学为高雅涉法文学的一个重要理由。

究明了这两个重大区别，我们就明了两类涉法文学有着不同的社会功能。通俗涉法文学有利于对法制的普及宣传教育，使广大人民群众满足好奇心，得到精神的娱乐和休息，同时获得一定法律知识不可缺少的精神食粮。而高雅涉法文学的法律思考和艺术创造为法学与文学两大学科的理论研究提供了一系列学术课题，具有重要的学术价值，同时对现实法律工作的各个环节——立法、司法、法律监督、打击犯罪等方面也有着深刻启示作用。

我们来欣赏两个实例。一个实例是德国作家本哈德·施林克的长篇小说《朗读者》，自 1995 年出版后已被译成 22 种文字，成为国际范围内的一部畅销书，却很少有人从法律角度研读、解释这部作品。在我看来，它是当代世界文学中涉法文学的杰作，成功塑造了一个可敬可爱、令人心灵震动不已的女性罪犯汉娜的形象，启人心扉的法理法意丰富而深刻。汉娜的罪行是在第二次世界大战期间充当了德国纳粹集中营的女看守，对屠杀和烧死许多犹太女囚负有罪责，战后被判处终身监禁，在服刑 18 年之后，即将被赦免出狱前夕自杀而死。依照法理作表面的形式逻辑推理，会认为汉娜罪有应得，死有余辜。懂法律而又粗心的读者免不了要得出这样的结论，这也确实是小说表层的意蕴之所在。然而，作品的深层寓意却不在这里。

最深刻最重要的一层寓意，是作品把汉娜同男主人公白格置于互相对照、互相陪衬的漫长而浓郁的文化氛围中进行刻画，从而揭示出法律把现实生活中的人区分为犯罪者和法律工作者这两种截然对立的社会角色，并非完全合理，有时被视为罪犯的人，心灵深处却有着纯洁、美好的追求与向往，为此不惜付出沉重的代价，汉娜即是如此。而作为法律工作者，有时不仅不能忠于职守，反倒在人品上不如被他们审判的罪犯，白格即是如此。战后十多年，汉娜一直逍遥法外，不是因为她有意钻法律的空子，而是当年的罪行鲜为人知。36 岁时，她认识了 15 岁的高中学生白格，被小家伙爱上并成了他的情人。为了表示爱心，白格逃学、打算留级、偷真丝睡袍给她。而汉娜在认识白格后经常听他朗读文学名著爱上了文学，在入狱后刻苦自学文化，终于学会了读和写。白格背叛汉娜后结了婚，汉娜则始终单身。白格再一次见到汉娜，已是法律专业的大学生，参加法庭对战犯汉娜的审判。白格明明看到了法律审判的多种不公平、不合理却没有出面做任何纠正和补救的工作。汉娜在法庭上认出了多年不见的白格，对白格与整个法庭都很绝望。然而在狱中18 年汉娜比所有囚犯都好：苦学文化，苦读各种书籍，给求教的犯人以各种帮助，积攒了一笔钱打算捐献给当年幸存下来、如今写书提供证据使自己入狱的犹太女人。两相对照可知忠于爱情、自我造就、心地善良、以德报怨的汉娜竟然沦为罪犯，而背叛爱情、自暴自弃、自私自利、不求上进的白格却是法律工作者，成为审判汉娜的大队人马中的一员。法律所造成的社会角色的分工多么不合理，而这不合理的现实存在谁也无法改变。《朗读者》把这种法制生活中的荒诞不经的悖谬公之于世，真叫人大开眼界。

我以为，《朗读者》所描写的白格与汉娜的爱情故事所折射的社会内容在这一点上最为突出。白格同汉娜的社会角色相对比所显示的是法律条文、法律制度的不合理性。与此同时，白格这个法律专业毕业的大学生在法律专业圈内选择职业的过程还进一步把他同别的法律工作者作了比较，使我们看到别的人更等而下之。这就把针砭矛头对准了法律工作者群体，展示了他们不如人意的职业弊病。白格在汉娜入狱后有这样的回忆：

在对汉娜的法庭审判中我所看到的种种法律角色，看不出有适合我的。对我来说，诉讼与辩护同样都被滑稽地简单化了，而判决又是所有简单化中最滑稽的。

出于这种无奈，白格选择了做法制史的教学、研究工作。这就意味着处处不如汉娜的白格毕竟比直接审判她的法律角色们稍胜一筹，还有一种不愿同流合污的洁身自好的劲头。

如此一来，《朗读者》收到了一种奇妙的阅读效果，表面上，法律和法庭在审判战犯汉娜，而骨子里却是作家的正义与良心在审判法律和法官。

或者说，这里交织着两种不同性质的审判：汉娜接受的是法律的审判，法律工作者们接受的是道德的审判。站在完全不同的法律地位的人，谁也不是天使，谁也不是野兽，他们都是活生生的人。白格和汉娜是这种涉及法律与道德的相互冲突现象的人物形象的典型，他们身上均有使人思之深深的东西。

在白格身上，从法律角度理智地认定汉娜有罪同从爱情角度道义地感到汉娜可爱这两个方面在激烈冲突，使他一直身心交瘁。甚至到汉娜当年当看守的地方作实地考察，对她当年的所作所为有感性见闻之后，这种内在心理矛盾还主宰着他，使他身心不宁。他有这样的内心独白："我想对汉娜的罪行既给予理解，同时也予以谴责，但是，这样做太可怕了……两者我都想要：理解与谴责。但是，两者都行不通。"这就是说，由于曾经有过的爱情的作用，他满脑子的法律专业知识对认识汉娜的罪行一点也不起作用。

只要我们了解了汉娜成为战犯和受到不公正判决的她个人的主观原因，她人格的闪光的东西便会灿烂夺目地呈现出来。当年作为西门子公司的一名女工，在公司提升她做领班时，因为害怕暴露一字不识的缺陷而去参军当了女看守。战后当有轨电车售票员面临培训当司机的机会，出于同样的考虑她又一次离职而去。在法庭受审时，还是出于同一个原因，她一口咬定自己为德军写了一个关于女囚的报告，从而导致了对自己的重判。这就是说，严守自己是文盲的秘密使她误入了充当战犯的歧途，丢掉了两次升职的机会，招致了十八年的铁窗之苦，所付出的代价实在惨重。这里也许有虚荣心的成分，但从根本上讲是汉娜有高尚的追求，认为当文盲比犯罪、坐牢更可怕，故宁可不要工作、失去自由也不愿让别人知道她是文盲。在认识白格之后，通过他给她朗读许多文学名著，她爱上了文学，当看守之后还请女囚给她朗读文学名著，尤其在入狱后刻苦自学，终于摘掉了文盲帽子。说实在的，出于这种高尚的难言的苦衷而失足充当战犯的罪行，掩盖不了人格人品的光辉。汉娜是世界文学中一个不可多得的令人肃然起敬的罪犯形象。与之相比，审判她而不知实情有所重判、误判的法官反倒黯然失色。

另一个实例是中国当代青年作家竹星的中篇小说《中西部》。小说的故事内容是一起拐卖农村妇女案件的发生、侦破、结案以及后来节外生枝的来龙去脉。掩卷想来，其中突破现成法律意识的地方相当多，如公安部门把李玉英被拐卖当作大案要案侦破，而买她当媳妇的南庄村石天全家和全村农民公开与解救李玉英的公安干警对抗，法律认为李玉英是被拐卖妇女的极恶大罪的受害者，而她本人在被解救之后又主动返回石家要跟石天正式结婚，婚姻法明文禁止买卖婚姻而许许多多农民经过精确计算认为买媳妇比自由婚姻便宜，刑法认为强奸妇女应当严惩而石天买回李玉英的当天竟然当着七手八脚帮忙的一屋子女人的面强暴了李玉英，这一切有违法律的事情，都那样合乎情理地发生在光天化日之下，使人无法怀疑它们的真实性、必然性。法律与法理，在这些无情的严酷现实生活场景面前显得软弱无力，一点都不管用。然而，谁也不会责怪作家的描写有违背法律的错误，相反会感谢作家从生活出发，看到了现实中法律受阻的症结所在：法律的执行与遵守，无不受经济条件的制约，在很大程度上取决于执法机关、法律工作者和广大公民对经济上的利害、得失的算计。这就是小说中一系列的使法律形同虚设的生活现象的终极原因。我认为小说成功的地方突出表现在真实可信地把这个朴素的真理摆在读者面前，使人受到了历史唯物主义的生动教育。

通俗、具体一点说，就是人们对于金钱的算计捆住了公民与执法者守法、执法的手脚，决定了人心的向背，法律的明文规定则处于屈从的地位。正确的法律意识中必须包括对这生活的真谛有清醒的认识，并应将其摆在头等重要的位置上，否则便会成为法律的幻想家与空想家。《中西部》激动人心的理性思辨在剖析这个法理问题上是细致入微、无可怀疑的。

任六发现媳妇失踪迟迟不报案，是舍不得花三十元的报案费（乡里有此土政策）。赵平村长要任六去报案，是怕他花五百元娶回的媳妇打了水漂。乡里宋书记拖了三天才向县里报案，为的是担心年底县里给的两千块精神文明奖会因案发而落空。县公安局接到报案几个局长都心急如焚，因为全县办案经费早花得精光，没有上万元甚至十几万元，这世上最难破的捉拿"人口贩子"的大案根本拿不下来。为此，全县的三起拐卖妇女案无一例破案。省市两级政府把经费追加到三万元，李玉英被拐卖的案子才算是有运作的经济动力。从执法办事这一条线索可明显看出，从公民、行政干部到司法官员，没有哪一个不考虑支撑法律运行的经济杠杆的强大力量的。法律这种社会意识形态与上层建筑同经济基础的关系，在现实生活中就这样表现为法律同金钱的关系，并且各色人等对于金钱的算计和是否拥有金钱、拥有多少金钱，直接影响到法律实施进程与效果。

再从拐卖妇女引出的一系列违法犯罪的这条线索看，有违法律的各色人等同样充满了对金钱的欲望与算计，以致形成了一种置法律于不顾的强大邪恶势力。商品的等价交换原则支配了买卖人口中的所有当事人，连目睹这种人口交易现象的广大农民也觉得天经地义，仿佛跟法律毫无关系。甚至受害者李玉英和她的丈夫也作为人口生意中的一员，进行着实在的收支是否平衡之类的算计。拐卖李玉英们的人口贩子，并非穷凶极恶的黑社会，而是地地道道的农民，他们合伙拐卖人口得到的只是薄利小钱，却冒着掉脑袋的大危险。花钱买媳妇的南庄村石家三兄弟、他们年迈的父亲和全村老幼，都把李玉英的到来当作一头猪、一只羊那样，认为是公开的买卖，同时还解决了接媳妇难的问题，没有谁去管是否违法这码事。当石家知道李玉英结过婚，有了身孕之后，一家人按照市场以质论价的规矩自以为吃亏——他们是照未婚女给的三千元，否则应当半价处理，于是理直气壮去找人口贩子中的二老板算账，二老板并不赖账，当即退还三百元，还表示下一次再买女人时让石家少出一千元并立下字据。石家老大正有买媳妇的想法，买卖双方一拍即合。李玉英和她丈夫任六是拐卖人口犯罪的受害者，对金钱的算计取代了应有的法律意识。李玉英想的是当年任六买自己花的是五百元，现在石家花的是三千元，任六花的钱少愁眉苦脸，而石家花的钱多啥也没说，加之石家生活条件比任六强多了，于是被当作商品的李玉英逐渐心甘情愿，终于在结案之后主动返回石家要求跟石家老二结婚。任六在李玉英被解救回家之后，以她被别人白睡了三个月为由，逼着她去索赔五千元。当李玉英提出跟任六离婚时，任六提出的条件是退回当年五百元的身价钱，并乘机涨价一百元，他用这六百元又买回一个漂亮媳妇。就这样，金钱欲横流，造成了法治道路泥泞难行。

《中西部》着眼的是我国中西部经济不发达的农村地区法律与经济的严峻关系，思考的是庄严的法律实施中因经济不发达使法律在很大程度上流于一纸空文的社会问题，令人高兴的是它思之甚深，思之有成。小说中办案人员的感受有画龙点睛之效。省公安厅的老田心里明白："很多案子的背后都是因为缺吃少穿造成。"树荫县的众多办案人员谁的心里都明白："这是什么案子，分明就是经济问题。"

以上两个实例的赏析表明，高雅涉法文学同通俗涉法文学的两大区别是根本性的，二者从艺术手段的运用到法理法意的表达效果，都处在不同的档次与水准之上，不可混为一谈。

三 涉及法律而另有所托的文学

这类文学作品看似与法律关系密切，实际上另有所托，另有所指，其思想寓含并不在法律之内，而在法律之外，从而成为涉法文学的第三种基本类型。其实质，应当看作是法律给文学创作带来的艺术灵感和技巧的生动体现。涉法文学美学的任务之一就在于全面研究这类现象和问题。

仅以这类文学中法律内容与文学形式相结合的艺术技巧这一点而论，有两种普遍运用的艺术手段。其一，作品的标题为规范的法律术语，而作品的具体内容同法律没有直接联系，即同任何法律的实践问题或理论问题无关，仅在比喻、引申的意义上借用法律概念来限定、概括作品的情思的主旨与倾向，使读者产生类似的联想。如闻一多的《口供》、晓雪的《囚徒》、陶正的《假释》、张洁的《谋杀》、林如求的《凶手》、契诃夫的《审判》、卡夫卡的《判决》、普鲁斯特的《女囚》等中外诗歌、小说作品，均以法律术语作标题，而它们的内容却都不在思考任何一个法律问题本身，而在法律之外的其他各种社会生活景观。

其二，从题材范畴看，作品通篇写法律现象，似乎在探讨法律问题，然而掩卷想来还是找不到法律的实质性内容，却分明另有所指。如鲁迅的《示众》、阎欣宁的《审判杜耳》、加缪的《局外人》等小说，都属于这种情况。《示众》以截取横断面的写法，展现出一个巡警牵着犯罪嫌疑人在街头示众遭到民众里三层外三层围观的场面，其寓意同司法当局之所以有示众之举的以儆效尤目的完全无关，只不过借以暴露芸芸众生的闲得无聊时的好奇心罢了。《审判杜耳》在艺术方法上有可能从《示众》受到启发，其主题也跟《示众》高度一致。所不同的是围观人群都有了具体名称，被围观的对象变成了法院的审判庭。彩蝶大妈、白衣秀士、天才孩子、素面夫人、衣冠府吏等人听说正在审判杜耳，便兴致勃勃守候在审判庭门外，一个个义愤填膺。杜耳到底是谁？许久之后，三个从法庭内抢救一位昏迷过去的女士而走出来的男人被众人一下包围了，大家七嘴八舌问庭内所审杜耳何许人，回答说是缺席审判，杜耳没有到庭。过了许久,第二次打开法庭大门,涌出来一群记者,其中一个记者被称为玄机符号,在众人逼迫之下讲到了杜耳其人的外貌特征。听众一一对号入座,都疑心在讲自己的缺点,于是先后悄悄溜走。最后只剩下天才少年和玄机符号两个人在场。天才少年认为,审判杜耳才刚刚开始。综观全篇,意在讽刺民众的盲目的好奇心和廉价的义愤,同法律上的审判没有内在联系。《局外人》的主人公是莫尔索,开枪打死了一个阿拉伯人,被依法判处了死刑。小说的第二部描写莫尔索作为死刑犯对死刑判决完全无动于衷的心理状态。直到结尾他才有一个愿望:受刑而死的那一天,希望有很多人来观看他被处死的场面,免得死得太孤单。这是一个"荒谬的人"。小说无意于对法律思考什么,只是借法律判决来体现存在主义文学的一种哲学观点:世界的存在是荒谬的。

这两种涉及法律而另有所托的不同情况有共同点,这就是法律名词所具有的法理内涵和法律现象所具有的感性特征,刺激了作家的思想与情感,使他们发现了自己的生活感受一旦借用法律名词的理性内涵或法律现象的感性载体,便会取得联想而深化的效果,或取得抽象感受形象化的效果。这样,法律描写就只有艺术技巧、方法上的意义与作用,而没有法律思想意义上的认识价值。

由此可见,涉法文学研究因为这类言在法律之内而意在法律之外的作品的大量存在而产生了美学研究的必要性。法盲的文学家不仅仅对涉法作品的法律思想意义漠然、茫然,对于因法律描写而派生出来的艺术灵感、技巧、方法也同样会漠然、茫然。

在这类作品中,法律内容与文学形式相结合之后,法理法意的东西是怎样向艺术的方法、技巧的东西转化的呢?从阅读、赏析的心理过程可以推知作家创作之际的运作步骤。读者要正确领悟这类涉及法律而另有所托的文学作品的特有艺术技巧、方法,必须把握三大环节:一是用作标题的法律名词术语固有的定义如何,或者所描写的法律现象应当体现怎样的法律思想意义;二是作品实际上表达了怎样的思想意义;三是将一、二两项所说进行比较之后,发现了二者之间有什么样的联系与区别。如果读者对这三个环节的思考结果符合作品的实际,那么就可以断定,作家创作之际正是有意识地想到这三个互相关联的方面,并且通过运用法律名词术语作标题或描写法律现象的具体手段，引导读者在阅读中与阅读后反思、回味自己在艺术创造上的良苦用心，从而产生心心相印的认同，获得别有情趣的艺术享受。

例如《口供》一诗中，诗人运作的和读者认同的三个环节必然是：口供本来指犯罪嫌疑人或罪犯对法律工作者的讯问所作出的回答；闻一多用"口供"的法律术语作诗的标题实际上表达的是诗人严于自我解剖、自我鞭策的精神与激情，从而与"口供"作为法律术语固有的含义有本质的区别；之所以借用"口供"的法律术语作标题，意在让读者联想到诗人在严峻的生活和高雅的艺术面前有一种自责、忏悔、愧疚，这近似于犯罪意识，因而作这种自我表白很不轻松，自主程度不高，差不多像口供一样有被迫的因素。尤其诗的末尾对诗人阴暗面的形象化披露，更接近犯罪嫌疑人或罪犯招供：

可是还有一个我，你怕不怕？——
苍蝇似的思想，垃圾桶里爬。

经过联想分析，《口供》的艺术特色就得到了清楚的认识，而这有助于加深理解闻一多作为学者、诗人、战士在学术、诗艺、人格上的自我激励与超越的博大胸怀。

再如《示众》这篇短篇小说中，鲁迅与读者同样在三个环节上有必然的一致性的认识："示众"本是中国古代法律中惩治罪犯、警戒民众的手段；小说中的示众场面并不表现"示众"自身的法律意义，因为围观人群对"示众"是怎么回事无动于衷；小说借以表现百姓的无聊和好奇，本应有大是大非可以探究的场面而围观的人们却只满足于看热闹、看新奇，对理性的大是大非不感兴趣。

这两个具体例子的简略分析说明，法律术语有明确的定义，法律现象也有相应的寓意；当诗人、作家用法律术语作标题或描写法律现象而另有所托的场合，这些法律术语的定义或法律现象的寓意便成为一种比照物、参照物，成为读者领悟作品的思想和艺术的一种尺度、一种导向，于是使领悟内容趋于更准确更完美。这既是作家、诗人之所以如此作为的初衷，也是读者欣赏作品的心理运行的趋向与归宿。

不管涉法文学创作中法律内容与文学形式相结合有怎样千变万化的复杂现象，也不管从中能抽象出哪些客观规律，还不管作家们怎么呕心沥血别出心裁,从最终产品即作品来看,都不外乎上述三大基本类型,万变不离其宗。这是本章应得到的结论之一。

本章应得到的结论之二,是经过三大基本类型的比较说明,可以知道:涉法文学研究的重点无疑是高雅的涉法文学类型。这种涉法文学无论数量、质量都蔚为大观,代表了涉法文学的突出特色和成就,提出了一系列重大课题,构成了若干学术领域,是诱惑我们向未知的文学神秘王国进军的广阔道路上的巨型路标。

第九章 法律内容与文学体裁

　　文学体裁指的是文学作品的具体样式，它是文学形式的因素之一，文学体裁的分类方法有中国流行的"四分法"和外国流行的"三分法"。"四分法"把所有文学体裁划分为诗歌、小说、戏剧、散文。"三分法"把所有文学体裁划分为抒情类、叙事类、戏剧类。我们采取四分法，初步探讨从事文学创作之际法律内容与文学体裁互相结合所提出的若干基本理论问题，这对于涉法文学的创作、欣赏和评论都具有不可缺少的参考意义与作用。

一　法律内容与诗歌

　　诗歌是文学史上最先出现的文学体裁，也是涉法文学中历史最悠久的体裁形式，其基本的美学特征是具有抒情性。这是诗歌区别于其他文学体裁的本质的东西。正因为如此，诗歌中的法律内容就往往表现为对现实生活中的法律现象与法律问题所产生的某种感情态度，以诗人体验到的各种真挚感情来感染读者。因此，诗歌中的法律内容的理性思考、认识的成分较稀薄，而对现实法律的好恶、然否、褒贬的感情态度、评价和倾向则较为分明。

　　涉法诗歌中的情感很少采用直抒胸臆的方式，通常摄取片断性的法律现象，运用一定法律概念加以描述，构成诗的意象，从而使抽象不可见的感情变成可以触摸的具体存在。我国第一部诗歌总集《诗经》中就积累了这种创作经验。《召南·行露》的抒情女主人公反抗用法律手段逼婚的行径，愤怒呼喊：

　　何以速我狱
　　虽速我狱

室家不足

何以速我讼

虽速我讼

亦不女从

《鄘风·相鼠》讽刺周朝统治阶级制定礼法来束缚人民群众而他们自己却超然于礼法之外，于是针锐指出："人而无礼，胡不遄死！"《小雅·雨无止》对周幽王颠倒罪与非罪的界限不满，指出："舍彼有罪，既伏其辜；若此无罪，沦胥以铺。"《大雅·瞻仰》又一次抨击了周幽王的同一过错："此宜无罪，女反收之；彼宜有罪，女复说之。"

在这些例子中，狱、讼、礼、罪、辜等，都是中国古代的法律名词，均用于描述某种片断性的法律现象作为意象，愤怒、不满、讽刺之类的情思赖以藏身，使读者有了共鸣的媒介物。涉法诗歌抒情方式大体如此。

经过几千年的发展，诗歌创作的艺术日益丰富、成熟起来，同法律的联系也越来越广泛、深入，但基本方法并无根本性的变化，即一如既往地使用一些法律名词，描述片断性的法律现象，使诗人的情感形象化。例如冀汸写于中国人民解放战争时期国统区的《罪人不在这里》反复使用"罪"的法律概念，用铺陈与曲笔相结合的手法写道：

刽子手没有罪

被他杀死的人没有罪

来看杀人的人

没有罪

愚蠢的没有罪

被欺骗来的没有罪

留声机说错了话

没有罪

刀子割断了花朵的嫩芽

刀子没有罪

那么到底谁有罪呢？诗人引而不发，让读者自己去领悟幕后操纵者——

国民党反动统治者才是真正的罪人。这是从根本上贬斥国民党反动刑法的反动性与残酷性。其抒情的基本方式与法律批判的精神，跟上述《诗经》中各例一脉相承。

法律内容同诗歌体裁形式相结合所具有的法律现象片断性描写的特点，可以从诗歌创作心理特征得到证明和解释。拙著《文艺创作心理学》指出："一定的创作心理成果的格局同一定的艺术形式的框架之间，存在着对应关系。它包括两个相辅相成的方面：一定的心理成果只能容纳于一定的艺术形式之中；一定的艺术形式，只能为一定的心理成果服务。"书中以鲁迅和老舍写诗的经验进一步说明，凡写诗之时大抵只是"有了小感触"，"只是一些印象"，故宜合"以诗写出"。[1] 这里所讲的道理在涉法诗歌创作实践中同样能得到印证。

例如普希金的《囚徒》、拜伦的《"编织机法案"编制者颂》、雪莱的《致大法官》《给威廉·雪莱》等诗的创作，都直接产生于诗人同监狱、法官、法庭打交道所获得的印象与感触，它们恰好能容纳于诗的体裁形式之中。据普希金 1821 年 5 月 26 日的日记记载，他被流放到南俄时，曾参观过基什尼奥夫的监狱，《囚徒》这首渴望自由的诗记录了诗人当时的印象与心情。1811 年至 1812 年，英国纺织工人奋起反抗资本家企业主的暴虐，拜伦曾访问过掀起暴动热潮的工人区，了解到工人的悲惨情况。英国政府一方面出动军队镇压工人运动，一方面授意国会通过所谓"编织机法案"，规定凡破坏机器者一律处死。拜伦是上议院议员，在讨论该法案时发表了表示激烈反对的著名演说，但未被采纳。在"编织机法案"在国会获得通过之后，拜伦立即发表了这首《"编织机法案"编制者颂》。1816 年 12 月雪莱再婚之后，亡妻之父提起诉讼，要求剥夺雪莱对亡妻所遗一子一女的教养权，案件以雪莱败诉告终。雪莱以这两首诗声讨了法律的不公平，把执法者称为"法律的鹰犬"。这些著名诗人的著名诗作问世的缘由表明，诗歌中的法律现象的片断性描写，取决于诗人们从现实生活中得到的法律现象的主观印象自身呈片断状态，尚未发展为完整、连续的生活画卷，故只能以诗出之。因此，诗中的法律内容也就只能是对片断性法律描写的感情态度。

以上所谈，都针对的是抒情诗。若要谈叙事诗，那么就有一个不可不注意的区别：叙事诗一旦涉及法律，往往对法律现象或法律案件有较完整的描述，同时会出现一定人物形象的刻画，因此社会法律的客观因素比抒情诗有较大的增加。这一显著的区别，要求诗人在采用叙事诗的形式时以对现实的法律现象或诉讼案件有较充分的了解和较具体的观察、感受为前提条件。否则，叙事诗中的法律内容便会空洞无物。

中外文学史上，均有涉及法律的优秀叙事诗。汉乐府民歌《孔雀东南飞》就是汉代的休妻制度所造成的婚姻悲剧的真实写照，其法制史和婚姻法学上的认识价值颇受法学家的垂青。歌德的《法庭上》和涅克拉索夫的《小偷》是外国涉法叙事诗中不可不提到的两个例子，同样有重要的法律认识价值。这一点，是涉法抒情诗所不具备的。就这类叙事诗对法律现象或法律案件的描述手段而言，有截取横断面和透视纵剖面这两种基本手段。《孔雀东南飞》属于纵剖面透视的写法，依次观察、描写了焦母嫌弃儿媳刘兰芝并逼迫儿子焦仲卿休妻，刘兰芝被休回家后其兄令其改嫁他人，在无奈中以死抗争，焦仲卿闻讯后也自杀身亡等情形，构成了一个波澜起伏的悲剧故事，是声讨野蛮的休妻制度的檄文。

本书第一章已谈过《法庭上》，这里不赘。涅克拉索夫的组诗《街头即景》对穷人有无限同情，其中《小偷》一首最为人所称道，其写法跟《法庭上》一样，也属于截取纵剖面加以透视的技巧，全文如下：

> 昨天为了赴宴，我匆匆忙忙行驶在肮脏的大街上，
> 顿时被一个丑恶的场面惊呆了：
> 有个小贩失窃了一块面包，
> 他战栗着，忽然又哭又叫，面色苍白，
> 他急忙丢开货摊，高喊"抓小偷！"
> 小偷被围而且很快就给抓住，
> 吃剩的半块面包在他手中颤抖。
> 他没有皮靴，穿一件破烂的上衣，
> 脸上显出新病初愈的气色，
> 一片羞愧、绝望、祈求和恐惧……
> 警察来了，并叫来了副警卫，
> 一条条记下这场面特别严厉的审讯，

便得意洋洋地把小偷押送分局。

我对车夫大喊一声："赶你的路吧！"

我为自己有一宗遗产可以继承

而急忙来祷告上帝……

《小偷》写于 1850 年。全诗截取的是"我"去赴宴途中见到的一个画面：一位小贩失窃了一块面包，又哭又叫高喊抓小偷。饥寒交迫的小偷拿着吃剩的半块面包，充满了羞愧、恐惧与绝望。警察来了，当街审讯小偷并得意洋洋地把他押送到警察局去。依法而论，小偷是应当负法律责任的。然而诗人同情小偷，对报案者、执法者和法律，均有不满。

二 法律内容与小说

小说体裁的美学特征的突出点是具有叙事性。法律内容与小说体裁的有机结合，显而易见是意味着充分利用小说的叙事长处，把法理法意渗透到所叙之事的每一个环节之中，而涉法事件的表现形式往往是法律诉讼案件，这就是小说中充满着大大小小的案件的美学创造上的根本原因。

作家在什么前提条件下选择小说体裁来表现自己的法律思想意识与独到法律见解，是研究涉法小说创作的一个很重要的课题。从小说的上述叙事性美学特征可以断定，只有作家掌握了一定的法律诉讼案件材料，并且从中有所发现与感悟，才会产生写小说的冲动，较为顺利地进入创作过程，最终大功告成。这几乎成为涉法小说创作缘由的铁定不变的法则，普适全世界的规律。

例如列夫·托尔斯泰听到他当检察官的朋友科尼所讲的案例故事写出了《复活》，而此前六十多年的前辈作家普希金根据朋友纳晓金讲的一件土地争讼案，创作了《杜布罗夫斯基》。两位俄国大作家的创作实践是观察上述法则、规律的典型例子。狄更斯的《荒凉山庄》写到一起拖延了几十年的遗产纠纷案，其原型是英国大法庭于 1798 年受理的遗产诉讼案，到狄更斯写《荒凉山庄》时已拖了半个多世纪还悬而未决，直到 20 世纪初才结案。动笔写作之前，狄更斯还进行了法律调查，了解到的有关案件不下三十起。德莱塞的代表作《美国的悲剧》中的克莱德杀害罗伯塔的案件，有作家所研究过的十五件类似的杀人案作坚实的基础，他从中认识到杀人罪责的根子在美国社会，故以"美国的悲剧"作为书名。类似的例子是列举不完的。

从无数实例中可以抽象出这样的创作原则：当作家从现实生活中了解到法律诉讼案件材料之后，小说的叙事性审美特征不可避免地会吸引作家的注意力，激发他的创作兴趣，促使他把真实案件的来龙去脉作为未来小说的艺术虚构的基础。这是法律内容与小说体裁合而为一的根本原理、原则。

小说体裁依篇幅大小可划分为长、中、短篇小说，依艺术上的追求可划分为抒情小说、情节小说、性格小说。涉法小说创作研究的又一重要课题，应当是考察和解释不同的小说形式对法律内容有怎样的不同影响或反作用。这个课题的研究的实质在于回答不同的小说形式中容纳的法律思想意义各不相同，不可一概而论。

一般说来，长篇小说容量大，宜于描述诉讼案件的全过程，从案件发生到侦破、立案、审理、判决、执行，可应有尽有地一一写来。于是，所体现的法律思想意义较丰富、复杂。短篇小说容量小，宜于描述诉讼案件的局部、片断，很少源源本本写遍案件的每一环节，故表现出来的法律思想意义只能集中力量突破某一点，给人以较深刻的印象。至于中篇小说形式，相当灵活，可兼具长篇小说和短篇小说这两种形式的功能，作家灵活运用的程度很高，很难作出死板的界定。

需要多费口舌的是情节小说、抒情小说、性格小说对法律内容的不同影响。小说篇幅差异对法律思想意义的影响主要是量的大小、多寡，而不在质的优劣、高下。而艺术上追求不同而形成的小说形式类别给法律思想意义的影响，既有量的差异，也有质的悬殊，故显得举足轻重，不可等闲视之。

一般说来，情节小说注重外部生活事件即法律案件的完整叙述，法律思想意义容易消解在故事的叙述之中。公案小说、侦探小说、推理小说中的法律寓意相对稀薄，供人回味的东西不多，无不出于这个原因。由此可见，迷恋案情，借生活中的真实案例大肆编造离奇的案例故事的结果，必将是付出牺牲法律思想意义的代价，这是得不偿失的。从这里可以找到通俗涉法小说的教训。

抒情小说自有其高雅的艺术情趣，但由于崇尚抒发作者内在感情的缘故，对于叙述法律诉讼案件来说，未免有俯就之难。事实上，很少见到有抒情性的涉法小说出现：在中外文学史上不曾见到，当今涉法小说新作之林里也没有踪影。可以认为，抒情小说对于法律有天生的排斥性，不要对其抱什么希望。

在容纳和再现丰富、复杂、深刻、新颖的法律思想意义方面能够大显身手的当推性格小说。顾名思义，性格小说的艺术兴趣与特长在于塑造人物形象的各种性格、命运、结局。这样，性格小说在描述案件的时候，必然采取同情节小说完全相反的举措：不迷恋案情本身，而把案情发展过程当作人物性格成长的历史，当作各种人物彼此交往的关系网络，使处在不同法律地位的各种人物——执法者、违法犯罪者、受害者、旁观者等都成为一个个活生生的法律信息源。只要是真实可信的人物形象，所提供的法律寓意，无不反映着生活中的法律现象、问题、弊端的客观存在，亦即是具有法律认识价值。

如果说中外涉法小说的法律思想成就集中表现在性格小说所塑造的众多人物形象身上，那么迄今为止为人类提供这种具有法律认识价值的人物形象最多的小说家，应首推巴尔扎克，而巴尔扎克《人间喜剧》刻画这类人物形象的通畅途径之一，大都是在某个法律诉讼案件中让人物出面亮相，使之成为各种不同法理法意的载体。《夏倍上校》《禁治产》《于絮尔·弥罗埃》《比哀兰特》《图尔的本堂神甫》《搅水女人》《古物陈列室》《幻灭》《塞查·皮罗托盛衰记》《烟花女荣辱记》《邦斯舅舅》《一桩神秘案件》等小说通过法律诉讼案件的描述过程刻画人物性格，让人物寄寓作家的法律见解，炉火纯青，堪称世界涉法小说的精品，巴尔扎克因而应当成为描写、思考和探究法律奥妙的文学大师之一。

此外，巴尔扎克还善于在法律诉讼案件之外的婚姻、经济、政治和宗教等生活场景里发生的事件中刻画包含法律思想意义的人物形象。如《奥诺丽纳》《高老头》《欧也妮·葛朗台》《纽沁根银行》《双重家庭》就是这类小说的代表作。它们的叙事性不表现在叙述法律诉讼案件方面，而表现在与法律发生千丝万缕联系的日常生活的各个领域的事件的叙述方面。其要义在于让人物就生活中不为人们所注意的法律问题发表意见，表明各自的法律立场与观点。作品的法律认识价值即由此而产生。只要综合各色人等的法律意识，就不难从整体上窥见整部作品的法律认识价值之所在。例如在《高老头》中，法科大学生拉斯蒂涅、在逃的苦役犯伏脱冷、被进入上流社会的两个女儿所遗弃的高老头，均是富有法律寓意的人物形象。拉斯蒂涅作为法科大学生不务正业，接受着伏脱冷关于怎样钻法律空子的教育，是一个追求个人飞黄腾达的野心家。伏脱冷作为罪犯总在暗地里潜心研究法律，目的在于做到既大干犯罪勾当又可逃避法律的追究，因这高超过人的本领而当上了苦役犯的头目，被奉为神明。孤苦的高老头在病魔缠身、濒临死亡之际，不停顿地呼唤法律，有如下关于法律的议论：

> 法律应该帮我的，天性，民法，都应该帮我。
> 法律也要人给父亲送终的，法律是支持我的。
> 做老子的听着！你们得要求国会定一条结婚的法律！要是你们爱女儿，就不能把她们嫁人！
> 为了父亲的死，应该定一条法律。

综观拉斯蒂涅、伏脱冷和高老头等人物形象的法律寓意，不难看出《高老头》这部长篇小说对法国的法律实施中不如人意的各种社会弊端的披露、抨击和忧虑的思想意义与倾向。

小说在叙述案件、刻画人物的基础上，叙事主人公不免会对于法律进行精彩的议论，这些议论很有可能是人物形象的寓意之所在，也可能是整部作品的思想倾向之所在，同时不失为独立存在的真知灼见，是涉法文学研究中不可忽视的珍贵法律思想资料，有专门进行收集、梳理、阐释的必要性。在这一点上，巴尔扎克的小说也有值得称道之处。

巴尔扎克小说叙事主人公关于法律的议论，严格遵循了这样的美学原则：把它们作为小说的叙事性美学特征的必然要求来对待，同时又将其作为包含所叙法律案件、事件的应有整体来处理，三言两语点到为止，绝不枝枝蔓蔓毫无节制。如此一来，这些抽象法律议论具有评点、深化、丰富小说的法律思想倾向的功效。例如《比哀兰德》的结尾是这样一句话："要没有上帝的话，法律倒是为非作歹的人极好的保障。"这跟整个小说家抨击法律沦为统治阶级互相倾轧的武器、压迫弱小者的工具，同时幻想宗教势力出面拯救众生的主题思想高度一致，是情不自禁的点题之笔。诸如此类的实例难以枚举。

三 法律内容与戏剧

戏剧作为文学体裁，指的是剧本的书面表现形式，不包括舞台演出的艺术在内。剧本这种文学体裁有双重性质：既是戏剧，又是文学，既可供舞台演出，又可供案头阅读。其美学特征的首要一条是要有引人入胜的戏剧冲突，其次是要有具体戏剧情境。法律内容与戏剧体裁的结合，是运用戏剧冲突和戏剧情境这两大艺术手段去改造生活中的法律现象，使之实现向戏剧艺术的转化。这是问题的实质之所在。

先谈法律内容与戏剧冲突。戏剧冲突来自现实生活的矛盾。复杂万状、变动不居的现实生活本身由于矛盾百出，冲突不断，因而充满了戏剧性，为戏剧冲突的组织和安排奠定了坚实基础。由此看来，生活中的法律现象同戏剧艺术之间有着天然的逻辑联系。在法律实务中，处处有矛盾对立的客观存在：原告与被告，起诉与反诉，胜诉与败诉，作案者与受害者，合法与非法，关押与释放，犯罪与立功，英雄与罪犯，法律与道德等。这些两两相对的矛盾构成了现实生活中法律现象的丰富内容，反映到戏剧作品中，便可转化为戏剧冲突。这应当是法律内容与戏剧体裁之间独具的对应关系与内在联系。由此可以认为，戏剧是涉法文学最理想的体裁形式。我国公案戏剧尤其是包公戏之所以有过辉煌的发展历史，至今仍有兴旺的势头，无疑有这种创作上的原因。

从人们熟知的大量包公戏可以知道这类涉法戏剧中的戏剧冲突共包括三种矛盾：包拯作为执法如山的清官同徇私枉法的贪官的矛盾，受害的人民群众同为非作歹的罪犯的矛盾，包拯执法过程中来自官方或民间的种种阻力同坚决执法到底的矛盾。而这些矛盾没有哪一种不直接来自宋代的社会生活，于是包公戏便有了取之不尽、用之不竭的创作源头。包公戏如此，其他一切涉及法律的戏剧作品的戏剧冲突，无不同样如此直接来源于现实生活中的法律事务固有的种种矛盾。

因此，涉法戏剧创作者的首要必备条件是善于观察、发现、提取、运用现实法律秩序中固有的矛盾，不断开拓戏剧冲突赖以产生的生活源头。在这里观察的深广度值得注意。上面所列举的那些法律实务中的矛盾，远非固有矛盾的全部，更多、更新、更深的矛盾，还有待于从生活出发，进行专门观察与研究。当代中国已提出依法治国的方略，这是前所未有的社会转型与变革，必然会碰到以前不大注意的新矛盾冲突，如社会主义的法治同传统的人治的矛盾，权力正确行使对法律的支持同权力滥用对法律的阻挠的矛盾，广大人民群众迫切需要法律保护同他们对法律所知甚少的矛盾，国家法制建设不断发展同社会道德风尚提高相对缓慢的矛盾，等等，都有待剧作家去捕捉，并将它们转化为戏剧冲突。这是涉法戏剧创作必须做好的先期工作。

再说法律内容与戏剧情境。戏剧情境是把生活中的矛盾转化为戏剧冲突的艺术手段的总和，主要包括有人物活动的具体环境（时间、场所等）、突发事件（通常贯穿于剧本的始终）、特定的人物关系（血缘关系、社会交往关系等）。组织、安排这些戏剧情境必须考虑到的中心问题是把戏剧冲突渗透到剧情的每一个环节中去，使戏剧冲突与戏剧情境水乳交融。

京剧《赤桑镇》叙述的是包拯秉公执法，铡死侄儿包勉的故事。从舞台演出的实际内容来看，其戏剧冲突是包拯铡包勉的行动引起嫂子吴妙贞的强烈不满，当面骂他是人面兽心。剧本是以怎样的戏剧情境来逐步组织、安排这一戏剧冲突的呢？全剧共分三场，第一场戏由王朝上场，让他从陈州赤桑送一封家信到合肥，当面交给吴妙贞，信中告诉她在长亭铡死侄儿包勉的消息。仅这短短一场戏，戏剧情境的几个环节已基本具备。作为戏剧冲突的东西，则刚刚有了开端。第二场戏在吴妙贞家中，她收读了来信，当场又气又恨，决心找包公算账。这时包拯同嫂子间的矛盾冲突正式展开。第三场戏，吴妙贞前往赤桑镇，面对面同包拯进行交锋。叔嫂矛盾在这场戏中达到白热化程度。包拯的理由是国法不容私情，应当大义灭亲处死贪赃枉法的侄儿。吴妙贞则认为是我当嫂的把你一手养大成人，如今你忘恩负义杀了自己的亲侄儿。经过几番舌战，叔嫂和好如初。戏剧矛盾在这场戏中达到高潮，并有了解除矛盾的大团圆结局。就这样，剧中情境内外不断发展变化，戏剧冲突也随着出现开端、发展、高潮、结局几个阶段。

戏剧作品的法律思想意义的具体内容，取决于戏剧冲突中矛盾对立双方的法律立场、法律意识的差异及彼此斗争的性质、过程与结果，具体表现在戏剧情境的每一个环节之中，如登场人物活动的社会环境、自然环境和场所中有怎样的法律文化氛围，突发事件是某个法律诉讼案件还是某种法律事件，主要上场人物彼此间的法律思想意识是如何交锋的，等等。只有综观这一切，做出全面分析与最后综合，才能准确把握整个剧本的法律思想意义的精神实质。仍以京剧《赤桑镇》为例，其法律思想意义就取决于包拯与嫂子吴妙贞的对立法律立场的差异，具体表现在上述戏剧情境中，经过一一分析和综合，全剧的法律思想意义应当是颂扬包公不徇私情，秉公执法的精神，具有浓郁的司法道德训诫色彩，因而在当今仍有着促进法律工作者树立良好道德风范的现实意义。

如果剧作家想提出和思考职业道德之外的更多的法律实施于社会所出现的各种问题，就应当自觉挖掘现实法律秩序中社会矛盾冲突的宝藏，提取形形色色的法律意蕴精华，并通过组织对剧冲突与安排戏剧情境的两大基本渠道使之转化为艺术，使之作为活生生的艺术形象图画来感染与启迪广大观众（读者）。这样，剧本中的法律认识价值的含量就会大大增加。

中国传统的公案戏剧、包公戏以及新编的各种历史剧一旦涉及法律，通常都着眼于司法、执法的道德训诫和侦破、审理案件的经验总结，法理法意的蕴含相对贫乏。这种一刀切的倾向源于中国社会缺乏民主传统和法律教育传统，致使全社会各色人等通常都只知道法律就意味着坐牢、杀头、打官司，对这几样东西充满了畏惧心理，于是希望有清官出来秉公执法，以求少吃或不吃法律的苦头。历代剧作家大约都只能感受到这种普遍社会状态与社会心理，故造成了涉法戏剧的法律思想蕴含普遍贫弱的局面。这种局面直到外来的话剧形式被运用来表现法律内容，才开始有了根本性的扭转与改变。

曹禺的三幕话剧《原野》是这种历史性的大变革的最早最优秀的成果。在描写和思考法律问题的角度与方式上，它彻底打破了传统的司法道德训诫与执法破案经验总结的主题方式，在中国戏剧史上第一次从揭露法律的实施不人道的角度，对剥削阶级法律作出了否定的评价，控诉了反动法律为虎作伥，把被迫害的农民逼上犯罪绝路的罪恶。剧中的矛盾冲突由作恶多端的焦阎王的杀人放火的罪恶行径与被害的仇虎反而被关进监狱的悲惨遭遇所构成，北洋军阀政府法律助纣为虐的本质在这矛盾冲突中暴露无遗。按照传统戏剧创作的方式，仇虎必然是到公堂上击鼓鸣冤，请求清官为自己做主报仇雪恨。《原野》的戏剧情境放弃了此种开展思路，而是让仇虎逃回故乡复仇，其目的在于亲手杀死焦阎王。出乎意料的突出事件是焦阎王已不在人世，于是由此产生了新的突发事件——仇虎决心杀死焦阎王的儿子焦大星。《原野》的主要剧情是仇虎杀焦大星的事件的开端、发展、高潮、结局。渗透在剧情中的法律思想脉络完整而清晰，可作这样的概括：主人公仇虎先是冤案的受害者，在强烈复仇心理的支配下沦为枉杀无辜的杀人犯，当法律再度追究他杀人的法律责任之际，终于因无法逃脱而自杀身死；仇虎的悲剧命运和结局，既反映了北洋政府法律的反动性，又暴露了司法执法的黑暗，同时也显现出仇虎在长期监牢生活中受到的不良影响促使他养成了江湖习气和偏执心胸，这是他沦为杀人犯的主观原因；剧中次要人物均有各自的法律意识，从不同侧面烘托和丰富了作品的法律认识价值：花金子已经意识到仇虎杀焦大星的行为构成了犯罪，事先曾极力劝阻未果；焦母向侦缉队出卖了仇虎，意在再次将他抓进监狱；常五靠当反动当局的帮凶领奖赏过日子，带侦缉队前来捉拿仇虎。总之，《原野》对北洋政府初年法律实施于社会的光怪陆离的社会现象有准确理解和深刻反映，是曹禺继《雷雨》《日出》之后的又一成功力作。文学史家对其作政治鉴定般的解释，根本不能看到该剧思想和艺术的本来样子。

中国当代涉法戏剧创作对于社会主义法律实施问题的思考与探索成绩斐然，出现了不少有新意的作品。20世纪80年代伊始，邢益勋的话剧《权与法》就注意到党政领导人手中的权力一旦被滥用，就会干扰法律而陷害无辜，30年过去了，剧中所揭露的问题不仅依然存在，而且有恶性发展的趋势，这就证明当年的《权与法》眼光锐利，有强大的现实针对性。当年有评论者对其进行否定，未免操之过急，在实践检验之下完全站不住脚。刘树纲的探索戏剧《一个死者对生者的访问》《十五桩离婚案的调查剖析》把现实生活中的法律内容同探索式的新颖戏剧形式结合起来，对法律与道德、法律与政治、法律与金钱等关系进行了思考，取得了可喜的成绩，值得专门研究。

综观我国涉法戏剧创作的历史与现状，我感到存在着一个普遍的不足，这就是法律认识价值尚嫌欠缺，耐人寻味的法律意蕴较稀薄，且在价值取向上多为法律与道德相互关系的思考，未能拓展更广阔的视野与更丰富的层面。这同我国缺乏法律教育传统，致使剧作家法律意识普遍沉睡未醒关系极大。

如果单从创作技巧方面寻找这种不足的原因，那么共同弱点在于出场人物的法律意识大都不自觉、不系统，彼此间未能展开法律见解的差异间的交锋，故造成了整个剧中戏剧冲突的法律思想意义含量偏低。在这里，高尔基在 1906 年写于国外的三幕话剧《仇敌》提供了可资借鉴的成功经验。其时，中国的封建统治尚未退出历史舞台，古老的中华法系虽处在解体前夕但依然作为封建统治工具在继续起作用。而《仇敌》所写出场人物，差不多人人都有自觉的法律意识，彼此间充满了矛盾，使全剧的戏剧冲突在很大程度上表现为法律思想意识上的分歧与斗争。文学史家仅仅从罢工斗争这一点上谈论这一作品，当是把剧本固有的法律思想意义政治化的做法，自然不能得出合乎实际的结论。

1905 年 10 月，俄国爆发了全国性的工人大罢工和农民起义。《仇敌》以此为背景，描写了布尔什维克辛佐夫领导某厂工人罢工遭到镇压而失败的故事，表现了政治斗争中交织着的法律思想意识的斗争。唯有通过法律分析，才能清楚说明工人罢工斗争的局限性和失败的原因。这是因为剧作自身的寓意本来如此。在沙皇政府的统治下，只要不危及政权，无论怎样巨大规模的罢工与起义，都终究要归于失败。根本原因是现行法律将所有罢工与起义视为触犯刑法的犯罪行为，必将采取法律制裁的严厉手段。现实生活中的这种工农革命与反动当局的法律制裁的尖锐矛盾，在《仇敌》中转化为戏剧冲突。为了突出、强化这种戏剧冲突中的法律思想意识上的矛盾斗争，《仇敌》在戏剧情境内外的设计上采取了营造浓郁的法律文化氛围、安排了一个同工人为敌的厂长被杀的突发事件，让登场的人物围绕这一事件纷纷发表法律见解等手段。其中登场人物各有法律立场与见解这一点尤为突出。

全剧登场而有姓名的人物共二十人，其中台词较多的十四个人物全都就法律发表了意见，表明了态度。就其基本倾向，可以划分为两大对立的法律思想意识系统，在每一个系统内部又可进一步划分旗帜鲜明的和跟随而行的这两种不同的立场与观点。以辛佐夫为代表的工人阶级，坚决反对现行法律，在杀死米哈依尔厂长之后大家齐心合力企图钻法律的空子，让一个不到判刑法定年龄的童工去冒充杀人者以保全真正的杀人者。对工人们的法律立场有声援意义的有两个人物：一个是退休将军，对执法的副检察官尼古拉很反感，当面嘲笑他是"法律棺材"，这是发人深思的妙语；另一个是十八岁的大姑娘娜佳，她同另一个执法者宪兵队长巴巴耶多夫打交道，对法律追究工人的责任、执法中逮捕很多工人很不满，指责说："要是法律老使人哭哭啼啼，这样的法律有什么好处呢！"她还严厉指出巴巴耶多夫口口声声维护的法律是"混账法律"。

以法学家、副检察官尼古拉为代表的执法人员，都站在坚定拥护、执行沙皇政府法律的立场上，直接动用法律手段逮捕、审讯、关押罢工工人群众。紧紧追随政府执法人员的有被杀厂长米哈依尔夫妇，他们指责工人没有法制观念，欣赏英国工人在法律面前像羊一样温和顺从，表示坚决支持政府的宪法和法律。另一厂长扎哈尔及其妻子，虽对工人有所同情，但出了杀死厂长事件后还是认为工人蛮不讲理，应当受法律制裁。还有两个游离于工人罢工斗争之外的一个办事员和一个老兵，他们一个追求的是法律保护个人的私利，一个则表示对法律没有丝毫兴趣，可出现杀人事件后他俩都站到镇压工人罢工的执法者一边。

相形之下，反对现行法律和声援反对现行法律的力量只有五个人物，而拥护、执行、依附现行法律的却有九个人物。通过这种比较不难知道，剧作在暗示观众和读者：当沙皇的政权和法律掌握在政府手中的时候，统治者的法律立场与法律思想，就是社会上占统治地位的法律立场和法律思想。在敌强我弱的情况下，工人运动必将失败。《仇敌》的法律认识价值是丰富而深刻的。

《原野》的上述法律思想意义同《仇敌》比较，自然各有特色：前者写农民的个人反抗，后者写工人的集体斗争。但更有一致之处，即反抗、斗争者都为本国法律所不容，故都遭到失败。这就是说，中国戏剧思考法律问题经过了三十多年的追赶，才产生了可与《仇敌》相提并论的《原野》。而到了当代，戏剧中法律描写的思想深广度则出现了滑坡，有愧于社会主义法制建设所提供的可资利用的创作源泉。反思与奋起的时机将产生于本研究的进一步开展。

四　法律内容与散文

散文的概念在不同的历史时期有不同的含义。作为同诗歌、小说、戏剧并列的文学体裁的散文，是文学中的"轻骑兵"，其审美特征是灵活、自由、没有拘束，可以抒情，可以叙事，可以夹叙夹议，可以刻画人物，可以描绘风景，社会生活中一切有意义的现象都可以用散文写出来。因此，生活中的法律现象只要具有某种思想意义，便可用散文形式来表现。也正因为散文如此灵活自由，法律内容在散文中的形态很难概括为某个刻板的公式。

就散文的审美特征而论，凡诗歌、小说、戏剧以外的文学性的作品，都应以散文视之。因此，叙事、抒情、夹叙夹议之类的各种文章，如回忆录、杂文、寓言、随笔、纪实文学、报告文学等，都属于散文，跟报告文学很难区分的纪实文学也应属于散文范畴。就创作实践来看，各类散文中都有涉及法律的篇章。

以杂文而论，鲁迅杂文中的《坟·灯下漫笔》《而已集·可恶罪》《三闲集·铲共大观》《伪自由书·电的利弊》《伪自由书·保留》《准风月谈·踢》《准风月谈·礼》《且介亭杂文·关于中国的监狱》《且介亭杂文·隔膜》《且介亭杂文末编·写于深夜里》等，都是揭露、抨击中国历代反动法律的作品，是研究鲁迅法律思想的珍贵资料。

以寓言而论，古希腊的伊索寓言、法国的拉·封丹寓言、俄国的克雷诺夫寓言等都拥有涉及法律而值得研究的不少篇目。

报告文学中涉及法律的作品更多，有的产生了广泛的巨大影响。契诃夫的《萨哈林旅行记》（1890 年）是涉法报告文学的经典作品。库页岛是沙俄苦役犯的流放地之一。契诃夫曾在这里停留了三个月零三天，考察了监狱、苦役犯的劳动生活等情形，查阅了大量档案资料，据以写成了《萨哈林旅行记》。可将该书作为沙俄法制史的重要学术资料来专门研究。伏契克的《绞刑架下的报告》揭露了德国纳粹用法律手段杀害捷克斯洛伐克共产党人的暴行，自 1945 年出版以来，已被译成八十多种文字，在世界各国人民中广为流传。方志敏的《狱中纪实》影响也不小。当代中国报告文学中的涉法作品为数众多，陈桂棣的《淮河的警告》《民间包公》等作品值得一读。唐敏的纪实文学《走向和平——狱中手记》所描写的女监狱的情形，在狱政管理、犯罪心理学等方面的研究上有重要意义。

回忆性散文中清代方苞的《狱中杂记》名垂史册，是清代黑暗狱政的真实记录，法制史的认识价值较高。

除了寓言之外，其他散文形式中的法律描写的共同点都在于实有其事，实有其人，虚构和想象的东西很少，甚至完全没有。因此，散文作品中的涉法篇目，几乎都具有法制史学研究上的史料价值，同时也是法律社会学理论研究上的宝贵资料。这一点，是诗歌、小说、戏剧之类的涉法作品所无法比拟的。

　　美国的非虚构小说或非虚构文学，相当于中国文学界所说的报告文学或纪实文学，其中涉及法律的作品为数众多。乔纳森·哈尔的长篇非虚构文学《漫长的诉讼》堪称这类作品的代表。它写的是一起民事索赔案件的始末。全部材料都来自作者长达8年之久的观察、调查、取证。全书40多万字，出版于1996年。美国第一部非虚构文学是杜鲁门·卡波特的《凶案》，于1965年问世。译者将其称为"刑案小说"。我们可以将这些作品中的法律描写直接当作法律研究的论据材料来运用。

第十章 法律内容与创作方法

创作方法，是作家从事文学创作处理文学同生活的关系，构成艺术形象所遵循的基本原则。创作方法主要有现实主义、浪漫主义、现代主义（现代派）等。文艺学家对它们均有论述。然而，对创作方法同法律描写、法律思想内容表达的关系的具体问题，却是一片空白。法律文艺学在这里可以谱写出许多新篇章。

一 法律内容与现实主义

现实主义创作方法的如下特征，在文艺学家那里形成了无争议的共识：

（一）要求作家按生活固有的、本来的样子反映生活；

（二）对生活进行提炼和概括；

（三）强调细节的真实。

现实主义涉法文学的创作实践表明，以上三点共识基本上是正确的，应成为清理、阐述现实主义涉法文学中的极其丰富的法律思想意义的文学理论基础之一。靠文学提供的材料之所以能够用以建构文学法律学这种交叉学科的理论系统，重要的文学理由就在这里。中外法学家之所以乐于谈论涉法文学中的法律，并且不约而同地都是以现实主义涉法文学为对象而不及其余，不管他们是否自觉掌握和运用了现实主义创作方法的理论，其文学上的理由也就应当集中在这里。

由此可得出一个重要结论：法律文艺学和文学法律学的共同文学理论支柱之一，就是现实主义创作方法的基本特征的理论。涉法文学中的法律内容与现实主义的相互关系首先表现在这至关重要的一方面。

法律内容与现实主义的相互关系的另一重要方面，是现实主义涉法文学所表现的广泛、深刻的法律思想意义是检验现实主义创作理论的试金石，它能使我们窥见上述三点理论共识的若干不足之处，从而提出种种疑问：这共识的三个方面有怎样的内在联系？所谓"生活的本来样子"到底是怎么一回事？所谓"细节的真实"从何而知？作家对生活的"提炼"与"概括"有无客观尺度？诸如此类的问题，纯文艺学家可能连想都不曾想到，更不要说能够圆满回答这些问题了。

法律文艺学的现实主义创作方法的理论，在提出与解答这类问题上大有作为，可提供出乎纯文艺学意料之外然而又在情理之中的论点与论据，从而促使现实主义创作方法的理论趋于完善。

我们从一个具体例子谈起。《红楼梦》是中国现实主义古典文学的杰作，依照现实主义创作方法、特征的上述三个要点，它所描写的社会生活应当是清代社会生活的"本来样子"，曹雪芹在描写这"本来样子"的过程中，对它有所"提炼"和"概括"，同时还充斥着"真实"的"细节描写"。然而，几代红学家，各种版本的《中国文学史》对同一部《红楼梦》的思想意义的评价，是如何众说纷纭！这种现象的产生，原因多多，其中也有现实主义创作理论的疏漏、不当的原因。正因为有这个原因，故不能更有效地从理论上指导评论家、红学家和文学史家们的评论实践。

以法律文艺学的法律视角考察《红楼梦》，上述问题在很大程度上可得到解决。《红楼梦》是在《大清律例》颁布几年之后开始创作的，这给小说描写法律提供了现实依据。研读《红楼梦》，那些精彩的法律描写不时映入眼帘，读毕掩卷想来，其法律思想意义就会被逐渐梳理得井井有条。拙著《中国文学与中国法律》中专论《红楼梦》的一章，就是这么产生的。在这一章的论述中，清代社会生活的"本来样子"、"提炼"与"概括"、"细节的真实"等，都离不开《大清律例》的有关立法精神。首先，清代法律跟历代封建法律一样，实行礼刑合一，建立以刑作后盾的礼治秩序。清承明制，还专门制定有《礼律》和《礼例》，这是直接把礼变作刑。贾府内外我们所见到的正是礼治秩序统治的天下。在我的书稿《〈红楼梦〉与法律》（即《法说红楼梦》一书原定名，后笔者在央视录制节目时被建议改书稿名为《法说红楼梦》，遂采纳）中，第一章就是《礼治秩序》。对于《红楼梦》来说，它的法律描写的突出成就，就是真实再现了清代礼治秩序的残酷性、虚伪性。所以离开了礼治秩序而谈"生活的本来样子",就无从认识《红楼梦》的现实主义成就。其次,在《红楼梦》里,"对生活进行提炼和概括"也突出表现在"提炼和概括"现实生活中的种种法律问题方面,如婚姻问题、姓名权问题、奴婢问题、"私和"官司问题、皇权大于法律的问题等。最后,现实主义"强调细节的真实"这一点,可以通过法律考证来加以检验,从而使"细节真实"不再是无所凭依的主观认定的东西。上述三个方面,都可在《大清律例》中找到一一对应的东西。所以,法律文艺学的现实主义论认为:凡现实主义涉法文学,莫不与法律有这三大方面的密切联系。

由此,应当得出的重要结论是:现实主义涉法文学能够从创作实践的层面上去检验现实主义创作方法的理论的真理性,弥补其不足之处。

实践是检验真理的唯一标准。上述三点共识的共同致命弱点,是难以用客观的实践标准加以衡量:"生活的本来样子"无法衡量,对生活怎样"提炼"与"概括"无法衡量,"细节的真实"无法衡量。正因为没有客观实践尺度可以衡量,所以面对具体作品的评价,这些理论上的共识的东西,常常一点用处都没有。当代中国20世纪50年代的一批干预现实生活的作品被视为"毒草",日后平反又被称为"重放的鲜花",就是绝好的论据,它们无情证明了现实主义创作方法的理论的空洞性、软弱性。

法律文艺学的现实主义理论还认为,可以从法律视角审视纯文学理论家关于现实主义文学的典型人物的理论,进行某些新的论证。纯文学理论家为此不知花费了多少笔墨,到头来还是留下了巨大的理论空白与疑问。"典型环境"与"典型人物"的典型性,有无客观衡量的标准?典型性的程度有没有彼此区别的度的分寸?不同的典型环境和典型人物的质的不同在哪里?这些都是典型论者至今未能解决的几个关键问题。在法律文艺学中,这些问题大有解决的希望。在我看来,典型环境就是不同国家在不同历史阶段所制定的法律实施于社会所造成的法律秩序的某一侧面,环境的典型性和人物的典型性就是取决于法律规定的个性特色,其典型性的程度表现为个性特色与法律规定之间的差距。依照这种理解,中外文学史上的一系列已有定论或尚无定论的典型人物形象无不有着特定的法律内涵。以中国文学史而论,《三国演义》中的曹操,不是什么抽象的"奸雄",而是一个集滥杀无辜的罪犯与枉杀无辜的执法者于一身的双面人;《红楼梦》中的贾宝玉,不是什么"叛逆者"，而是一个致死人命、多方面违法并且又受法律坑害的双重性格和命运的两可人物；《金瓶梅》中的西门庆纵欲过度的秉性中凝聚着法定的一夫多妻制的精神，只能出现在一贯奉行一夫多妻制的古老中国；《阿Q正传》中精神胜利法的阿Q，是源于中国缺乏把人当作人的民法精神，是一个在没有民法保护人格尊严和人身权的国度里被全方位剥夺了人身权的非人的典型；《家》中的高老太爷、高觉慧和高觉新这些人物的解释，可以跟1930年与小说《家》同时问世的民法亲属篇《家》联系起来，考察其思想意义与立法精神之间的反差；《原野》中的仇虎，也不再是什么农民反抗地主的阶级斗争中觉醒的农民形象，而是一个被反动法律和监狱逼迫、造就的报复杀人犯，其报复杀人心理特征跟当代中国的报复杀人犯如出一辙……就这样，典型论与法律挂钩后变得切实、具体多了。

法律文艺学对于现实主义的胜利这一理论命题有着新的解释和论证的余地。现实主义的胜利的理论命题，是恩格斯在评论巴尔扎克时提出来的，意思是巴尔扎克作为现实主义大师对法国19世纪贵族社会的描写，经常违反他作为政治上的正统派的"阶级同情和政治偏见"，看到了他心爱的贵族们灭亡的必然性，从而把他们描写成不配有更好命运的人。恩格斯强调指出："这一切我认为是现实主义的最伟大胜利之一，是老巴尔扎克最重大的特点之一。"[1]恩格斯的着眼点是现实主义作家的政治立场或阶级立场的局限性被现实主义忠于生活的原则所克服的基本事实。法律文艺学认为，若从现实主义作家的法律描写方面来考察，同样存在着现实主义的胜利情形，其具体表现的事实是：现实主义作家在理性认识上即使不懂法律，不通法理，在创作之际甚至根本没有法律寓意上的任何自觉追求，但只要他坚持现实主义忠于生活本来样子的原则，严格从现实生活中的法律现象、事实、问题的本身出发，进行艺术构思和创造，其最终的作品问世之后，就往往不以作家主观的法律意识为转移地表现了某些独到的法律思想意义。这种情形，我一贯称之为"无心插柳柳成荫"。对于现实主义文学涉法文学创作来说，这"无心插柳柳成荫"的情形，就是现实主义的伟大胜利的动人表现。例如说，《红楼梦》的法律思想之丰富、深刻达到了非用专著形式加以详尽论述不可的程度，就是最典型的例子。再如鲁迅，他曾两三次自我表白不懂法律，然而我们从他大量小说和杂文中读到了对中国封建主义法制作批判性总结的深刻、尖锐的法律思想，读到了讽刺、抨击北洋政府和国民党政府的法律的真知灼见，于是我们面前耸立起鲁迅作为伟大法律思想家的形象[2]。这种为鲁迅本人所始料未及的现象，除了以现实主义的伟大胜利的理论加以解释，别无选择。

二　法律内容与浪漫主义

浪漫主义文学的一般特点也是公认的：

（一）作家偏重于抒发主观感情，描写内心体验；

（二）富于幻想，充满对理想的追求；

（三）在表现手法上，往往塑造出奇特超人的艺术形象，使用的是幻想与夸张的手法。

一旦涉及法律之后，这些特点是否依然如此呢？我以为基本如此。在浪漫主义涉法作品中，作家追求的不是法律现象的真实，而是法制生活的本质真实。这样，在浪漫主义涉法文学的法律描写与现实法律生活之间，就存在着通过联想、推理可以发现的某种内在逻辑联系。只要找到了这种联系，那些幻想、理想、奇特、夸张的艺术形象所体现的法律思想意义的本来样子就在不言之中了。

中国文学史上魏晋南北朝的志怪小说、唐代传奇、《聊斋志异》中有不少涉及法律的作品，都是中国古代的涉法文学作品。所有这些作品所描写的怪异法律现象，都是现实生活中不可能发生的，但我们所谈上述那种"联系"却都是不容怀疑的。试看《聊斋志异·席方平》：

席方平的父亲名叫席廉，跟姓羊的富人有矛盾。羊死了几年之后，席廉病危，对人说："姓羊的贿赂地狱官员在打我。"不一会，浑身又红又肿，叫喊着死去。席方平决心去地狱，代替老实的父亲申冤，终于灵魂出窍，到了地狱。其父在狱中对儿子席方平说："狱吏受贿之后，日夜不停地打我，已把腿打成残废。"席方平写了诉状，到城隍老爷那里投诉。羊某买通了城隍，席方平败诉，跑了一百多里，到郡治那里告状。郡司过了半个月才审理此案，席方平受到严刑拷打。郡司怕席方平再起诉，派衙役押送他回家。席方平不进家门，到冥府告郡司酷贪。城隍、郡司想收买席方平，他依旧坚持告状。

冥府也是个贪官，使用了火床、锯解等酷刑。席方平于是认识到阴曹地府的黑暗比阳间还厉害。最后，因二郎神主持公道，依法判处了冥王、郡司、城隍，使席父复活，一直活到九十岁。

故事是离奇古怪的，阴间、冥王、郡司、城隍及各种酷刑手段，都是生活中所没有的。然而，这一切同清代社会现实法制生活中官员的执法犯法，贪赃枉法，采用酷刑对付无辜者或当事人，以及清官仗义执法、平反冤案之类的情形是类似的，读者不难找到这"类似"的种种现实的东西。

中外法学家凡乐于谈论文学中的法律的几乎都无人谈论浪漫主义文学。其原因大约是：（一）浪漫主义涉法文学数量上远远不如现实主义涉法文学，这使前者被谈论的几率相对大大减少；（二）可能法学家对浪漫主义涉法文学的本质真实有异议。针对第二种情况，有必要强调浪漫主义涉法文学在反映法制生活上的本质真实的理论对于正确理解浪漫主义涉法文学的法律认识价值的指导意义。

纯文学理论家在对待各种创作方法上，似乎一视同仁，绝不厚此薄彼，显得很公平，法律文艺学鉴于客观事实，不能不特别强调指出：在古往今来的涉法文学史上，现实主义涉法文学无论在数量上还是法学成就上，都独占鳌头，被纯文学家与现实主义同等对待的浪漫主义涉法文学根本不可能同现实主义涉法文学相提并论。例如说，如果编写中国古代涉法文学史而谈到唐诗的时候，现实主义诗人杜甫、白居易将大放光彩，浪漫主义诗人李白却很难有一席之地。法律文艺学不能逃避这种严酷的文学事实。

三　法律内容与现代主义

现代主义也称作现代派，包括象征主义、超现实主义、意识流、黑色幽默等流派。尽管它们有不同主张和追求，但具有以下两大共同之处：一是表现人的异化，注重人的隐秘内心世界、潜意识；二是反传统，反理性，追求怪异的表现手段。

那么，现代主义文学中有没有涉及法律的部分呢，一旦涉及法律其法律内容的表现有怎样的特异之处呢？这是我们要探讨的问题。涉及法律的现代派作品不少。现代派的鼻祖卡夫卡的《审判》、美国黑色幽默家海勒的《第二十二条军规》、法国存在主义文学作家加缪的《局外人》等现代派小说都涉及法律，是现代派涉法文学作品的代表作。

——赏析这些作品，可以知道，它们的法律描写，是为作家们的现代派文学主张、追求服务的，是各种不同的具体文学观念的载体。因此，其法律思想意识的表现，就打上了这些不同文学观念的深刻烙印。如卡夫卡认为世界是荒诞的，其《审判》中的法律审判活动就荒诞得说不清楚；海勒迷念苦中作乐的黑色幽默，其《第二十二条军规》中的军事法规就是美国黑色幽默的具体表象；加缪以为世界和人的存在是"荒谬"的，其《局外人》的法律描写所塑造的主人公就是不可理喻的"荒谬"存在。

中国当代的一些现代派作家的作品涉及法律的也不在少数。跟世界其他国家的现代派涉法文学一样，其法律描写也成为作家文学主张的载体，是为表现他们的反传统的文学主张服务的。有意思的是，其法律描写在客观上依然有一定的独立认识价值。以余华的《河边的错误》和《现实一种》这两篇小说为例，局部的法律思想显而易见。在《河边的错误》中，马哲一气之下开枪打死了法律无可奈何的杀人疯子之后，公安局长为了使之逃避法律的追究，出主意让他诈称为精神失常，并把他送进了精神病院。这种执法犯法，自然是"错误"之一。《现实一种》中的山岗对山峰的死，是应负法律责任的。死者之妻也确有法律意识，明确表示要去"告"山岗的杀人罪。后来，山岗被逮捕、枪决。小说如此写来，本意不在表明杀人者应负法律责任的观念，但客观上的确有如此表达的效果。因此，有评论者不分青红皂白，把公民杀人与司法机关枪决死刑罪犯相提并论，也称之为"杀人"是不通法理的说法。

这里着重谈谈《第二十二条军规》。此小说是黑色幽默的代表作。"黑色幽默"是"从残忍中寻找乐趣"的"病态、荒诞的幽默"。如像欣赏雕塑艺术那样欣赏别人的伤疤，就是黑色幽默。中国人把大光头讥笑为青皮豆、电灯泡，也有黑色幽默味道。

小说《第二十二条军规》的故事不复杂：第二次世界大战末期，在意大利的一个美国空军基地上，轰炸手约塞连上尉千方百计逃避作战飞行，最后终于逃到了瑞典。小说的重点，是写在这个空军基地的小小世界里，人们的一切行动都逃不脱第二十二条军规约束的情形，而这条军规到底有什么样的具体规定，谁也说不清楚。

小说一再强调第二十二条军规是一个圈套。在书的扉页上，写道：

只有一个圈套……
那便是第二十二条军规。

第五章写道："这其中只有一个圈套，那便是第二十二条军规。"为什么？它规定，如果飞行员是疯子，可以停飞。然而，谁一旦提出停飞的要求，便证明不是疯子，还得飞。约塞连意识到，"这第二十二条军规，实在是个了不起的圈套"。他还认识到，这条军规"用的是螺旋式的诡辩"。《第二十二条军规》第四十章也指出："这里面有个圈套。"

作品还描写了第二十二条军规执行过程中的人为随意性。基地新任指挥官卡思卡特上校，把原来规定的飞行二十五次就可回国的定额私自改为三十次，以庆贺他接任指挥官的位置。可约塞连完成了四十八次飞行任务仍不能回家。因为，这也是第二十二条军规的规定："必须服从每一个命令。"上校不叫你走，你就走不了。等你完成五十次任务，上校又把定额提高到五十五次。

当完成三十二次时，又提高到三十五次。约塞连住进医院之际，又提高到四十五次。

以后又提高到六十五次，接着又加到七十次。当人们完成了七十次，又加到八十次。

所有这些，都是"圈套"。卡思卡特的思想上也有"圈套"：

"卡思卡特很自负，因为他才三十六岁，就成了一名带领一支战斗部队的上校军官；但又感到沮丧，因为他虽已经三十六岁了还只是个上校。"就是在这种"圈套"思想的指导下，他一再提高飞行定额。第二十一章写道：他把定额提高到飞行六十次，是太多了一点，然而他随后又想到，强迫他的部下去执行比别人更多的飞行任务被认为是他取得的最明显的实绩了。于是，他觉得六十次飞行任务还远远不够，应该立即把飞行次数提高到七十、八十、一百，甚至二百、三百，或者六千次！

在空军基地，几个军官指控随军牧师私拆官兵的信件，有罪，却说不清究竟是什么罪和违法行为。

到小说最后，美军不仅都钻进了圈套，而且把这圈套套到罗马的居民头上了。约塞连来到变成一片废墟的罗马，发现年轻姑娘都被美军士兵赶走了，问一个老太婆是怎么回事，那回答也是个"圈套"：

"他们没有心要给我们看第二十二条军规，法律说，他们没有必要这么做。"

"什么法律说他们没有必要这么做？"

"第二十二条军规。"

写到这里，主人公约塞连有一段心理活动，可以认为是作品的中心思想之所在："他一边走下楼梯，一边在心里诅咒第二十二条军规，尽管他心里明白，根本不存在这么条军规。第二十二条军规不存在，对此他确信无疑，可那又有什么用呢？问题在于每个人都认为它存在，而更糟糕的，它没有什么实实在在的内容或条文可以让人们嘲笑、驳斥、指责、批评、攻击、修正、憎恨、谩骂，或者烧成灰烬。"

约塞连下决心逃到瑞典，完全是被逼得走投无路的结果。卡思卡特指责约塞连犯有作战失利、违抗上级、拒绝执行与敌方交战的命令、开小差、强奸、参与范围广泛的黑市交易、从事破坏活动、向敌方出售军事秘密等罪行，将交军事法庭进行审判。尽管他清白无辜，但为了挽回卡思卡特的面子，维护国家对外作战的形象和利益，还是得审判、囚禁约塞连。至此，"圈套"已变成把主人公置于死地的异己力量。绝望之际，他只好只身出逃。

据以上情节介绍，可知作品是意在把军规作为法律的强制性、规范性同现实生活中、人们头脑中的主观随意性、荒诞性杂糅在一起，形成一种自相矛盾的怪圈，一种神秘的力量，使人们置身其中不得解脱。而要想解脱，唯一的办法是逃离这个怪圈发生作用的地方。

由此看来，其思想意义不单纯是对法律的荒诞性进行否定，更有对荒诞的社会现实的批判。美国社会在"二战"之后，曾一度陷入一种有组织的混乱、制度化的了的疯狂之中。"第二十二条军规"几乎被当作了这种社会现象的象征物。故作品的法律意蕴已上升到哲理的高度。

美国作家李·柯克的微型小说《谋杀房东》的法律描写表现了法律事务中的荒诞意识。"我"到警察局自首，承认杀了房东。警官却说："这跟法律有何相干呢?""我"希望能把此事的来龙去脉适当公开一下,警官让填一张表格,其表格有"杀人理由"一栏,表中注明文字是"假如有就填,没有拉倒"。"我"之所以杀房东,是因为房租不涨价。"我"自以为枪杀了房东,其实连开四枪都不曾接触房东的身体:第一颗子弹炸碎了他的背心,第二颗子弹轰掉了他的衣领,第三颗和第四颗子弹则打穿了他背后的背带。

这一切,都因不符合逻辑而显得荒诞。"自首"本身就是一种法律制度,作为法律工作者的警官竟然认为跟法律无关,此其荒诞意识之一。司法文书之一的有关表格所设计的"杀人理由"栏目的说明文字有明显的教唆、纵容犯罪的倾向,与警察局的职责相违背,此其荒延意识之二。"我"杀房东的理由,居然是"因为房租不涨价"。世上哪有心甘情愿房租涨价的好心房客呢?此其荒诞意识之三。"我"自以为枪杀了房东,其实房东安然无恙,此其荒诞意识之四。"我"向房东连开四枪,枪枪打中的是身外之物,没有一枪接触到肌肤,此其荒诞意识之五。足见,作家对法律本身不感兴趣,只是借以表现现代派作家特有的某种荒诞意识罢了。不过话得说回来:法律事务中的各个环节既然都如此不合乎逻辑,有违人之常理常情,那么我们从中感受到法律实施中的令人不能满意的荒谬的东西,应当说是合乎作品应有的题旨的。

当代中国的先锋小说、荒谬小说等打着各种招牌的作品不少。其中也有涉及法律的,有的根本读不懂。

例如北村《聒噪者说》是先锋小说,写到一起案件,涉及两条人命。神学教授朱茂新杀死了林展新,然后自杀。可从小说中无论如何弄不清楚朱教授为什么杀人,怎样杀人。小说写得像谜一样猜不透,很难说清涉及到怎样的法律问题。

对此,我们且作为悬念挂起来再说。现实生活中不也有始终弄不明的悬案吗?我在想,这种读不懂的涉法作品的意义,也许就在制造不可解读的悬案,从而让你联想到法律面对悬案无可奈何的愁苦模样。

存在主义文学是 20 世纪 30 年代末在法国兴起的一种文学思潮,在 40 年代,特别是"二战"后发展到顶峰,影响扩展到全世界。代表作家是萨特、加缪和西蒙娜·波伏娃。他们强调意识的主宰性。萨特有一句名言:"存在先于本质。"加缪强调世界是荒谬的。

加缪的小说《局外人》依据他的哲学观点，刻画了莫尔索这个"荒谬的人"。值得注意的是法律描写是刻画人物、表现主题的基本手段。

小说分为两部，第一部的末尾，才涉及法律：莫尔索掏出手枪，打死了一个阿拉伯人。"荒谬的人"或人的存在的荒谬性的主题，在这一部分得到了初步表现。公司职员莫尔索对外界一切都无动于衷。他母亲死了，别人以为他一定会同母亲的遗体见最后一面，可他无所谓。第二天，他便跟情人一道去看滑稽电影、游泳、做爱。她问他是否愿意同她结婚，他说无所谓，结不结婚都一样。他的朋友雷蒙受一个阿拉伯人欺负，要他去报仇。他去了，却并不以报仇为然。后来，在太阳、汗水、阿拉伯人的刀等外物刺激下，他莫名其妙地打死了阿拉伯人，还对尸体开了四枪。莫尔索的所作所为，都没有自觉理性认识的指导。小说第二部，写莫尔索作为杀人犯被关进监狱受审讯、被判刑的经过。在这里，法官、律师、检察官、看守、祖父等人物和监狱、法庭、法律诉讼程序等事物，都不是纯客观存在的，而是都带上了主人公莫尔索这个"荒谬的人"的那个"无所谓"的思想印记。他对法官讯问的老一套内容——姓名、住址、职业、年龄——感到厌倦；对他的辩护律师不抱什么希望；对于检察官、法官的讯问，他不据理力争，而是听其自然，泰然处之；当得知被判处死刑之后，他最初还有逃生的欲望，但不想按神父的要求进行宗教忏悔。后来想到30岁死去和70岁死去都没有什么大关系，现在死和20年后死也没有太大的区别，于是他感到自己应当接受死刑。小说结尾时，莫尔索无可奈何又得过且过地想：到受刑的那一天，为避免太孤单，只希望到时有很多人观看自己被处死的场面，他就心满意足了。就这样，法律描写成为表现和深化存在主义哲学观的手段。

存在主义文学在日本十分流行。代表作家有椎名麟三和安部公房。

《墙》（1951）是安部公房的较有名的一篇小说。其故事情节荒诞不经。小职员S.卡尔玛失去了姓名，失去了工作，穿衣吃饭成了大问题，处处遭人白眼，糊里糊涂地成了被告，参加审讯的有两个哲学家、两个法学家、一个数学家，事后还发布了《审判快报》（第六号）。不同的人物、场合发表了不少关于法律的议论。例如，一个哲学家说："被告既是有罪的，又是无罪的；同时既不是有罪的，又不是无罪的。"这样，存在主义同法律描写的联系又一次呈现在我们面前：法律描写的内容荒诞，不可思议，从而证明了存在主义文学作家心目中的存在主义哲学理念——世界和人的存在都是荒谬的。

参考文献：

［1］中共中央马克思恩格斯列宁斯大林著作编译局．马克思恩格斯选集（第四卷）［M］．北京：人民出版社，1998：463.

［2］余宗其．鲁迅与法律［M］．北京：华艺出版社，2001.

第十一章　法律思想内容与法律描写艺术

涉法文学中法律内容的表达不同于法学论著的根本之点很多。要言之，其区别是法学论著以概念、判断、推理的方式创造理论系统，直接进行法理阐述，而涉法文学则用法律描写的方式，把抽象的法理法意寄托在形象图画之中，要通过读者的想象、联想去体会其中的寓意。

法律描写艺术的内容非常丰富，若仅着眼于法律寓意的载体的描写方面，那么主要包括有法律人物形象的塑造、法律诉讼案件的叙述、法律文化景观的勾画等三个方面。法律内容以这法律描写的三大艺术手段造成的三大形象载体——人物形象、诉讼案件、文化景观的千差万别而发生相应的种种变化。

一　法律人物形象的塑造

综观全球涉法小说、戏剧所塑造的众多人物形象，因其从某一侧面与现实的法制相联系，故可借用法学上固有的概念，称其为文学的法律人物形象，并且能清楚地将所有文学法律人物形象划分为几大类别或系列。不同系列的人物的法律寓意彼此有原则性的区别。

首先是法律职业者形象系列。法官、警官、检察官、律师、公证人、牢头狱卒等法律职业者形象在文学中层出不穷。从这一点看，只要有法律职业形象出现的文学，都可称之为涉法文学。作品通过所刻画的法律职业者的形象所表达的法律思想意义就不难通过分析人物形象而得知。

拙著《外国文学与外国法律》的第四编，以《警官》《检察官》《法官》等三章的篇幅，论述了外国文学中若干法律职业者的形象，读者可以参阅。法科大学生、研究生是未来的法律职业者，外国文学名著中的法科大学生、研究生的形象也为数不少，拙著也用了一章的篇幅加以论述。这一类人物的法律意蕴大体是：法律职业者的素质对法律实施有直接影响。

第二个引人注目的法律人物系列是形形色色的犯罪分子。拙著《外国文学与外国法律》的第十四章《著名的罪犯形象》谈到了莎士比亚笔下的无恶不作的福斯塔夫、席勒笔下的聚众反叛并投案自首的卡尔、巴尔扎克笔下从苦犯到秘密警察头目的伏脱冷、梅里美笔下的追求绝对自由的卡门、施尼茨勒笔下的为获得信任而犯罪的卡尔洛等罪犯形象。通过这类形象，作家企图挖掘犯罪心理，寻找犯罪原因，甚至思考更深广的法律社会学问题。

第三个系列是具有不同法律意识的公民形象。这一系列的人物形象很多，其中引人注目的也不少。《一千零一夜》中那个精通《古兰经》的女子陶望督督（出现于《陶望督督和学者答辩的故事》），应是熟悉法律的公民形象的代表。契诃夫笔下的一些法盲或对法律神经过敏的人物形象，也给人留下了深刻印象。法律是否深入人心及其同法制建设的关系，可从这类人物身上窥见。

第四个系列是无辜而枉受铁窗之苦的人物形象。关汉卿的杂剧《窦娥冤》中的窦娥、托尔斯泰的短篇小说《天网恢恢》中的商人，就是这类形象的两个实例。中国当代作家从维熙和张贤亮的一系列小说中的人物，都是当年冤假错案加身的受害者。这类形象反映了刑法实施中的冤假错案不断发生的各种偏差和漏洞。

第五个系列是世界各国不同历史时期的革命者被当时的国家法律视为罪犯的形象。高尔基的《母亲》中的巴维尔、鲁迅的《药》中的夏瑜即是实例。这类人物证明了当时的刑法的反动性。

对各种系列的人物作具体分析，是了解人物形象身上的法律意蕴的唯一途径。在这里，不通法律的文学家和不善于分析人物形象的法学家的偏颇、失误都是客观存在的令人忧虑的事实。从理论上阐述如何正确评价法律人物形象的法律认识价值是一项重要的理论工作，应作专门研究。我曾提出："文学法律人物形象评估学"的概念，并作过初步论述[1]，此处不能详谈，只能指出原则性的几点构想：

（一）文学法律人物形象评估学应当对各种类型的文学法律人物形象作详尽的分类叙述，注意各类人物法律寓意的区别何在；

（二）除了静态分类外，还要注意作家笔下法律人物形象的法律立场的从甲到乙的转换，并揭示这转换的法律思想意义何在。例如：曹禺的《原野》中的仇虎，从受害者变为杀人犯。从维熙的《大墙下的红玉兰》中的葛翎，从执法干部成为囚犯。张宏森的《大法官》中的张业铭从法官、检察官变为贪污犯。所有这些变化，都有各不相同的具体法理可议。

（三）要注意各种人物之间的复杂关系，许多深刻法律认识价值存在于人际关系的网络之中。

马克思说："人的本质并不是单个人固有的抽象物，在其现实性上，它是社会关系的总和。"[2]涉法文学创作中，作家们的确是这样理解和描写法律人物形象彼此之间关系的实质的。

试看李一清的小说《山杠爷》及其改编的电影《被告山杠爷》中的山杠爷这个人物，就可知道，他自身及他与其他一系列党内外的人物的相互关系，共同揭示了极为深刻的法律思想意义。赵山杠是一位农村的党支部书记，他自以为公事公办，认真负责，没有私心，实际上在一系列人与事上违犯了法律，最后沦为罪犯。

他把许多侵犯人权的违法行为也看作是大公无私的正当行为。

赵山杠不知道法律保护公民的通信自由和隐私，夺过明喜给他妻子的私人信件，命令张胡子"念！"

赵山杠当众扇了腊正几个耳光，事后竟然说："我打你，是代表党，代表支部！"

如果说堆堆坪有人能意识到赵山杠的所作所为并非一切都对，而是有对的东西，有不对的东西，有是非难评的东西，那么是非的评判也多少有一点希望。令人痛心的是这里的村民全然那么混沌未开，把赵山杠的一切都视为正确，即使有所不理解，他们也习惯于逆来顺受，忍气吞声。强英被非法游斗，心气难平，吊死在赵山杠家门前。当检察院派人进村调查时，夯娃娘丝毫没有责怪他人之意，自我检讨说："都怪我，忍一忍就好了。"被拆了私人信件、隐私暴露于众的明喜对调查人员自我谴责说："杠爷拆我的信是为我好，为堆堆坪好哩。我现在不怪他！就好比说，你爹你妈拆了你的信，你会告他们么？那是关心你哩！"

假如一般农民如此不分是非还情有可原，那么共产党员腊正比一般农民并不高明的思想观念，就尤其令人莫名地悲哀与震惊。赵山杠当众毒打腊正，因为他发表了与赵山杠不同的意见。腊正对这种压制民主、剥夺言论自由和侵犯人权的野蛮行为不仅毫无怨言，还认为这是对自己的"教育"和关照，感激地说："别看杠爷抓工作斗歪风又狠又凶，其实他的心和这水一样，清亮透明，杠爷一点没记恨我。"

堆堆坪世界的人为什么如此顺服，像任人宰割的小绵羊一样呢？说穿了，封建时代的人身依附观念、上智下愚的不平等观念、封建家长制的等级观念等，至今在人们的意识中占有统治地位，至少是主导地位。于是当个体的农民与赵山杠发生任何矛盾，他们无不总是自我谴责。当赵山杠的言行合乎法律的时候，这种自我谴责当然有一定作用，否则，便必然导致对赵山杠违法犯罪的纵容与迁就。事实上，赵山杠根本不把国法放在眼里，相反，他把自己当作是法律的化身，他的言行都是村民不可违抗的法律。王禄超过了杠爷规定的交粮期限，被说成是"抗粮"，杠爷一句话，便要押到牢里去"判半个月拘留"，王禄娘跪在杠爷面前苦苦哀求，才求得杠爷从轻发落，送进祠堂关押、饿饭三天。事后，王禄的母亲对调查组无限感激地说："这一关，把禄娃子的蛮气全关没了，像是变了一个人，又勤快，又听话，接了婆娘，生了两个娃娃，第三个昨天刚刮了，也是杠爷发的话哩。"

明喜有一句话，可以说把堆堆坪的村民的意识全然抖露出来了："堆堆坪就好比是一个家，山杠爷就好比是家长。"是的，当农村的基层政权处在头脑中充斥着封建家长制的残余观念的人们的包围之中的时候，无论掌权者还是人民群众，都成为使政权性质发生潜在变质的可怕力量。所以，赵山杠也好，他治理下的村民也好，就是这样在社会主义农村的名义下，不知不觉地延续着封建家长制的一套习惯与做法。赵山杠曾用手比划一个大圆圈，说这是国家，又比了个小圆圈，说这是堆堆坪，强调指出："堆堆坪放大了，好比一个国家，国家缩小了也就好比堆堆坪！"赵山杠以家长自居的心态是很顽固的。

在封建时代，君王是超然于国法之外的，家长则是超然于家规之外的。赵山杠既然把堆堆坪看作是自己的家，自己就是家长，而农民也认同这种观念，那么，在法律不允许赵山杠的违法、犯罪行为的时候，他们必然采取他们所认为的合理对策。在我们看来，有时甚至是很荒唐的东西，而在堆堆坪人看来却理直气壮。赵山杠被捕之前，仿佛大义凛然似的，召开了一个支部会，腊正被指定为将来的领导核心，他对杠爷保证说："时下要整治歪风邪气，把堆堆坪团拢，还离不得一蛮三分理哩！"山杠爷连忙打气说："对头，腊正！堆堆坪的事，你要按我的老章程办，不要因为你杠爷犯了法律要坐牢，你就怕了，不敢了。"这些表明，赵山杠伏法，只是外部社会要依法办事，这并没有给堆堆坪带来任何进步和改变。

赵山杠这一形象寓意的深刻性还在于人物自身并不是一个横行不法、为非作歹的坏人，而是一个并不自私、不仰仗权势为个人捞取任何好处的基层干部。他的确是在出于公心。当支书三十多年，他一直两袖清风，不肯占集体一分钱。他儿媳开刀欠债几千元，村里有意替他负担一部分，他死活不干。他说，那是农民的血汗钱，我要是占了，还咋代表党说话？对此，村民也是认同的。有一治安委员以赞赏的语气说："山杠爷把堆堆坪治理得太太平平，没有人犯治安，没人犯法律。"是的，堆堆坪年年先进，山杠爷年年模范党员。因此，山杠爷在村民心目中、在上级眼里，都是无可挑剔的人物，享有崇高的威望。假如不是逼死人命，山杠爷家长式政权会在人们心目中完美无缺。即使对山杠爷绳之以法，也没有得到堆堆坪人的理解。这种现实，何日才能真正实现社会主义的法制与民主呢。

作品以山杠爷的孙子出面向《法制报》写信反映爷爷的所作所为，终于把山杠爷送上被告席，使我们看到了希望在下一代子孙。这是现代法律意识战胜传统观念的必然。

与法治对立的是人治。人治，就是以掌权者个人的意志与权威治理国家。人治者也要法，但这法是屈从于个人意志的。现实生活中，实行人治的极端形式，就是使权力家族化，建立封建割据式的土围子。河北大邱庄禹作敏即是一个典型例子。据某地抽样调查，农村基层政权出现这种土围子的占10%，山杠爷的犯罪，就这样反映了生活的本质真实。

二 文学法律诉讼案件的叙述

法律诉讼案件之所以是抽象法律思想的文学形象载体之一，一个重要原因是许许多多文学作品是以现实生活中的真实案件为素材而创作的，使法律内容与诉讼案件有一种先天性的联系，根本无从抗拒。

列夫·托尔斯泰的《复活》，是以他的当检察官的朋友科尼讲的一个真实案件作基础而写成的。

德莱塞的《美国的悲剧》（1925）是研究了 15 件类似的案件之后创作的。突出讲述 1906 年纽约州赫基默县发生的一件情杀案。男方名叫契斯特·杰勒特，他的情人叫格勒斯·白朗。女方怀孕后，男方认为挡住了自己往上爬的路，便把她骗到大麋湖淹死了。凶案很快侦破，凶手被判处了死刑。作家研究了 15 起类似的案件后认识到，罪恶的根子在于以金钱为基础的美国社会。书名"美国的悲剧"概括了作家对凶杀案的社会本质的看法。

狄更斯的《荒凉山庄》中的贾迪斯诉贾迪斯案及其他案件，有作家调查，是研究了三十多起有关真实案件作基础。

中国当代文学中以真实案件为素材创作的作品也很多。贾平凹的《油月亮》的故事原型，是发生在贾平凹的故乡一桩有名的恶性杀人案。叶兆言的《走进夜晚》，是以《南阳日报》的一篇通讯所报道的真实案例为基础而创作的。池莉的《一冬无雪》（原名《金手》），取材于现实生活中的一个类似案例。

涉法文学作家笔下的各种文学法律诉讼案件有这么几个特点值得注意：

（一）法学内涵的丰富性同案情的紧张、曲折性成反比，越注意情节的紧张、曲折、吸引人的好奇心，其法律内容越稀薄。不看重故事而看重人物——高雅和涉法文学的案情，往往平平淡淡，甚至没有什么故事性，其法律高意却恣肆汪洋，回味无穷。侦探小说中的各种案件，往往把案件的侦破过程写得曲折有致，有时弄得云天雾地，而其法律内容确空空如也，没有盛装多少东西。即使最优秀的侦探小说《福尔摩斯探案》也大抵如此。

（二）文学中的各种案件的叙述大大不同于法学教育案例分析的地方，主要不在于注重法律的适用以及用对号入座的方式极力强调它们适用怎样的法律条文加以判决，而在于借案件的描述表达作家对法律的审美感受与理性发现。

（三）文学中的案件的叙述有各种各样的方法：列夫·托尔斯泰的《复活》、陀思妥耶夫斯基的《罪与罚》、司汤达的《红与黑》中的案件，都比较完整，从作案到审判、执行刑罚，都写出来了。蒋子龙的《收审记》、浩然的《迷阵》、池莉的《一冬无雪》都是写的冤假错案，写到无辜受害人被错捕为止，均未进入审理过程。《一冬无雪》写到进入法庭审判之时，小说就结束了。还有的仅仅只写出了案件的发生便收束了全文。这种完全没有进入法律程序的案件，自然也有法理可议。只要从所写案件的作案者、作案手段、受害者、危害社会的结果等方面加以分析，便不难看出其中的法律意蕴何在。万方的小说《杀人》叙述了农妇六团杀死婆婆服仙的来龙去脉，挖掘了杀人者之所以沦为罪犯的主客观原因，具有犯罪心理学研究的价值。此案只写到案发为止，小说便结束了。

（四）有的案件在现实生活中不可能发生，但其情理，当是对生活的本质的反映。克雷诺夫寓言的《农夫和羊》所写到的农夫控告羊的案件，拉·封丹寓言《狼在猴子面前控告狐狸》所写到的案件，《聊斋志异·席方平》所写席方平到阴曹地府去替父亲的冤死寻求公道案件等，都是生活中不可能发生的。作家们让其发生自有其法理法意的支撑，要求读者和研究者注意分析。

三 法律文化现象的勾画

法律文化是涉法文学作家表现法律思想意义的又一重要载体，勾画法律文化现象的艺术也值得注意。"文学中的法律文化，指的是除文学案件、文学法律人物形象以外的一切与法律、司法制度有某种联系的客观物质现象的描写与说明。它们有很强的物质性，同时又具有一定的观念性。它们散布在文学作品的原野上，有如一棵棵小草、一朵朵野花，虽然不十分显眼，却与文学案件的森林、文学法制人物的群山共同装点了文学法律世界，故同样是审视法律实施的视角之一。"[1]具体说来法律文化现象包括以下十一个方面：

（一）各种司法文书；

（二）民事和刑事法庭；

（三）监狱和牢房；

（四）各种刑具和使用方法；

（五）刑场；

（六）流放地和劳改场所；

（七）罪犯身上的各种特殊标志；

（八）律师事务所和公证处；

（九）法医学现象；

（十）法律语言现象；

（十一）黑社会现象。[1]

一定时代的法律文化，凝聚着一定阶级的法律本质特征，同时反映着当时的科技水平同法律事务的关系。这样，鉴赏文学中的法律文化景观之时，必定能发现作家之所以描写法律文化现象的自觉或不自觉心态，从而了解其法学寓意。

例如，在中国封建社会，刑具和行刑方法，都是野蛮、笨重、残酷的。而到西方资本主义社会，现代科技手段的运用，刑具和行刑方法变得文明、轻巧、"仁慈"起来。这种发展变化，从一个侧面反映了一定社会条件的生产力和科技水平的发展对人们的司法观念与执法活动的决定性的影响。

仅以限制罪犯人身自由的刑具的演变而论，这个道理就能得到有力证明。我国封建时代限制罪犯的人身自由用枷锁。枷，项械，锁，脚械。从北魏起，一直沿用至明清。唐、明的法律对枷锁的规格、重量都作了明确规定。枷最重的达三十五斤，为死刑犯的独享。这反映了那时生产力相对低下，科技不发达，对罪犯的惩处格外严厉。而到资本主义社会发明了手铐，银光闪闪，小巧玲珑，较之笨重的枷锁，对罪犯的人身自由限制趋于宽松。中国法律现代化之后，引进手铐，废弃枷锁，自然而然同世界司法步履保持了一致。故描述这样的法律文化是有其特定功用和效果的。这无疑是一种进步，对罪犯的限制趋于宽松。

中外许多涉法文学作家笔下的法律文化现象的勾画，表现了非常深刻的法律寓意，令人过目难忘。例如卡夫卡的《在流放地》写到一部现代化杀人机器，反映了这毁灭人性的科学发明运用到法律诉讼中的残忍，表明了作家的正义立场。

以上所谈到的三种文学载体结合在一起的情形很常见。在评论作品的法学内涵时没有必要强行分离开来。只要人们善于从上述三种载体中去寻求法学内涵，本章的目的就达到了。

马其德《愤怒的小凉河》所描写的既有已进入诉讼过程的案件，也有在案件发生后起诉、却无人受理的案件，还有县法院、县环保局和乡司法所等法律文化景观。若要评论这篇小说法律思想意义和法律描写的艺术就得综合观察、思考这一切。

拙著《外国文学与外国法律》的第五编《外国文学中的法律文化现象》以两章篇幅论及了《监狱和牢房》《法律语言和犯罪黑话》。实际上，该专门论及的东西还有很多，限于篇幅，当时未能展开，此处也不能详谈。

法律文化给文学带来的不仅仅是相应的法律思想内容，还有艺术创造上的灵感、活力和技巧。在纯文学研究者那里，这些不可忽视的东西一直被抛弃了。我们来欣赏几个例子。

在罪犯脸上刺字的刑罚手段，上古时代称之为黥刑，后称之为墨刑，到封建时代又称之为刺配。小说家们在描写这一法律文化现象上有不少叫人难忘的情景，实现了法理表现与艺术追求的和谐统一。

例一：

《水浒传》第十七回所写府尹对缉捕使臣何涛因破黄泥冈丧失生辰纲的案件不力而采取的处罚措施，取决于"刺配"的法律制度。依法律，刺面是对已判决罪犯的处罚手段，府尹竟预支性地给办案不力的官员刺面，且所刺文字也是预支性的：

> ……便唤过文笔匠书，去何涛脸上刺下"迭配……州"字样，空着什处州名……

这是神来之笔，在小说中重复提到了好几次。由此可见官府对于缉捕梁山起义者的急切与对办案官员的苛严。

例二：

《聊斋志异·姬生》所附录的一段小故事的法律思想意义的载体，是清代法律规定在盗窃犯身上"刺字"的法律文化现象，其前半部分如下：

> 康熙甲戌，一乡科令浙中，点稽囚犯。有窃盗，已刺字讫，例应逐释。令嫌"窃"字减笔从俗，非官板正字，使刮去之；候创平，依字汇中点画形象另刺之。盗口占一绝云："手把菱花仔细看，淋漓鲜血旧痕斑。早知面上重为苦，窃物先防识字官。"……

同样，这个科令把在人犯脸上刺字当作舞文弄墨时的随意涂改字句的行为，也是残酷、鲁莽的。而当事人苦中作乐的黑色幽默则是对科令的嬉笑怒骂般的讽刺与嘲笑。

例三：

《金瓶梅》第四十回所写到的一张借据，是一篇意在逗笑的游戏文字，给人以意料不到的审美快感。抄录如下：

立借契人王寀，系招宣府舍人。休说因为要钱使用，只说要钱使用。凭中见人孙天化、祝日念作保，借到许不与先生名下，不要说白银，软斯金三百两。每月休说利钱，只说出纳梅儿五百文。约至次年交还。别要题次年，只说约至三限交还。哪三限？头一限，风吹辘轴打孤雁；第二限，水底鱼儿跳上岸；第三限，水里石头泡得烂。这三限交还他。平白写了坟子点头那一年才还他。我便说，坟子点头，倘忽遇着一年地动，怎了？教我改了两句，说道：如借债人东西不在，代保人门面南北躲闪。恐后无凭，立此文契不用。到后又批了两个字：后空。

此外，法律文书的格式，常常被作家用来作为安排作品的艺术结构的方式。这也是法律文化现象给文学创作带来艺术生机与空间的表现。巴尔扎克的《现代史拾遗》中的一份《控诉状》全文长达一万多字，成为小说的重要组成部分，契诃夫的《呈报》由一位警察写给顶头上司警察分局局长的报告构成全文。英国西瑞尔·哈尔的微型小说《棋逢对手》叙述的是一起谋杀案发生的经过，由办案警官 B. 波特里的一份报告和局长在报告上的批语构成全部文本。中国当代作家刁斗的中篇小说《讯问笔录》叙述了一起谋杀案，整个小说文本是由警方对犯罪嫌疑人的讯问笔录构成的。

法庭辩论、演讲出现在小说中的频率很高，其中淋漓尽致的法理法意的直接宣泄司空见惯，是研究作品的法律思想内容绝不可不注意的东西。司各特的《两个赶车人》中的法官在判案后所发表的演说词长达三千多字，无异于一篇法学论文，其基本意思是维护英国的法律秩序，反对报复杀人行动。

参考文献：

［1］余宗其．法律与文学的交叉地［M］．沈阳：春风文艺出版社，1995：32 – 61.

［2］中共中央马克思恩格斯列宁斯大林著作编译局．马克思恩格斯选集（第一卷）［M］．北京：人民出版社，1998：18.

第十二章　法律内容的质与法律描写的量

对涉法文学的法律描写的文字、篇幅作量的分析，可以看出其法律内容中质的表达同法律描写的量的运作之间的关系的规律性。不管其具体法律思想意义（质）是什么，以其量而论不外乎四种基本模式，而每一种模式中的法律内容（质）都有所不同，不能相提并论。究明这种情况，在很大程度上就破译了涉法文学创作上的奥秘之一。

一　法律描写构成作品的基本骨架

对于小说、戏剧两类体裁的作品来说，法律描写构成基本骨架的情形相当普遍。这类作品，是典型的涉法文学。其法律思想意义成为作品的主题思想之所在。

例如中国现代文学史上仅我读到的典型涉法作品就为数众多，难以枚举。小说方面有鲁迅的《药》《阿Q正传》、王统照的《微笑》、杨振声的《李松的罪》、废名的《审判》、骞先艾的《水葬》、艾芜的《盗马贼》《山峡中》、彭家煌的《我们的犯罪》，戏剧方面袁牧之的《一个女人和一条狗》、曹禺的《原野》、陈白尘的《升官图》，都属于这一类作品。中国当代小说《大墙下的红玉兰》《万家诉讼》《山杠爷》《一冬无雪》《凶案》《中西部》《九朵蝴蝶花》《现实一种》《国家诉讼》《大法官》《检察官》等，也都是法律描写构成基本骨架的作品。

再如俄国作家普希金的《杜布罗夫斯基》、托尔斯泰的《复活》、陀思妥耶夫斯基的《罪与罚》，法国作家雨果的《悲惨世界》《死囚末日记》、巴尔扎克的《烟花女荣辱记》《农民》《夏倍上校》等，都属于这类作品。凡是这一类作品，其主题思想都有法律上的某种或某些认识价值，若不作法律分析，在很大程度上必定歪曲作品固有的思想意义，甚至是弄得面目全非。在中外文学史上，上述作品要么避而不谈，要么谈而出错，有的错得太远。拙著《中国文学与中国法律》的第十二章《文学家对中国现代涉法文学作品的误读、误解》曾对上面提到的《微笑》《原野》和《一个女人和一条狗》的主题思想被误读、误解的情形作过披露，并论述了笔者的见解[1]。

　　这一类作品，是涉法文学研究的重点对象，也是法律解读与非法律解读之间容易形成根本对立意见的一类作品。有许多时候，面对同一作品法律解读的意见与非法律解读意见之间，完全没有丝毫共同之处。这就表明，对于法律描写构成基本叙事框架的一类作品的法律内容的质的认定和评价，是文学研究中一个至今没有引起广泛注意因而从未解决的大问题。越是篇幅大、头绪多的涉法文学名著，未能确认其法律思想内容的质的问题越突出。因为，这些作品的法律思想内容丰富到了庞杂的地步，习惯于以三言两语的点评方式来概括作品的主题思想的传统做法，根本无济于事。有鉴于此，我不由得想出一个笨重的对策：采用细读的方法，以专著的形式，一一解析长篇涉法小说中从头至尾大大小小的法律问题，让读者毫无遗漏地了解其全部法律意蕴。我感觉到，不做这种负责任的解读工作，实在有负于作家们呕心沥血所换来的法律智慧及其艺术追求。而适合如此细读的作品至少有《复活》《悲惨世界》《农民》《荒凉山庄》和下面将要谈到的《红楼梦》等长篇小说。我曾拟出《悲惨世界》的《法律细读提纲》，抄录如下：

1. 创作动机的法律追求的自觉性

2. 法律与宗教——米里哀主教的形象

3. 关于断头台的议论

4. 冉阿让的形象

小罪与大德的对立统一

犯罪心理剖析

社会对劳改释放人员的歧视

从二四六〇号到九四三〇号

5. 沙威的形象

忠于职守的褒贬

司法心理中的矛盾

自杀的结局

6. 男囚犯与女修士的对比

7. 权与法——路易·菲力浦的形象

8. 对《强盗》的评论

9. 战乱中的法律

10. 对犯罪黑话的记录与思考

11. 马吕斯的形象

学法律

当律师

对冉阿让从误解到崇拜

12. 不自觉的伪证

13. 浪漫主义与现实主义相结合的法律描写艺术

14. 主题思想：对法律的全方位思考

《悲惨世界》的法律思想内容的质，至少应当作上述十四个方面的分析、综合，才能加以确认。这种深入、细致的法律思想内容的研究工作，从不见有人做过，故可以认为学界至今仍说不清这类作品的法律思想内容的深广度。法律文艺学研究，尤其是涉法文学史研究，必须对这类作品采取细读的方法，详尽论述它们的法律思想意义与法律描写的艺术成就，从而充分显示自己的特色。

二　法律描写贯穿全篇

第二类作品中的法律描写虽然未能构成基本骨架，但像神经网络一样贯穿全篇，俯拾即是。这样，其法律认识价值也颇值得注意。我以为，它们所体现的法律思想意义应当是主体思想的有机组成部分。以非法律的眼光视之论之虽然不会出现评论第一类作品的那种突出、严重的差错，但毕竟会留下很大的遗憾。

我国长篇小说中的四大名著《三国演义》《水浒传》《西游记》和《红楼

梦》就是这类作品的代表。拙著《中国文学与中国法律》以专门一章的篇幅，论及《红楼梦》中七大法律问题。实际上，这充其量只是打开了一个话匣子，该谈的法律问题还多得很。最近，在反复研读《红楼梦》的基础上，运用将其跟《大清律例》作对照考证的基本方法，既谈《红楼梦》的全部法律思想意义，又谈它描写法律的特有艺术成就，还思考了法律文艺学上的几个理论问题，根据从《红楼梦》中得到的有益启示，写成了一部数十万字的书稿。直到这时候，我才感到谈论的话差不多都说了。然而，每每回头翻阅这书稿之后，又不免感到未尽之意还不在少数。这就是此书稿一直未定夺下来的原因。由这切身的学术经验发现，在我阅读过的古今中外数以万计的涉法文学文本中，能与《红楼梦》相提并论的长篇小说的法学成就与艺术成就，为数不少。

相形之下，法律贯穿全篇的绝大多数涉法文学作品的法律认识价值都没有《红楼梦》那样丰富、浓厚，这一事实表明，这类作品法学成就的极致，也许就是《红楼梦》所标志的境界与水准，故有必要提倡弘扬《红楼梦》开创的文学涉法的艺术传统与经验。其他许许多多法律描写贯穿全篇的作品虽不及《红楼梦》全方位探讨法律的巨大成就，但在某些局部方面，各有千秋，都有专门谈论的必要。

这里，我最想提到的是《三国演义》中的曹操的形象。这是因为，曹操身上被纯文学家贴上的"奸雄"的道德标签，长期以来极大地阻碍、禁锢着人们的创新意识，几乎被视作是一种不刊之定论。其实，在法律文艺学看来，曹操形象有着法制史和犯罪学两个方面的重要认识价值。唯有揭去"奸雄"的道德标签，才能还其本来面貌。以法制史的认识价值而论，曹操的形象提供了中国封建社会皇权大于法律的历史特征的例外的、偶然的小插曲。"法自君出，权尊于法"，"皇权制度化、法律化，皇帝握有国家的最高权力，凌驾于法律之上"，是中国封建法律的突出特征之一。身为丞相，握有兵权的曹操挟天子以令诸侯，使年仅二十岁的汉献帝大权旁落，连人身安全感都没有保障，每次见到曹操都感觉到"背若芒刺"，不得不写下血字密诏，和盘托出事情的真相："近日操贼弄奴，欺压君父，结连党伍，败坏朝纲；敕赏封罚，不由朕主。"诏书本来具有最高法律效力，可讨曹事败后，曹操滥用刑罚，杀了国舅董承并全家老小共七百余人。曹操还不罢休，又带剑入宫，不顾汉献帝与董妃的求情，命武士把怀孕五月的董妃勒死于宫门之外，罪名是董妃之兄董承"谋反"。曹操谕示监宫官："今后但有外戚宗族，不奉吾旨，辄入宫门者，斩。守御不严，与同罪。"这一切，表明此时的曹操已经把自己凌驾于国法、皇权之上，随口几句话都成了非执行不可的法律，生杀予夺全由自己主宰，堂堂汉献帝竟只能忍气吞声。曹操的所作所为，大大溢出了上述法制史特征之外，是一种罕见的法制史现象。

以犯罪学的认识价值而论，曹操屡屡犯罪都有其个性心理特征。他杀吕伯奢一家九口人，纯粹出于怀疑别人杀自己和有意保全自己。曹操饮酒作诗，认为刘馥败了他的雅兴，一槊将其刺死，次日酒醒懊恨不已。依现代法理，醉酒杀人是应负法律责任的。曹操梦中杀人的故事，跟杀吕伯奢一家一样，也出于怀疑他人来暗害自己。曹操还用行"军法"、定"军心"的名义，先后杀了王垢和杨修。汉高祖刘邦曾有约法三章，其首条即"杀人者死"。在战乱中，面对手持兵权、政权的曹操，谁能执行这一法律呢？就这样，曹操成为一个法律不能过问的杀人惯犯，诱使他杀人的是疑心病和报复心理。犯罪心理学可从这一个案件得到极有价值的材料。

仅仅着眼于曹操形象的法律认识价值，《三国演义》就不失为法律描写贯穿全篇这一类型的涉法文学作品中的优秀代表作，更何况其中还有许许多多难以尽述的法律描写及其相应的一系列法律思想意义。因此，这一类作品也是涉法文学研究的重要对象。

三 法律描写与非法律描写平分秋色

有这样一类涉法作品：它们可明显地划分为前后两部分，前一部分为日常生活的描写，后一部分为法制生活的描写，于是构成了一半对一半的平分秋色的格局。冯梦龙的《醒世恒言》第二十九卷《卢太学诗酒傲王侯》、李锐的《北京有个金太阳》、美国作家德莱赛的《美国的悲剧》和法国作家法朗士的《让·马尔多》、加缪的《局外人》等就属于这一类作品。

《卢太学诗酒傲王侯》的前半部分，描写明代才子卢楠不拘小节、清高淡泊的性格特点和汪知县有意巴结他都无缘相见的经过。后半部分的内容是：汪知县挟嫌报复，强加罪名于卢，使卢枉受牢狱之苦，十几年之后才被新任知县平反。《北京有个金太阳》的前半部分，叙述的是小学教师仲银文化程度不高却在乡村里拥有文化霸权，被誉为文化人，他因此也自命不凡，处处感到自己与乡亲们没有共同语言。其后半部分叙述了发生在"文革"时期的一起冤案，冤案的受害者就是小说的主人公仲银。他坐牢八年的冤屈，在很大程度上属于引火烧身。那所谓破坏"文化大革命"的反革命煽动案，本身就是闹剧，公安机关却煞有介事进村破案。破案未成之际，仲银向县公安局写匿名信，上纲上线地大谈破案的重要性、必要性，县公安局不得不再次进村。仲银就这样主动地承担了"罪责"。通过这种前后呼应、对比式的叙事，小说表明：仲银苦于文化霸权，失之于下乡的知识青年"我"和刘平平不得解脱的精神苦闷，竟以枉受铁窗之苦八年之久为代价，显示了这起冤案不同寻常的个人主观原因。同时，小说也暴露了公安机关在"文革"中办案的不合法的荒谬。

《美国的悲剧》明显地分为两部分。前一部分，描写青年工人克莱德在金钱诱惑与资产阶级生活方式的影响下逐渐堕落的过程，法律内容甚少。后一部分则全是法律内容：克莱德一天天疏远原来的女友，看上了大厂主的女儿桑德拉，当无法摆脱原女友罗伯塔的纠缠的时候，便产生了杀人动机。小说第二部分以克莱德行凶作案、案发被捕、被判处死刑为内容。法律描写与非法律描写处在一半对一半的均衡状态。

《让·马尔多》的法律描写与非法律描写一半对一半的均衡状态，也很典型。它有两个小标题："一场梦"，"法律是死的，但法官是活的"。从内容来看，《一场梦》叙述了主人公让·马尔多在凡尔赛森林中似睡非睡状态下的一场梦境，而《法律是死的，但法官是活的》则记录了的让·马尔多关于法律的议论和法学家的若干法律见解。如此一半对一半的艺术结构，显然有互相映衬，让读者把现实生活中的法律、法理同梦中情景联系起来思考作品的未尽之意的功效。

《局外人》也如此。小说共有上下两部。第一部，描写主人公莫尔索作为"荒谬的人"的一系列不合人之常情、不合生活常规的怪诞行为方式，如他母亲死了，他一点痛苦感都没有，依旧跟女友谈情说爱，显得很轻松愉快。就这样，他莫名其妙地开枪打死了一个阿拉伯人。小说第二部，写莫尔索被捕入狱后以局外人或旁观者的心态，对法律上的死刑判决完全无动于衷的冷漠心态。到结尾即将受刑之际，他产生了一个可笑的愿望：受刑而死的那一天，希望有很多人来观看他被处死的场面，免得死得太孤寂。

不管上述五部作品艺术手法上有什么不同，也不管五者的具体法律思想意义如何，仅从法律描写的篇幅数量来看，它们完全属于同一个模式：法律描写与非法律描写平分秋色，均衡发展。其优越性是：两种内容互相支持，相得益彰。显然，这一类作品的主题思想或在法律之内，以思考某种法律社会学问题为主旨，前三部作品即如此；或借占一半篇幅的法律描写表现与法律无关的其他思想意义，此时的法律描写仅具有艺术创造上的借题发挥的意义，后者即如此。若不作法律分析、说明，这一类作品的思想内容和艺术表现两方面的问题都不能正确解决。

四　法律描写零星点缀

只有最后一类作品中的法律描写在量上微乎其微，故在质上也就无关紧要，即不可能左右作家对作品主题思想的表达，也不能妨碍读者对作品主题思想和艺术创作的正确把握，似乎可以忽略不计。

但在法律视角之下，这类作品依然应当置于法律文艺学的研究议事日程之中。理由是这类作品为数极其众多，且表征着许多特有的文学现象，同时也表征着不少特有的艺术手段，在非法律的文学家那里，所有这一切均被粗暴地扼杀了。这是很可惜的。

可从三个方面看法律描写零星点缀的不同情形。第一个方面，作品仅仅借用法律名词术语作标题，作品本身却描写的是与法律不相关的平平常常的生活。闻一多的《口供》、普鲁斯特的《女囚》、契诃夫的《审判》、卡夫卡的《判决》等，属此类情况，中国当代作家陶正的《假释》也如此。这些作品构成了文学形式与法律内容相结合的一种常见模式，本书第十章已作过论述，此处不赘。这里应强调指出：此种法律术语作标题的作品，即使其内容与法律无关，也应视作涉法文学作品，有独特艺术元素值得欣赏与研究。

第二个方面的情形是作品在日常生活描写的过程中，偶尔穿插一点法律描写的小片段：或讲一个小案例故事，或有作品中人对法律发表一番议论，或某个法律人物形象出现并有所作为，等等。这种情形多得难以枚举。

第三方面的情形是作品的结尾涉及法律或当事人锒铛入狱，或出了杀人血案，或引出了某种法律诉讼等。例如司汤达的《红与黑》的结尾，是主人公于连开枪射伤了德·瑞那夫人，被判处了死刑。再如鲁迅的小说《白光》，结尾是仵作到现场时对主人公的尸体进行检验。

对第二、三种情形，似乎可以不过问，但也自有其专门研究的必要性。比如说，细节描写的真实性问题，通过搜集这些点缀性的法律描写细节，可予以考察，看其真实与否，从而有可能在理论上有出其不意的新收获。

举一个例子。《西游记》是浪漫主义作品，可其中有若干经得起考证的法律描写的细节。于是，综合这些可抽象出一个理论命题：浪漫主义文学的细节描写可能是跟极讲究细节真实的现实主义文学一样真实。在本书的《涉法文学美学》中，还将专门谈论这一点，此处从略。

屈原的《九歌》是浪漫主义的抒情诗，共有十一篇，仅最后一篇《礼魂》涉及先秦时代的法律——礼，在艺术上倾向于现实主义。整篇共五句：

> 成礼兮会鼓，
> 传芭兮代舞。
> 姱女倡兮容与。
> 春兰兮秋菊，
> 长无绝兮终古。

这个例子表明：浪漫主义文学作品中点缀的法律描写，散发出了现实主义的气息，证明了富有想象力的浪漫主义诗人，终究摆脱不了现实主义生活中法律秩序的万有引力。

抒情诗之类的作品，也有法律描写零星点缀的情形。收集这方面的事实，作一番研究，也会有多方面意想不到的收获。例如，读唐诗，可以发现许多诗人笔下每有关于租税问题的感叹，而这些感叹文字往往语焉不详，很难引起专门研究的兴趣，可一旦加以系统清理与考察，就会看出唐代社会地方官吏逼租索税如狼似虎，弄得民不聊生，乃是一个长期的普遍的社会问题，而诗人争先恐后地将其入诗，有力证明诗人们直面现实、关心民间疾苦的现实主义精神。如果进一步做一点法律考证，则能发现官吏们凶狠逼租索税的背后，有着自我保护的法律原因。先看我们读到的有关诗人诗作的实例：杜甫

《自京赴奉先县咏怀五百字》所云"生当免租税，名不隶征伐"，表现了封建官员之家免除赋税和兵役的特权。更多的唐诗则是关注沉重租税给百姓带来的苦难。杜甫《兵车行》："县官急索租，租税从何出？"《客从》："开视化为血，哀今征敛无。"元结《春陵行》："供给岂不忧，征敛又可悲。"《贼退示官吏》："井税有常期，日晏犹得眠。"张碧《农父》："到头禾黍属他人，不知何处抛妻子！"李贺《感讽》："县官踏飧去，簿吏复登堂。"柳宗元《田家》之一："尽输助徭役，聊就空舍眠。子孙日以长，世世还复然。"之二："蚕丝尽输税，机杼空倚壁。"张籍《野老歌》："苗疏税多不得食，输入官仓化为土。岁暮锄犁傍空室，呼儿登山收橡实。"《山头鹿》："贫儿多税输不足，夫死未葬儿在狱。"王建《田家行》："田家衣食无厚薄，不见县门身即乐！"《海人谣》："海人无家海里住，采珠役象为岁赋。"元稹《田家词》："姑春妇担去输官，输官不足归卖屋。"白居易《重赋》："进入琼林库，岁久化为尘。"《买花》："一丛深色花，十户中人赋。"《杜陵叟》："典桑卖地纳官租，明年衣食将何如。"杜牧《感怀诗一首》："急征赶军须，厚赋资凶器。"温庭筠《烧歌》："谁知苍翠容，尽作官家税。"司马札《锄草怨》："亦念官赋急，宁知荷锄劳。"皮日休《橡媪叹》："如何一石余，只作五斗量！狡吏不畏刑，贪官不避赃。"杜荀鹤《山中寡妇》："任是深山更深处，也应无计避征徭。"《乱后逢村叟》："还似平宁征赋税，未尝州县略安存。"

为什么"县官""狡吏"们都不约而同、穷凶极恶地逼租索税，使广大人民群众"输尽"官方租税后就往往无衣无食，无法生存呢？查查唐代法律就明白了个中缘由。《唐律疏议》云："诸部内输课税之物，违期不充者，以十分论，一分笞四十，一分加一等。"此法律条文下，还有一条立法解释指出："州县皆以长官为首，佐职以下节级连坐。"[3]此外，此条文后面还有三段疏议文字，更加详尽地解释了此法律条文实施的严格、具体的做法与要求。其第三段疏议把责罚责任指向了纳租税的老百姓："百姓当户，应输课税，依期不充，即笞四十，不据分数为坐。"[3]至此，我们恍然大悟了：历代诗人们念念不忘官吏登门急如星火地勒索租税的一个藏而不露的原因在于唐代法律把滞纳租税的行为视作犯罪，受惩处的对象遍及有关官与民。因此，催逼租税在一定程度上是官吏出于自我保护，免得为此而犯罪受罚。这样做虽然使老百姓受惊吓、挨饥饿，可终究免除了犯罪而受皮肉之苦。这也许就是为官者心甘情愿作恶的能聊以自慰的心理内容吧。

从杜甫暴露"县官急索租"到杜荀鹤慨叹"也应无计避征徭",其间历时一百五十多年。从以上列举的历代诗人的诗句指向来看,唐代法律把懈怠征收、交纳租税的行为视为官民的犯罪行为而加以惩处的立法精神始终如一,没有改变。这种法律分析,在无视法律的纯文学家那里无从寻觅,故他们只能用政治话语——政治压迫和经济剥削——来解释诸如此类的诗句。

唐诗中的上述现象表明,即使是在抒情诗中不时出现的具有法律认识价值的星散的诗句,也有不可低估的法律思想意义的质的东西,甚至涉及到文学史的重要文学现象是否能够正确解释的学术问题,还关系到涉法创作中作家、诗人对现实生活中的法律内容的感知与描写同实际法制生活的关系问题,故不可忽视这类法律描写零星点缀的现象。

以上所谈四类作品中法律描写的量各不相同,对作品的法律思想意义的表现的影响也各不相同。决定其法律思想意义的基本倾向也各不相同:决定其法律思想意义的基本倾向者有之,举足轻重者有之,无关大局但有不可忽视之处者亦有之。作家们在各类不同作品创作中的得失甘苦,经过研究者的分门别类的考察、分析,是可以被更多的人知晓的。

参考文献:

[1] 余宗其. 法律与文学的交叉地 [M]. 沈阳:春风文艺出版社,1995:186-200.

[2] 张晋藩. 中国法制史 [M]. 北京:中国政法大学出版社,1999:31.

[3] 唐律疏议 [M]. 刘俊文,点校. 北京:法律出版社,2001:275-276.

第十三章　法律内容的客观效果与
创作动机的主观追求

涉法文学的法律思想意义，都是由作品自身的形象暗示出来的，是一种以白纸黑字为标记的客观存在。这种客观存在与作家从事创作之际的主观追求之间，是否吻合呢？这是关系到涉法文学创作的特殊创作心理的有趣问题，在实践上，理论上都有重要意义。

一　动机与效果一致

从法律内容的客观效果与创作动机的主观追求这一点上来考察涉法文学创作，主要存在着三种非注意不可的现象。首先一种，是动机与效果一致或基本一致。法律内容的客观效果，指的是广大读者对涉法文学固有的法律思想意义的认知、理解与接受，是一种阅读心理现象，唯有通过他们谈论读后感或写评论文章才能洞察这阅读心理现象的表现。作品中的法律描写的主观动机，指的是作家创作之际对法律内容的设计与艺术表现手段的选择、安排。动机与效果一致的情形，表明了作家与读者处在心心相印的最佳状态。

涉法文学的法律内容的客观效果与作家创作动机上的主观追求一致的情形，在中外涉法文学创作中都是很普遍的现象。我们可以从多方面考察这种一致性。

（一）在外国作家队伍中，曾专门接受法学教育，后改操文学的大有人在[1]。由此可见，对这些作家来讲，其涉法文学创作有坚实的法律基础，创作动机的相应自觉追求不言自明。

（二）中外从古至今由于种种原因而无辜受害，枉受牢狱之苦的作家，为数众多。汉代司马迁，唐代骆宾王，魏晋的嵇康，清代方苞，新中国的从维熙、张贤亮，意大利的但丁，西班牙的塞理斯，法国的莫里哀、雨果，英国的笛福，美国的欧·亨利等，或囚禁或受刑或流放，吃尽了法律制裁加身的苦头。显然，他们的涉法文学创作不仅是自觉的，更重要的还在于作品记录了他们的切身体验与感受，动机与效果的一致性因而更典型，即更有现实法制生活的基础。

（三）不少作家的涉法文学创作是以作家亲身的法律调查为先导的。法国拉伯雷的《巨人传》、俄国契诃夫的《萨哈林岛旅行记》、美国的许多非虚构小说、中国当今的不少纪实文学等，这类作品的动机与效果的一致性也是不用怀疑的。例如中国当代作家贾鲁生写《中国乞丐群落》、陈桂棣写《淮河的警告》《民间包公》等做过深入的法律调查。

（四）许多涉法文学作品是以现实生活中的法律诉讼案件为基础，进行加工而成的[1]，这类作品的动机与效果的一致性是毫无问题的。

究明以上几种情况在涉法文学研究上具有指导性的意义。从实践的层面看，它们可使研究者感觉到研究涉法文学既符合作品的实际，又符合作家创作心理的实际，同时还符合广大读者阅读心理的实际。无视这三个方面，必然有负于广大作家、众多作品和广大读者。

有的作品暗示了创作动机中的某种法律上的追求，不少作家的创作谈，都曾明确指出过某些作品创作动机的指向在于法律。《二刻拍案惊奇》第二十一卷《许察院感梦擒僧　王氏子因风获盗》的开场诗和结尾诗，都清楚明白地道出了作家写此小说的法律思想意义上的自觉追求。

开场诗云：

狱本易冤，
况于为盗？
若非神明，
鲜不颠倒！

结尾诗云：

世间经目未为真，
疑似由来易枉人。

寄语刑官须仔细，

狱中尽有负冤魂。

　　两首诗的思想意义是一致的：法律诉讼活动容易制造冤案，那些被关进监狱的所谓罪犯，实际上有不少是清白无辜的，故执法官员必须究明案情的真相，区分罪与非罪的界限，不可使无辜者枉受法律制裁。作家把这种法律追求贯穿到小说的故事之中，使之成为小说的主题思想。这是创作动机与客观效果一致的非常典型的例子。

　　雨果的《悲惨世界·作者序》和巴尔扎克的《农民·献辞》是两个作家创作谈中明确指出创作动机上的法律追求的两个典型例子。前者指出："在此文明的鼎盛时期，只要还存在社会压迫，只要还借助法律和习俗把人间变成地狱，给人类的神圣命运制造苦难"，《悲惨世界》"这一类书籍就不是虚设无用的"。后者指出："本书是想开导一下明天的而不是今天的立法者。"的确，这两部长篇小说中的法律思想意义都非常丰富，不用专著的形式来容纳采用细读方法所读到的全部法理法意，如同杯水车薪，根本无济于事。这种阅读效果跟作家创作之际的自觉法律追求高度一致。

　　这里必须指出，以上所谈动机与效果的一致性，必须有一个前提条件：涉法文学的读者应当具有相应的法律知识、理论、思想的修养。否则，作家会枉费心机，其作品蕴意也付诸东流。中国读者中的法律门外汉不少，误读误解涉法文学的现象十分普遍。因此，我们这里所津津乐道的动机与效果一致的情形，对于熟悉法律的读者群来说，才是有效的。若到了法盲的读者那里，涉法文学的创作动机与效果一致的良好状态、境界，就将被扭曲，使之变形，或者不被理解。这是我们很不愿意看到的又一时难以扭转的局面。

　　那么，这种创作动机上的法律寓意的追求，是创作之际灵机一动的产物呢，还是日积月累之后才有如火山爆发似的出现的呢？我以为应属于后一种情况。只有作家对自己熟悉的法制生活奥秘有足够的观察、思考，悟出了他人所不曾想到的某种见解、道理，才可产生将其艺术化的欲望与要求。因此，这种自觉的动机是先于作品的一种预想。雨果和巴尔扎克所谈，见于作品问世之后的序言，属于事后反思当初的创作动机的情况，而不是预告性的表白。这里有一例预告性的表白，抄录如下供研究。日本当代作家石川达三在完成了他的长篇涉法小说《金环蚀》之后表白说：

现在我将要完成我最后的工作，那就是写一部"日本的审判制度是否可以相信？"以对此提出巨大疑问的主题的作品。对国家来说，审判或许永远是充满疑问的。[2]

三十多年过去了，我至今不知道石川达三是否完成了这一预定的写作计划。如果早已完成，我相信其创作动机与客观效果的高度一致是毫无疑问的。因为，石氏是一位对日本社会的法制生活有浓厚兴趣的作家，他的被译介到中国的几部小说《破碎的山河》《青春的蹉跎》《恶女手记》《最后的世界》和上述《金环蚀》都是涉法作品。唯其如此，他的上述创作动机的产生才不是偶然的，而是长期的法律观察与体验的结果。

二 作家不曾意识到作品固有的法律思想意义

在涉法文学研究中，可以发现作家不曾意识到自己的某种作品固有的法律思想意义的情况。这时，若不从作品的客观效果与创作动机的关系着眼，此种情形就难以说明白。

这里来剖析两个实例。

例一，中国现代作家曹禺的《原野》。细读作品的每一幕，可知它塑造了仇虎这个杀人犯的形象，剖析了他怀着复仇心理欲报仇雪恨而杀焦大星的心理历程，指出了仇虎在侦缉队追捕凶犯时走投无路而自杀的结局。这应是很典型的涉法作品，在中外文学史上并不少见。然而，曹禺在谈论《原野》时，从不见涉及法律，而只是在其主题是否为"复仇"的这一点上表示然否，前后有自相矛盾之处。可见，这部作品的实际效果与创作动机是不一致的。

倘带着这种不一致到底如何解释的疑问做一些必要的考察，则会有不少新发现。这部涉法作品的产生不是偶然的，至少有三大诱因。首先，1932年曹禺曾参加英国剧作家高尔斯·华绥的涉法剧本《罪》（又名《最先的和最后的》）的演出，扮演男主人公拉里，拉里的恋人旺达由郑秀扮演，后来曹禺与郑秀因此而相爱并结婚。剧中拉里在同纠缠并虐待旺达的一个恶棍交手时将其活活掐死，于是犯了杀人罪，为此同旺达双双服毒自杀。拉里的哥哥基思是律师，即将升任法官，为顾全自己的名声和地位，千方百计掩盖案件真相，企图把罪责转嫁到一个劫尸犯身上。稍加比较即可发现，曹禺五年后创作的《原野》在人物塑造、剧情安排、杀人后的恐惧心理剖析等方面，跟《罪》多有相似之处。可以认为，《罪》对《原野》的影响远远超过了人们一再谈到的《琼斯皇》的影响，却不为人所注意，实在太遗憾了。其次，曹禺演戏的搭档、日后的恋人与妻子郑秀是清华大学法律系毕业生，《原野》写作的时间正值他们热恋与订婚的 1936 年，这不仅可以使我们知道爱情对这部剧作的创作上的动力作用、素材作用，更使我们得以窥见剧本中的法律知识、出场人物的法律意识的自觉程度或觉醒过程等在很大程度上受到了郑秀的影响与帮助。再次，曹禺于 1936 年到南京国立剧专任教时的住所的对面就是国民党政府的"第一模范监狱"，里面囚禁着不少共产党人和革命志士，曹禺时常看到囚犯被迫做苦工的惨状，在夜深人静时听到拷打囚犯而发出的惨叫声。毫无疑问，这是曹禺扩大生活视野，把逃犯作为《原野》的主人公并描写仇虎复仇杀人行为的直接诱因，同时也提供了必备的素材。如果没有这几个必备条件，可以断言决不可能产生涉法剧本《原野》。

从作品的客观效果同作家的主观创作动机的关系来看，确有颇不一致的地方。仅以主题思想而论，曹禺有过多次表白，不仅都只字未提法律上的认识价值，而且自相矛盾。在同一位研究者谈话的时候，曹禺明确指出："《原野》不是一部以复仇为主题的作品，它是要表现受尽封建压迫的农民的一生和逐渐觉醒。仇虎有一颗火一样复仇的心。"[3] 这里前后两句话是矛盾的。在赵浩生采访曹禺，问到《原野》的主题是什么的时候，曹禺回答说："对，是仇恨，恨那个恶霸，想报仇。"[4] 当中央戏剧学院几位教师同曹禺谈话之时，曹禺同样谈到《原野》的主题"就是要报这深仇大恨"[5]。这样，后面所引两次谈话同前一段话中的第一句处在完全矛盾的状态。怎样看待这种现象呢？我的理解是：涉法作品中的法律描写与法律寓意，往往是作家直接从生活出发所创作的，其中的法律描写的法律意蕴是人物、故事、场景等体现出来的理性思想倾向，不一定都能够进入作家的抽象逻辑思维，故作家往往不能用法律话语谈出作品的法律思想意义。曹禺多次只是对《原野》的主题是否表现"复仇"表示然否，而未能更具体论及作品写到的法律问题，自然也表现出涉法文学作品的创作心态的一般特征。随着研究的深入，我们会越来越多地发现这类个案实例，从而有利于得到规律性的结论。

此外，我在推测曹禺的多次谈话中很可能有某种回避的苦衷。这就是前面谈到的三大诱因均同郑秀有关——曹禺因与郑秀同时扮演《罪》中的角色而相爱，郑秀的专业是法律，曹禺写《原野》的地方南京是郑秀的家庭所在地，后两人感情破灭，婚姻关系解除，故谈论《原野》的创作时不便源源本本道出这一切。于是，不知内情的读者就容易从语焉不详的谈话中淡化《原野》同法律的密切联系。如果这个推测不错，那么可以认为《原野》的法律认识价值并未完全出乎曹禺的意料。

再说，"复仇"问题本身就是法律问题。可以从两个方面来看这一问题的法律性质。首先，文明社会的刑法的处罚原则，是由原始社会所崇尚的同态复仇习惯与原则演变、转化而来的。从这种历史渊源关系来说，没有原始社会的同态复仇、血亲复仇，就没有日后文明社会的刑法规定的刑罚原则。其次，自从奴隶社会产生了刑法之后，个人的任何复仇行为，都为法律所不允许，被认为是犯罪行为。在我国，至迟从汉朝开始，历代法律均禁止复仇而杀人的行为。正因为如此，在美国法学界的"法律与文学"运动中，"复仇文学"成了人们关注的一大热门话题。由此可见，曹禺认为《原野》的主题思想是"复仇"，在事实上已经与法律发生了大碰撞，而在他的意识中却没有丝毫法律意识，这就充分暴露了他的创作动机与作品实际效果之间的多种矛盾性。纯文学家不仅不能正确解释这种矛盾现象，反而鼓吹《原野》的"复仇思想"是天经地义的，这就错得太远了。

例二，中国当代作家蒋子龙的小说《收审记》。它叙述了一件冤案的发生、发展。主人公陈公琦大学毕业后，在轻工机械厂当生产科长，工作出色，公司里有提拔他当厂长的意向。书记兼厂长朱刚感到陈公琦威胁到自己的地位，于是玩弄权术，把陈公琦往死里整；借法律之手，以贪污三万元的莫须有罪名将其收审，两个多月后又升格为正式逮捕。一起人工制造的冤案就这样把一个出色的基层干部当作了罪犯，送进了监狱。

我们可以把这篇小说当作刑法学、犯罪学的教科书阅读，从而吸取司法、执法而枉法的教训，这一切都是合乎作品的实际的。然而，若了解了作家的创作动机之后，对小说的这种理解，就有可议之处了：以上所谈仿佛是读者的一厢情愿，作家本人并没有这样的预想，或者说没有这样的创作动机。蒋子龙在《〈收审记〉补缀》中指出：

我不是对"大墙文学"发生了什么兴趣，《收审记》也不是什么大墙文学，什么法大呀还是权大呀一概闹不清楚。只不过做了一个梦，梦见自己被关进一座类似的监狱的建筑里。这是一个用现实主义手法写出的荒唐故事。

仅仅成为犯人还不算太可怕，可怕的是文明人倒退成野蛮人，相互吞吃同类的灵魂，吃掉自己的人性。

《收审记》充其量不过是个体现了其种感情与感觉、意念与想象、人格与自我的艺术世界。

我想写一个具有譬喻的故事。

上述自我表白告诉我们，从主观创作动机而论，作家的本意不在写法律上的冤案，而是借冤案故事表达生活中的一种不正常、不合理的现象：出于一己的私利，一部分人为确保既得地位、名声、物质享受条件而玩弄阴谋手段，将另一部分人当作敌人，极尽歪曲真相、捏造罪名、往绝路上死整之能事。任何地方和单位，只要出现这种现象，其结果都是积极肯干、才华出众、成绩卓著者被弄得内忧外患，里外不是人，而投机取巧、一无所长者或成绩平平者，却扬眉吐气，飞黄腾达，不可一世。这种社会弊端，才是《收审记》的本意。

问题是，当读者不知道这种创作动机的时候，很难直接从作品中读出作家潜藏的与法律无内在联系的思想动机。而读者将其当作涉法文学对待，从而仅理解、分析其法学上的冤案自身的寓意不仅不为错，反而符合作品的实际。的确，《收审记》中的冤案故事是完整的，对造成冤案的原因的挖掘是深刻的，冤案体现出来的法律思想意义是明明白白的，而作家本人指出的比喻意义，却是外在的、强加的，使读者缺乏联想的应有桥梁，故很难让人抛开冤案本身去另觅作品有什么比喻意义。因此，法律文艺学认为《收审记》属于涉法文学，谈论其应有的法律思想意义，理由充足，无可非议；蒋子龙的创作自白，只能说明涉法文学创作中的"无心插柳柳成荫"的有趣现象的客观存在，并不能成为拒斥法律解读方法运用的理由。

三 法律思想正确与法律知识错误并存的现象

有的涉法文学的客观效果上呈现法律思想正确与法律知识错误并存的现象。要想正确理解这种现象，看出其中存在的问题，也需要考察创作动机与客观效果的关系。

例如，我国最早、最伟大的戏剧家关汉卿的名作《蝴蝶梦》和《鲁斋郎》两个剧本，在法律上有重要认识价值，同时包公在两剧中的执法都有不合法律规定的可议之处。拙著《中国文学与中国法律》的第八章《关汉卿的戏剧与元代法律》对此有所讨论。下面，摘抄其中几段原文如下：

《蝴蝶梦》和《鲁斋郎》的执法办案者都是包公。两剧以宋代包公执法办案的历史故事反映元代法制生活的情形已如上述。谈到包公执法办案的法律依据问题，不能不具体考察一番：包公所依据的法律是宋代的呢，还是元代的呢？我以为，只要经得起检验，无论合乎宋代法律还是合乎元代法律，都讲得过去，怕就怕两头都不沾边。《蝴蝶梦》里葛彪行凶打死了王老汉，其大儿子王大出于报仇打死了葛彪，依法理应追究王大的法律责任，而包公作为执法者却没有这样做。首先，案发后王氏三兄弟和王母都主动承担罪责，包公不能断定谁是凶手。后来王母说明老大、老二是继子，老三是亲子，情愿让老三去偿命，这本是继母爱继子的道德行为，于法理上却讲不通，包公竟在公堂上表示依允王三去接受法律制裁。无论宋、元，都没有允许冒名顶罪的法律规定。其次，王三关入死囚牢之后，包公没有对其判死刑，而是让盗马被判了死刑的赵顽驴去顶王三之死罪，这又不合法律规定，在法理上也讲不通。依宋代法律，"诸盗官私马牛而杀者，徒二年半"（薛梅卿点校《宋刑统》），怎能判死刑呢？即使该判死刑，也只应负其盗马的罪责，岂可令其去顶替王三的死罪呢？若依元代法律，王大打死葛彪根本没有罪，故以王三去替王大负死罪责、又让赵顽驴去替王三顶死等，都是多此一举，全站不住脚。《大元通制》明文规定："诸人杀死其父，子殴之死者，不坐，仍于杀父者之家，征烧埋银五十两。"（郭成伟点校《大元通制条格》）依此，王大不仅不负任何法律责任，而且可依法向葛彪家索取五十两银子以葬王父。

以上分析表明，《蝴蝶梦》中包公的执法实属不懂法而失误的教训。文学家竟把教训当经验，给了这样的肯定性评论："包待制听了王母的诉说后，就向张千耳语，要偷马贼赵顽驴为王三替死。这一带有关键性的情节，观众事先并不知道，因此总认为王三难免一死，最后突然把他放了，观众才恍然大悟。这种关目处理不仅能紧紧吸引观众的注意力；而且和前面把偷马贼下在死牢这一情节遥相呼应，因此也显得很合理、很自然。"（游国恩《中国文学史》）在究明上述各种法律错误之后可知，文学家的这种不明辨是非的评价要完全改写。在我看来，剧中的法律描写一错再错，错中有错，故不懂法律的读者（观众）可能觉得津津有味，而懂法律的读者（观众）却感到受到了愚弄，认为这些法律描写不能成立。

《鲁斋郎》中包公的执法也有不合法律、不通法理的地方。一是鲁斋郎先后强占李四和张珪之妻，被包公判处死刑畸重，适用法律不当。《宋刑统·户婚律》规定："枉法娶人妻妾及女者，以奸论，加二等。"（薛梅卿点校《宋刑统》）再看奸罪应受的处罚是"诸奸者，徒一年半。"（薛梅卿点校《宋刑统》）鲁斋郎依这两种规定，是不应判死刑的。二是包公在上奏案卷材料时，把鲁斋郎的姓名三字的笔划分别减去一部分，变成鱼齐即。待皇上准奏而批了斩字之后，再恢复原有笔划，"鱼齐即"三字就成了"鲁斋郎"三字。这就是剧名所称道的所谓"智斩"。以法律论之，这一做法也不能成立。《宋刑统·诈伪律》云："诸对制及奏事、上书，诈不以实者，徒二年。"（薛梅卿点校《宋刑统》）由于元代法典《大元通制》早已散佚，未能找到与之对应的法律条款，但从元朝立法大量采用唐宋律文的沿革做法上可推知元代法律可能也有类似规定。因此，有理由认为《鲁斋郎》中包公在执法上既有违宋律，又有违元律。这又是一个教训。包公作为清官铁面无私、执法如山的形象，早已通过宋、元、明、清以来的小说、戏剧的媒介广为传颂，在人们心目中留下了共同的不可更改的印象。通过以上的法律考证与分析，如今发现在这一戏剧中包青天竟然执法不懂法、执法而犯法，这在中国人民的情感上是接受不了的残酷事实。然而，若依为贤者讳的古训，无原则地掩盖《鲁斋郎》中包公执法的上述瑕疵，对此避而不谈，作为学者我又不愿如此保持沉默，感到应对问题的讨论抱负责任的态度，找到之所以然的原因。[6]

在这里，我想指出，类似关汉卿创作中的这种法律思想正确与法律知识错误的现象，在当代中国作家笔下极为常见，这是不容忽视的一个严重问题。关于这一点，本书将以专章加以披露和讨论。这里，我们仅仅解释一下这类举不胜举的作家作品所表现出来的令人忧虑的矛盾现象（而不是法律错误本身）从何而来。

涉法作品的法律思想意义，是由作品的情节、形象暗示出来的不以作家主观意识为转移的东西，具有客观真理性。因此，即使作家主观上没有相应的抽象法律思想，也不影响他的作品通过自然推进的情节和活生生的人物形象暗示出某种法律见解、某些法律思想意识。凡是主观上没有法律寓意的追求而作品客观上表现了正确甚至是深刻的法律思想意义的情况，如同无心插柳柳成荫，这种成荫之功劳还是作家付出了创造性劳动的结果。

至于作品中的法律知识性的错误，则是作家本人主观上不通法律的反映。作家不了解新的立法动态，不懂法律的种种制度、具体规定，不通法理等缺陷，在创作过程中很难避免地要表现出来，且作家浑然不知。

这样，法律思想的正确与法律知识错误并存、对立的现象是极为平常的事，没有什么奇怪的、不能解释的地方。涉法文学创作论的重要任务之一，就在于解释纯文学研究所根本不可胜任的这种解释工作。

参考文献：

［1］余宗其．外国文学与外国法律［M］．北京：中国政法大学出版社，2002．

［2］石川达三．金环蚀［M］．长沙：湖南人民出版社，1980．

［3］曹禺．论戏剧［M］．成都：四川文艺出版社，1985：456．

［4］曹禺．论戏剧［M］．成都：四川文艺出版社，1985：505．

［5］曹禺．论戏剧［M］．成都：四川文艺出版社，1985：567．

［6］余宗其．中国文学与中国法律［M］．北京：中国政法大学出版社，2002：134－137．

第三编　涉法文学鉴赏论

　　直接、大量、经常同涉法文学作品打交道的是广大读者。在究明了涉法文学创作上的特有现象与规律之后，紧接着应当探讨涉法文学被广大读者阅读、接受方面的独特问题。这些问题的独特之处，依然取决于文学中的法律。在一般文学的欣赏中，这类涉法文学的欣赏现象是根本没有的。

第十四章　涉法文学鉴赏的特有方法

20 世纪 90 年代后期，在外国文学教学研究方面，提出了"外国文学名著的重读"问题，有识之士鉴于习惯的阅读方式方法陈旧、单一的状况，提出了"阅读革命"、"解放"原有"阅读法"、再筑经典作品的阅读空间之类的口号[1]。许多年过去了，这类口号依然是口号，未见有什么切实可行的新阅读方法问世。

笔者在涉法文学文本的阅读过程中有不少心得体会，把它们条理化地叙述出来，应不失为应有的特殊阅读方法，愿以作为对我深以为然的"阅读革命"、"阅读法"的"解放"之类的口号的一种响应。

一　以涉法文学文本为中心目标，从僵死的程式中解脱出来

这是普及性地适用于一切读者的基本阅读方法。跟纯文学阅读方法不同的地方，是运用此方法时有两个非提出不可的要求：一是注意情节的完整性，二是注意人物形象的整体性。按这两个要求认真阅读涉法文学文本，就可收到应有的效果。

看起来，这个方法很简单，却具有从僵死的阅读程式中解脱出来的革命性的意义。多少年来，文学阅读中形成了一种到处搬用的僵死程式，仿佛不如此遵循不误，就是不会读书的门外汉。这僵死的程式为：一是时代背景说明，二是作家生平介绍，三是思想内容分析，四是艺术特色总结。无论是课堂上的文学教学，还是写评论文章，乃至编写文学教科书，大家都恪守这个程式，没有多少变化，甚至不允许有变化。

在涉法文学阅读中，实行文本至上主义，一切从文本的实际出发，用 90% 的精力在文本的细读上下工夫。时代背景、作家生平等只有在对文本创

作产生了至关重要的联系和影响的前提下，才会成为顾及的对象，否则可以不予理睬。

至于强调运用这一基本方法时的两个具体要求的理由，在于完整的故事情节和整体的人物形象，是涉法文学的法律意蕴的两大载体，稍加肢解，就会影响我们对作品固有的法律思想意义的准确把握，甚至完全被抹杀。例如，读鲁迅的《一件小事》，就要完整把握车夫扶起受伤的老女人这件事的来龙去脉，才可能看出其中的法律寓意。几乎所有谈论《一件小事》的学者，总是大谈车夫自觉扶起女人，"我"以为车夫多管闲事，从而表现车夫关心别人的高尚情操。这种谈论，恰好证明了阅读者腰斩"一件小事"的读书之误的存在。须知，车夫扶起女人之后，到巡警所投案自首去了。其结果是警察不让车夫继续拉客上路，而要依法审理此案。论者没有注意到这些，故《一件小事》的思想意义中的法律色彩就被人为淡化了。正确读出《一件小事》的法理法意的可能性，就是如此被腰斩情节的刀刃全然砍削掉的。

再如谈论鲁迅小说《阿 Q 正传》的学者，都一味强调阿 Q 的不觉悟和他身上的精神胜利法，而不谈或少谈阿 Q 全面丧失应有的人身权和无辜被枪毙的经过、结局，把阿 Q 弄成了政治上不觉悟和精神胜利法的代名词。其实，小说描写阿 Q 的人身权全面丧失和无辜受害的文字篇幅，远比描写不觉悟和精神胜利法的文字篇幅大得多。肢解阿 Q 的完整形象的后果是抹杀了《阿 Q 正传》的极为深刻的法律思想意义。[2]

僵死的阅读程式分散了阅读精力，浪费了时间和篇幅，限制了阅读智慧的充分发挥，容易导致肢解情节和人物的粗暴行为发生。古往今来浩如烟海的涉法文学文本或被置于冷宫，或被误读误导，有读书方法不当方面的基本原因。实行涉法文本至上主义，强调以涉法文学文本为关注的中心目标，因而从最基本、最简单的环节上端正了应有的读书路径。

说到底，"以涉法文学文本为中心目标"，就是对于涉法文学文本中的法律思想内容与法律描写艺术要做到兼收并蓄，尽收眼底，尽可能没有丢三落四的遗漏。因此，可以把此法称为"细读"之法。说到这里，我不免对提倡"细读"的纯文学家的理论主张与读书实践有所异议。且不多谈别的，仅就"细读"者不通法律而企图读出涉法文学中的法律意味这一点而论，就大成问题。在一本有关"细读"的专著中，论者谈到鲁迅早期的译述小说《斯巴达之魂》，对其中的"国法""军律""我自国法而战死"、"忘斯巴达之国法耶？""遂忘斯巴达之国法耶？""以偿既破之国法"等一系列法律描写的语言信息视而不见，而对小说中的情人幽会的小插曲却考证出有某种法律依据，这证明论者在该"细"的地方却粗枝大叶，而在不该"细"的地方又额外地花费心思，实属得不偿失。[3] 这位论者在"细读"张爱玲的小说《倾城之恋》后写出了两万多字的评论文章，似乎是细致入微了，然而竟完全没有同小说固有的法律寓意沾边，仿佛这篇小说根本与法律无关似的。事实上，它的主题思想中的法律蕴含具有中国法律现代化的时代精神，肯定了现代法律所赋予的离婚自由和再恋爱、再结婚的权利，否定了封建主义的"天理人情，三纲五常"。为了表现和深化这种具有法律史上重要认识价值的主题思想，作品中有一个中国现代文学中不多见的法律细节描写，这就是白流苏同她的三哥之间的法与礼之争的对话。白流苏当面驳斥三哥强迫她去为前夫奔丧、守寡的行径，理直气壮地说：

三哥替我想得真周到！就可惜晚了一步，婚已经离了这七八年了。依你说，当初那些法律手续都是糊弄鬼不成？我们可不能拿着法律闹着玩哪！

三哥不以为然，教训她说：

你别动不动就拿法律来唬人！法律呀，今天改，明天改，我这天理人情，三纲五常，可是改不了的！你生是他家的人，死是他家的鬼，树高千丈，叶落归根——

细细品味小说全文，方知这一细节描写一锤定音、画龙点睛的法律寓意的深刻与艺术创造上的精彩之处。所有这一切，都没有被这位主张"细读文学文本"的学者读出来。[4]

这位学者的例子非常典型，具有彻底暴露非法律的文学阅读方法根本读不懂涉法文学作品所特有的思想和艺术的弱点的普遍性。由此可见，我们提倡"以涉法文学文本为中心目标"的读书方法，认为此法的要义在于"细读"涉法文学文本的法律内容和法律描写的艺术，并不是小事一桩，而是关系到革除非法律的阅读习惯，改善阅读者知识结构，增强对涉法文学中的法律智慧之美的欣赏、接受的能力的大问题。不断努力解决这个问题，"以涉法文学作品为中心目标"的特有读书方法才有落实的希望与成就。

二 从法律视角看文学与从文学视角看法律并举

这是有志于从事文学的交叉学科、跨学科研究的读者和文学家应有的一般性阅读方法。此法的提出和运用，意味着文学阅读方法的革命性质不再是纯理论的倡导，而是变成了切实可行的社会实践，已经大大拓展了阅读空间。

纯文学理论家很可能把这种"并举"的阅读方法分别纳入"品质阅读"和"价值阅读"的理论框架之中，把"从法律视角看文学"说成是"品质阅读"，把"从文学视角看法律"说成是"价值阅读"[5]。不错，这种说法有合理成分，但不尽然。值得注意的是，"并举"的阅读方法的"品质阅读"与"价值阅读"只具有相对独立的意义，实际情形是二者应理解为互相渗透，彼此结合，水乳交融，难以分别。之所以如此，是因为涉法文学的法律描写艺术与法律思想意义的两种元素本来就处在化合的状态，而不是混合的状态。因此，这种"并举"的阅读方法的运作过程，如同在研读涉法文学的过程中做化合的化学实验，而不是做混合的物理实验。"并举"的阅读方法的要义，就是如此。

在说明文学的丰富认识价值的场合，在赞赏文学大师们的作品丰富思想内容和成就的场合，"文学是生活的百科全书"之类的褒奖之辞很常见。然而在文学阅读的具体环节上，在文学研究的各个领域，却不见有谁谈论文学的法律教科书的话语。这实在是一个不可克服的悖谬，表明了纯文学阅读方法难以做我们所说的"并举"的化合的化学实验，因而就读不懂涉法文学作品。

例如，从维熙的《大墙下的红玉兰》，尽管荣获优秀小说奖，得到了各种版本的中国当代文学史论著的肯定，但由于论者都是采取的纯文学阅读方法，根本不能采用"并举"阅读方法，故其法律描写的艺术何在，其法律思想意义何在，没有谁能够在阅读中品味出来，故所谈一切，都不是作品的本来样子。若操持"并举"之法来阅读此作，可一目了然，并能用言简意赅的话语，将"双看""并举"的结果表述出来，这就是：小说描写的是在"四人帮"横行的岁月里，地方司法执法大权一度旁落于"造反派"之手的严峻现实情景；其结果是颠倒了功与罪、法律工作者与罪犯的界限，使法律打击的矛头指向了有革命功劳且严于执法的共产党人。在这一表述中，既有"从法律视角看文学"的结果（法律描写的艺术方面），又有"从文学角度看法律"的结果（法律思想意义的方面），二者水乳交融地呈现出来了。

涉法文学文本的大量阅读经验告诉我们，凡是与法律挂钩的一切文学文本，都是神奇的双面镜，具有同时从法律角度看文学和从文学角度看法律的双重功效。这就要求我们打破纯文学的阅读习惯，采取双管齐下的方式，在同一涉法文学文本中，寻觅法律和文学两大学科分别拥有的东西，思考二者合而为一的奇特、有趣的种种景观。

无论是从法律角度看文学，还是从文学角度看法律，前提条件是要求读者具有尽可能深厚的法律修养，使之成为一种预制智能结构，以备不时之需。法律的门外汉绝对没有读懂涉法文学文本的可能性，故能够从中看到的法律的东西与文学的东西，他一样也看不出来。

文学圈内的人，尤其自学生时代起就以文学为业的人们，一直到他们成为文学家之后，绝大多数是与法律无缘的。这是涉法文学长期不能纳入文学研究议事日程的阅读上的原因。一切文学研究，都建立在阅读基础之上。纯文学家对涉法文学读不懂，自然就谈不上进一步的研究了。

与此相反的是法学家，虽具有读懂涉法文学的法律专业基础，这是他们的优势，也是他们之中有不少人乐于谈论涉法文学中的法律的很自然的理由。然而，他们的不足之处是通常缺乏文学修养，故谈论起来也充满了可议之处。

由此看来，法律与文学并举的阅读方法，并不是轻而易举地就可以运用自如的。笔者才疏学浅，加之是文学专业出身，赖以喋喋不休地大发议论的法律知识全是自学的一知半解的东西，故在涉法文学的探索中历时二十年才赢得越来越多的发言权。

我愿以切身经历与甘苦敬告广大读者诸君，若想进入涉法文学的宏伟、神奇殿堂并多有所成就，就请拆除法律与文学之间的无形高墙，博览群书，手不释卷，力求做法律与文学两大学科的通才。至少要在这两门学科的通才的方向上不懈地努力，才可真正运用这里所说的"并重"的读书方法。

可以认为，拙著《鲁迅与法律》就是运用这种"并重"的读书方法来研读鲁迅的小说和杂文的产物。该书分为上下两编：上编为《鲁迅法律思想描述》，取用了鲁迅杂文中的材料，论述了鲁迅作为伟大法律思想家的方方面面；下编为《鲁迅法律思想对其文学事业的影响》，论述了鲁迅小说的法律思想成就，指出了其小说和杂文所受到鲁迅本人法律思想意识支配的情形。这两大板块的全部论述，都是从法律视角看文学家鲁迅和从文学家鲁迅的视角看法律的产物，亦即是上述"并重"的文学欣赏方法的产物。

从法律视角看文学，可看出文学的特有现象、规律、问题；从文学角度看法律，可看出作家笔下特有的法律思想和智慧，它们是法学论著中所根本没有的以人为本的审美性的法律理性认识成果。法律文艺学与文学法律学这两门交叉学科的建立，正是以学人运用这种法律与文学"并重"、"双看"的读书方法为基础、为起点的。对于有志于法律与文学的交叉学科研究的学人来说，"并重""双看"的阅读方法如同一张入场券，一条登堂入室的必由之路。

在这里，我想强调一点由来已久的想法：从文学角度看法律，是文学家的天职，责无旁贷，义不容辞，纯文学家拒斥法律的习惯实在是失职的痼疾，不可原谅；而对于法学家来说，只是一种兴趣和爱好，若有所成，那是对文学家的挑战与鞭策，更是对文学学科的额外贡献，我们当热烈欢迎与真挚感谢。我们没有理由要求对涉法文学感兴趣的法学家非如此阅读涉法文学不可，然而对文学家来说却是不言自明的必然要求。也就是说，文学家若对涉法文学不会持"并重""双看"的阅读方法，就意味着他是门外汉，有愧于文学家的称号。

三　积累、升华阅读印象，寻求涉法文学的特有现象与规律

这是难度最大的法律文艺学的专门研究者所必须掌握和运用的阅读方法。其实质，是对全球涉法文学作品作大量、系统阅读，故一般文学阅读者难以运用此法。

文学研究的崇高目标，应是寻求、发现、揭示和解释各种文学规律。对涉法文学研究来说，崇高目标就是以同样的手段把握涉法文学所特有的规律。迄今为止，还没有人从事这种工作。从现有的任何文论中，都找不到关于这种特有规律的论述。重担历史性地落到了后来者的肩上。而完成这历史使命

的唯一途径，在于研究者的穷读竟览的艰苦劳动中。其中的具体办法，可概括为一句话：不断积累、升华阅读印象，是打开涉法文学特有规律之门的一把沉甸甸的钥匙。

这种鉴赏方法层次高，难度大，不太可能被一般文学爱好者所掌握，也不太可能被纯文学家所掌握，但作为涉法文学的研究者却非掌握不可。例如说，在涉法文学的研究中，涉法文学史与法制史同步的规律的发现，必然是研究者在长期、大量、系统研读各法系国家的涉法文学之后，对文学中的法律描写与各法系发生、发展的历史轨迹的相应关系多有观察、心得的结果，否则，就无从揭示该规律的存在。

本书将要专门论及的涉法文学史的三大规律（详见本书第十九章），都是笔者操持上述方法而逐步发现的。除此之外，还有没有另外的尚未被笔者发现的规律呢？对已揭示的三大规律，能否不断作出更充分的新论证呢？答案都是肯定的。只有研究者不满足于既有成果，力求不断突破，把这种锲而不舍的精神落实到永无止境的读书方面的开拓上，就总有新收获，新发现。在这一方面，笔者体会良多。

在撰写拙著《中国文学与中国法律》《外国文学与外国法律》的过程中，由于阅读面比过去大有拓展，故以往不曾有过的新感悟、新见解纷至沓来，应接不暇。而积累这些新的读书印象，为眼前撰写《法律文艺学》新书稿，揭示涉法文学的进程和规律奠定了坚实基础。同时，目前的研究工作又同新一轮的阅读面的拓展相辅相成，又见到以前不曾见到的新景观。在《外国文学与外国法律》中，我曾把《从埃及文学与看伊斯兰法系分化现象之一斑》作为《阿拉伯文学与伊斯兰法系》这一章中的一节。当时曾感到自己所读埃及文学不多，故论说中不免捉襟见肘。现在，又读了不少埃及的短篇小说，发现有能够用来作进一步论证的涉法文学实例。例如，穆·海卡尔的《遗产》所反映的是：20世纪初，埃及在遗产继承问题上，《古兰经》中的有关古老规定的继续有效性与"取消民间财产法"的法律改革二者并存，并在遗产纠纷案的诉讼中贯彻了这种法律改革的精神，又一次使我们见到了伊斯兰法系与民法法系"混合物"出现的情形。

在涉法文学研究的二十多年岁月中，我出版了五部专著，发表了几十篇文章，最近又完成了《法律文艺学》和《法说红楼梦》这两本书稿。回顾这些成果的由来，无不是在寂寞中摸索前进，一点一滴积累随时产生的阅读印象、经验而形诸笔墨的。由此，我总在想，任何一个爱好涉法文学的读者，只要他不断、系统地阅读中外文学史上的名著，持之以恒，就会有说不完的话源源而来，将其记录在案，不就是涉法文学研究的成果吗？如果这些成果有某种共同的指向性，其中就有规律的东西存在。

参考文献：

[1] 方位津. 试议经典重读的必要性 [M] //李明滨，等. 文学史重构与名著全读. 北京：北京大学出版社，1996：266 - 270.

[2] 余宗其. 阿Q正传的法律解读 [J]. 鲁迅研究月刊，2000（3）.

[3] 陈思和. 中国现当代文学名著十五讲 [M]. 北京：北京大学出版社，2003：34.

[4] 陈思和. 中国现当代文学名著十五讲 [M]. 北京：北京大学出版社，2003：346 - 375.

[5] 童庆炳. 文学概论 [M]. 武汉：武汉大学出版社，2000：55 - 57.

第十五章　不同文化心理对涉法文学
鉴赏的不同影响

　　法律文艺学是立足于中国本土面向世界的全球性文艺理论系统，它必须在所谈每一个重大理论问题上都尽可能关注全球普遍性的努力方向。以文学鉴赏来说，一个突出的普遍问题是：东西方不同文化心理对涉法文学的鉴赏有不同的影响。承认、探讨这一问题，有利于东西方涉法文学研究成果的沟通、交流和互补。

一　法律文化差异所造成的智能结构差异对
阅读异域涉法文学的影响

　　本章所谈问题的症结，首先在于法律文化差异所造成的智能结构差异对阅读异域涉法文学的影响，格外突出。东西方各国都拥有各自的涉法文学，它们是人类共有的庞大精神财富之一。尤其是涉法文学研究者，更应自觉地把全世界涉法文学当作一个有机整体，尽可能走出各自的国界，极广泛地研读异国他乡的涉法文学作品。然而这样做并非易事。

　　须知，世界法制史上有五大法系，还有新出现的社会主义法系。不同法系国家的人们由于文化淀积的原因，都形成了与之相应的法律文化心理结构，这是广大读者、学人有利于读懂本法系的涉法文学作品的先天性的条件。有一利必有一弊。就是这种先天性的条件明显制约着对本法系以外的属于其他法系的异域涉法文学的接受。其影响有积极方面，也有消极方面。积极的东西是容易产生新奇感、趣味感，引人抱欢迎态度。这点，可以鲁迅所谈到的中国才子佳人小说受到法国、德国等西方国家读者欢迎的情形作为例子。文学史地位并不高的《平山冷燕》《好逑传》《玉娇梨》等被译介到法国、德国，故鲁迅说它们在"外国却很有名"，原因是"在一夫一妻制的国度里，一个以上的佳人共爱一个才子便要发生极大的纠纷，而在这些小说里却毫无问题，一下子便都结了婚，从他们看起来，实在有些新奇而且有趣。"[1]这些小说中的故事发生在实行法定一夫多妻制度的中国，故在一夫一妻制国度的法国和德国读者心目中充满了"新奇"与"有趣"，从而拥有较大读者群。

其消极的影响，是对异域涉法文学中的法律内容很难产生认同感，难理解其中的法律思想意义。连从事文学研究的学者，在有意进行跨文化对话的场合，也产生了认知上的偏差。例如，一位美国学者在评论《论语》时，讲了这样一段话："孔子敌视法律，就如同卡斯特格里昂笔下的朝臣一样，生活在一个随心所欲的世界里，不受任何条条框框的束缚。"[2]这是莫大的误解。中国法律思想史家以《论语》为主要论据，将孔子作为法律思想家论述了若干方面的法律见解，对法律何"敌视"之有？特别要指出的是，"礼"在《论语》中出现了75次，孔子有"非礼勿视，非礼勿听，非礼勿言，非礼勿动"的著名言论，而"礼"就是周朝与"刑"交相为用的法律形式之一，怎么能说孔子"生活在一个随心所欲的世界里，不受任何条条框框的束缚呢？"

同理，同属于西方国家的英国、美国的读者与法国、德国的读者，面对来自任何一个国家的同一涉法文学作品，也很可能在认知其中的法理法意上产生困惑。因为，英美属于普通法法系国家，法德属于民法法系国家，彼此间的法律多有不同之处，经文学反映之后会保留其不同之处，故对超出本法系的他国读者来说有不曾见闻的陌生感。东方的中华法系国家、印度法系国家、伊斯兰法系国家读者对他国涉法文学的法律内容难认同的困惑，类似西方两大法系国家之间读者的困惑。

黑格尔《美学》在评论印度古代的伟大史诗《摩诃婆罗多》时，指出了对其中一个细节描写的法律内容的评价上德国读者与古代印度人截然不同的观念。国王纳拉斯"在小便之后，用脚践踏了尿湿了的土地"。如此区区小事，"按印度人的观念，这是一个不能免于刑罚的重罪"，而对德国人的意识来说，"却是一种妄诞不经的事"[3]。这个例子表明，法律文化差异不仅构成了不同法系国家的涉法文学自身法律思想意义的不同，而且影响到不同法系国家的读者对异质法律文化所决定的涉法文学的法律思想意义和法律描写的艺术接受与认同。这是一个有待于进一步研究的普遍问题。

二 法律上的不同价值观足以导致对
涉法文学的不同态度和评价

不同文化心理对涉法文学鉴赏的不同影响，还有一个普遍的表现，这就是着眼于读者主观因素，可以发现这样的现象：人们在法律上的不同价值观，足以导致他们对涉法文学抱很不相同的态度，有着不相同的评价。在这个问题上，也许是中国读者与美国读者形成了截然两样的鲜明对比。

在中国，自古以来有轻视法律的历史传统。早在先秦时代，法家人物被斥之为"刑名之徒"。到后来，社会上那些乐于诉讼的官吏，有"刀笔吏"、"刑名师爷"、"讼棍"之类不雅的称呼。流风所及，导致人们一代一代对法律、对司法衙门抱敬而远之的态度。时至今日，社会主义法律诞生于神州大地已半个多世纪，历史因袭势力在文学读者内心世界徘徊不去者，依然大有人在。如果说往日对法律恐惧、厌恶，那么现在是冷漠、陌生——这是中国文学读者之于法律的心路历程的大体趋势。因此，我们怎样鼓吹涉法文学及其学说，在当今中国都不容易引起太大的反响。相形之下，唯有法律界、法律人对涉法文学热情有加。笔者对此有亲身感受。

在美国，情形就不一样了。在美国独立后的两百多年的历史上，从未有过轻视法律的传统，相反的是自通过《独立宣言》后一贯张扬"天赋人权"，推行法治，主张建设法治国家。就这样，涉法文学在美国拥有广大读者群。在美国有法律小说、律师小说的概念。美国法学界掀起的法律与文学运动自1973 年发轫，至今已有三十多年的历史。有评介美国法律小说的学者曾经说过，美国人崇拜法律并研究法律，其热情与虔诚，如同教徒对上帝一样。应当说，这就是法律小说往往成为美国当今的畅销书的社会原因。格里森姆近10 年内接连推出了《律师事务所》《超级说客》等七部法律小说，几乎全是畅销书，真是盛况空前。

法律价值观念相差如此之大，必然导致涉法文学的各层次读者的阅读心理的反差明显。我们从西方涉法文学评介到中国时常发生改换书名的小事，就能窥见这种反差。上述《律师事务所》的中文译本的书名改成了《陷阱》，全然抹去了醒目的法律色彩。法国当代作家罗歇·瓦扬的长篇小说《法律》，评介到中国，书名变成了《律令》。从法学观点看，这种改动有逆历史潮流而动的意味。中国法律的现代化社会工程，兆始于清末的修律活动，到民国时期基本完成。社会主义中国的法制建设，把现代化法律推向了一个新阶段。其中一个基本环节，就是中华法系的整套法律名词术语被能与民法法系接轨的全套法律名词术语所取代。把《法律》书名改为《律令》，意味着走回头路，重新使用早已废止不用的古老法律术语，这有什么必要呢？没有别的解释，只能说明评介者对"法律"二字感到不舒服，换成古色古香的"律令"就心安理得了。区区小事尚且花费心思加以阻挠，在善待涉法文学的思想意义的根本问题上出现隔膜就是可想而知的事情了。

事实的确如此。一位法国文学专家在评论《律令》时指出：这部小说的主题，似乎是表现："法律的实质与命运？"接着他指出："这的确是小说的一层含义，但并不是全部的含义，如果只有这个含义的话……似嫌简单幼稚。"谈到小说标题由"法律"改为"律令"，这位专家说："以'律令'而不是以'法律'作为小说的标题，看来更为适当"（见该书第174、176页）。这些说法多有可议之处。该小说是当代法国的杰出涉法文学作品，反映了20世纪意大利法律实施上的诸多问题与弊端。为了突出这一法律思想意义，作者多次不惜笔墨详略不等地描写"玩法律"的游戏，意在让读者产生执行法律同"玩法律"之间的微妙联想。对这些法律描写的特有艺术手段和法律见解本应作具体分析、评论，而这位专家头脑中固有的轻视法律的价值观念，迫使他在阅读小说中竟然感觉到了"幼稚简单"，把小说主题归结为"法律的实质与命运"，纯属外行话，根本在法学理论上找不到应有的位置。然后，论者自己又反对这种提法。这样做显得不知何故，不知所云。论者还肯定把小说标题由"法律"改为"律令"，我们也不能苟同。不多说别的，如此一改，小说中多次描写到的"玩法律"的细节，岂不也要跟着改为"玩律令"吗？然而在意大利人心目中和作家笔下，根本没有"律令"概念的任何印象，凭什么把古老中国的法律术语强加于现代的法国作家和意大利人呢？

由此可见，当今中国文学界对涉法文学的冷漠、无知、误读、误解达到了非加沉痛反省、猛力救治不可的严重程度。个中原因是多方面的，而重要原因之一就是：这是所谈的文学界中人轻视法律的价值观念起到了相当大的作用。

文学界中人有不少持有"法律是政治的附庸"的观念，于是理所当然地动辄把文学中的法律问题硬要说成是政治问题，仿佛只有这样做，才显得深刻、正确。殊不知，言不及义的弊病，就出现在这种做法之中。只要我们反思一下文学史论著、文学批评论著中那些为我们所不能满意的地方，差不多都是以政治鉴定取代法律分析而造成的。关于这一点，下文将详加讨论，这里具举唐代文学史研究中见的一个例子：

在众多唐代诗歌作品中，还有柳宗元的《捕蛇者说》，关于赋税对于百姓的沉重负担以及官员催租逼税时如狼似虎的凶狠毒辣的描写与感叹，是很普遍的文学现象。以政治话语来解释，这种现象是封建统治者对人民的政治压迫和经济剥削的具体表现。若从法律角度看，则有刑事立法上的原因。《唐律疏义·户婚·输课税物违期》云："诸部内输课税之物，违期不允者，以十分论，一分笞四十，一分加一等。"立法解释有云："州、县皆以长官为首，佐职以下节级连坐。"此外还有疏议文字作进一步解释说："'输课税之物'，谓租、调及庸、地租、杂税之类。"[4]这种立法精神自贞观年间规定下来，一直未作变动，在整个唐代都得到了贯彻。由此可见，此种唐代文学现象表明：封建官员为了规避法律的追究，保护自己的地位与名利，便不顾老百姓的死活而搜刮民脂民膏，以完成征收"输课税"的任务。法律意识沉睡的文学家面对这种取决于法律原因的文学现象，往往只能进行政治鉴定般的解释。

三 专业智能结构式定向发展压抑甚至消解了正确解读涉法文学的潜在能力

不同文化心理对涉法文学鉴赏的不同影响，另外一种突出表现，是广大文学家长期接受纯文学教育、从事纯文学研究的实践，造成了专业智能朝不通法律、拒斥法律的方向发展，其结果是压抑了正确解读涉法文学的潜在能力，甚至把这种潜能消解得一无所有。这样，面对任何涉法文学文本，他们一概束手无策，根本无从破译其中法理法意的密码。假如到了非发议论的场合，他们只得"王顾左右而言他"了。在文学论著之林里，这类游离于涉法文学文本自身的法律内涵而隔靴搔痒般的议论实在多得俯拾即是。为此，本书以一编数章的篇幅，来开展针锋相对的"争鸣"活动。为了说明问题，这里不妨反思一下红学研究的状况。两百多年来的红学研究者，基本上都是纯文学家，不通法律是他们的通病。于是，《红楼梦》里本来存在的非以专著形式阐释不可的丰厚法律思想意义，在两百多年里竟无一人能够站出来作该有的阐释工作。红学家们应有的解读法律意蕴的能力到哪里去了？答曰：拒斥法律的文学专业教育和文学研究活动，全然剥夺了那可贵的潜能的东西。

还可以举一个更具体的例子。有一位法国文学的著名专家，在谈论雨果的中篇小说《死囚末日记》的思想内容时，本来已经正确地概括出"反对死刑"的主旨，但他将其定位于"一个重要的社会问题"，[5]这就有可议之处了。"反对死刑"，是一种法律见解，又是刑法立法的实践问题，还是刑法学研究的理论问题，故它不是什么"社会问题"，而百分之百是法律问题。理论定位上的不当，反映了这位研究者纯文学专业智能的定向发展不能适应研读涉法文学文本的需要。

美国文学界的情况，类似中国。上述法律与文学运动在美国法律界开展得声势颇大，而美国文学界至今不见有什么反响，可见美国文学家的专业智能同样在朝拒斥法律的轨道上一条路走到黑地发展，故未能焕发正确研读涉法文学的潜在智能，从而失去了对"法律与文学"运动和涉法文学的发言权。

纯文学家的专业智能结构有一种通病：对法律的专门知识、理论几乎是一窍不通，故对于文学中的法律思想内容没有正确理解、解释的可能性。就这样，他们面对涉法文学作家作品显得完全外行。因此，他们的许许多多学术见解在行家看来是不可思议的。例如说，韩非是法家的集大成者，中国法律思想史家依据《韩非子》把韩非视作"符合时代要求的"、有"进步"意义的重要法律思想家来论述。而文学史家却评论说："一部《韩非子》，构筑了一整套极端专制主义的、严厉控制人的方法和理论，读来令人不寒而栗。不过，对于研究政治学，这是一部极重要的书。"[6]这是十足的外行话。明明是"法律"的东西，却被说成了"政治"的东西。再说，"不寒而栗"的读后感觉，除了说明论者的脆弱书生气无以复加之外，还能说明别的什么呢！以这种心态对待《韩非子》以及全球的涉法文学大潮，只能被淘汰。

本书上一章谈到，对于法律思想内容非常丰富的涉法文学作品，应当采用细读的方法，加以应有尽有的评论。这里，我们应当进而指出，这是一项重要的学术工程，因为需要如此细读的涉法文学作品数量较大。而专业智能结构定向发展的文学家根本不能承担这项学术工程的施工任务。

我曾拟定了《〈荒凉山庄〉的法律解读》写作提纲，共有如下十七个小标题：（1）创作动机中的自觉法律意识；（2）大法官庭；（3）贾迪斯控贾迪斯案；（4）普通法法系重判例的特征；（5）普通法法系重诉讼程序的特征；（6）被贾迪斯遗产纠纷案牵连的不幸的人物谱；（7）唯一的超脱者——约翰·贾迪斯；（8）大法官庭的又一奇案；（9）衡平法；（10）侦探长布克特；（11）律师图金霍思的监牢观；（12）法律界的老手斯墨尔维德；（13）律师霍尔斯；（14）一条法律规定："往前走"；（15）法律字体；（16）景物描写中的法律氛围；（17）美国法学家波斯纳对《荒凉山庄》的评论。这个解读提纲之所以能够产生，是因为我多次读这部小说总感觉到其中的丰富法律内容至今未能得到揭示，而美国法学家波斯纳的评论更增添了议论的话题，故不失为一个好课题。可以断言，国内外的文学家若不经过相当长的准备，想轻松攻克它，几乎是不可能的。更何况类似的该加以细读的涉法长篇小说至少有十多部。这些都会让纯文学家望而生畏。

参考文献：

[1] 鲁迅全集（第九卷）[M]．北京：人民文学出版社，1981：331-332.

[2] 林赛·活特斯．中西方"人文主义"的历史进程 [M]．//乐黛云．跨文化对话（第一辑）上海：上海文化出版社，1998.

[3] 黑格尔．美学（第一卷）[M]．朱光潜，译．北京：商务印书馆，1979：273.

[4] 唐律疏义 [M]．刘俊文，点校．北京：法律出版社，1999：275.

[5] 柳鸣九．雨果文集 [M]．石家庄：河北教育出版社，1998.

[6] 章培恒，等．中国文学史（上册）[M]．上海：复旦大学出版社，1997：133.

第四编　涉法文学批评论

涉法文学批评不同于非法律的文学批评的地方，主要有批评标准、方法、具体任务等三个方面。这些都需从理论上阐述清楚，以便于指导涉法文学批评开展的实践。本编仅谈批评标准和批评方法两个问题。

第十六章 涉法文学批评的标准

　　纯文艺学中关于文艺批评的政治标准和艺术标准的认定，政治标准第一艺术标准第二的次序安排，曾是没有原则性分歧的公理和准则，至今在中华大地上仍然主宰着文艺批评的实践。近年，有学者提出了"社会主义文艺批评的真、善、美标准"。[1]无论以往和现在人们如何解释文艺批评的标准，也不管如今提出了怎样的新标准，进行怎样的新解释，都将被涉法文学批评的理论与实践所突破。这种突破的要义，集中到一点，就是提出和确认法律标准是涉法文学批评的唯一标准。

一　法律标准取代其他标准的必然性和优越性

　　涉法文学批评的法律标准，指的就是法律视角、法律准则、法律尺度，包括法律思想内容和法律描写艺术两个方面。对于涉法文学而言，除了用法律标准加以批评之外，再也没有别的什么标准能够有效运用于批评实践了。用涉法文学批评的法律标准取代政治标准和其他标准，既有必然性，更有优越性。以必然性而论，它是中国和世界各国涉法文学自身的历史要求和现实需要的必然产物。中外文学史上的所有涉法文学作品，都因没有统一的客观标准而未能得到正确评论。同时，现实生活中每天都有新的涉法文学作品出现，同样因为没有统一的客观标准而不能正确评论。这两种情况在中国涉法文学的批评上显得尤为突出。中国古代文学史曾有公案小说、公案戏剧的传统。当代又出现了法制文学、大墙文学、公安文学等现象。没有任何称谓而在实际上涉及法律的作品更是从古至今层出不穷。所有这些，从来没有谁用统一的法律标准作过系统研究，于是文学家只要一提到涉法文学，无不有可议之处，甚至有重大的原则性的失误，使文学论著过于缺乏真理性。例如，以从维熙和张贤亮为代表的大墙文学作家作品，无论是批评家还是文学史家，都未能尽正确评论的职责，就有缺乏统一的法律标准的原因。有的学者把《大墙下的红玉兰》当作"伤痕文学"，同时又认为它"标志着'大墙文学'的出现"[2]这种说法，把"伤痕文学"与"大墙文学"等同起来，使人不得其解，同时两者都不能涵盖它涉及法律的本质特征。由于缺乏统一的法律标准，在谈到"大墙文学"的思想内容时，有的文学史论著将其概括为"首先是中国共产党人和知识分子的正气歌"、"又是关于人性和社会主义人道主义的沉思录"[3]，这是明显的政治鉴定和道德评价，而不是应有的法律评论。由此可见，提出法律标准，用以取代其他标准，不用多说，是明摆着的客观需要。涉法文学的丰富法律意蕴既然表现为法律知识、法律思想、法学理论，具有法学的强烈专业性，那么就理所当然需要运用法律的指针、尺度去一一寻觅和衡量。置这种正当需要于不顾，硬要操持政治标准，其结果必然会糟蹋涉法文学，使文学批评陷于尴尬境地，且谬误百出。

描写恋爱、婚姻和描写犯罪，是涉法文学的永恒的两个主题。二者分别与婚姻法和刑法相联系。只有运用法律标准，才能恰如其分地评论这两类作品。在以往未曾确立和运用法律标准的漫长时日里，对这两大主题的文学都未能进行公正评论。仅以新中国对婚恋文学几十年来的批评实际来看，缺乏法律标准的结果是宽严失度，是非莫辨。一旦确立了法律标准，这种局面就会彻底改观。请稍稍回顾一下历史事实：

"文革"前，婚恋文学中的未婚青年男女，或婚外恋中的有配偶的男女，通常处在纯粹的精神恋爱的水准上，没有什么越轨行为，然而评论家不能容忍，斥之为资产阶级生活方式，或斥之为头脑中充满了资产阶级思想，于是这些作品便成了"毒草"。邓友梅的《在悬崖上》、陆文夫的《小巷深处》、宗璞的《红豆》、丰宗的《美丽》、刘绍棠的《西苑草》，便是如此被视为"毒草"的一批代表作品。现在回过头来看看当年的政治棒喝式的批评，我们会感慨良多。其中让人揪心的就是政治标准不适合于评论婚恋文学。20世纪80年代后的婚恋文学，彻底抛弃了当年的精神之恋的写法，批评家们的态度也随之一百八十度的大转弯，或表示默许，或公开赞扬，或给戴上"妓女"之类的大帽子，难有公允的评论。《废都》可以认为是婚外性关系描写由当年的精神之恋，大转折而达到肉体关系的峰巅状态的代表作，人们议论纷纷了一阵子，至今没有什么结论。个中原因，仍在于缺乏正确批评标准。

用法律标准来衡量新中国六十多年来的婚恋文学，一切便了了分明起来，不会再或失之苛严，或失之放任。婚姻法约束和规范的是成年男女的性行为方式。无论男女间的恋爱处在怎样的程度、状态，哪怕爱得死去活来，只要没有发生性关系，法律就不予过问。一旦有了性关系，那么就有合法与非法之分，因而就有相应的法理可议。强暴的性行为触犯了刑法，问题的法律属性发生了由婚姻法到刑法的变化。那些毫无法制观念，任意张扬婚外性关系，仿佛世界上任意的男欢女爱的床上交媾纯属当事人的私事旁人无从过问似的一切描写，都是反现实主义的虚构，是脱离现实生活的法制轨道的表现。否则，便都有一定的法理可议。半个多世纪来的中国当代婚恋文学运用法律标准加以公正批评，实在是回顾历史与正视现实的双重必然要求。

法律标准是否意味着对政治标准的否定和排斥？不。法律与政治有着天然的联系，法律与政治的关系还是文学法律学和法律文艺学的重要范畴之一，故"否定""排斥"政治的说法不能成立。以法律标准取代政治标准的实质，在于尊重、强调、维护法律不同于政治的独立性、专业性，以便对涉法文学的思想意义做出贴切、内行、科学的评价。如此一来，就很自然涉及法律标准取代政治标准的优越性了。

在以往法律标准未曾确立、运用的日子里，对涉法文学的思想内容实际上运用的是政治标准，于是造成了我们极不情愿看到的学术损失，然而都浑然不知。现在把法律标准提了出来，用法律标准取代政治标准和其他标准，其优越性是多方面的。首先，法律的标准能够进行自由的学理讨论，政治的标准却很难进行自由的学理讨论。习惯于操持政治标准的批评家，往往对政治并无什么真知灼见，只不过用现成的政治话语对文学作品做政治鉴定罢了。而运用法律标准，则可对涉法文学作品切中要害，做深入、细致的评价。法律上的一切成就得失，都将得到如实的评论，而不能自由讨论的政治标准的运作结果是只能粗疏的、千篇一律的政治鉴定。例如说，在法律标准运作下，我们发现了古今中外涉法文学不约而同的法律批判传统，并且能够对此做专门性的大量研究。而在以往运用政治标准视之论之时，这一宝贵的文学传统无从系统研究，充其量只能在评论具体作品中说一些类似"对统治阶级的暴露"之类的话，如同标签似的到处可见诸如此类的说法。

其次，法律标准的优越性还表现在它高度稳定，而政治标准总在变化不定状态。尤其是中国当代文学批评和当代文学史的研究中，政治标准的变动频率之大，是相当惊人的。伤痕文学、反思文学、改革文学、知青文学、下岗文学、反腐倡廉文学……时髦称呼走马灯似的更迭不穷，究其根源不外乎是批评家依据当代中国政治生活中不断出现的新现象、新问题见诸文学的事实而创造出来的。这也许能够适应评论纯文学的需要，但对涉法文学界来说不能不认为有主观随意性，妨碍着我们冷静观察、思考、揭示当代中国文学的规律，发现和纠正那些一贯性的不足之处。在法律视角之下，自古至今的文学有着相当清晰的贯穿到底的文学红线。即使再过一万年，只要有法律存在，这条文学红线仍然要贯穿下去。是此，寻着这条文学红线研究文学，比眼花缭乱地看那些纷至沓来的政治生活片断的文学所形成的印象，会有本质的不同。文学与法系的密切关系，就是这样被发现的。

没有稳定的法律标准，在文学史研究上对许多涉法文学名著的评论会发生摇摆不定的动荡状况。对《水浒传》与《三国演义》的评论就是如此。仅以《水浒传》为例。它的主题是什么？新中国成立后，操持政治标准的结果是形成了"农民起义说"的公论。近二十多年来，思想解放大潮袭来，"农民起义说"的一统天下破打破，先后提出了"为市民写心说""忠奸斗争说""地主阶级内部革新派与守旧派之争说"，最近又有"反腐败说"。有人不满意这些说法，提出了"游民说"，认为其内容是"讲述游民的奋斗成功与失败的，其中所表达的思想也主要是游民的思想意识，……反映了游民的好恶。"[4]我手头的一部《中国文学史》也对"农民起义说"提出了异议，认为它"更多地反映了市民阶层的人生向往"。[5]在我看来，无论是"农民起义说"还是近二十多年来的各种不同说法，其实都属于用政治标准来批评涉法文学所发生的分歧。"农民""市民""游民"云云，是政治斗争、阶级斗争的话语。无论人们持哪一种说法，也不管人们是否提出了政治标准，实际上都是在用习以为常的政治标准评论《水浒传》的思想内容与倾向。而众说纷纭的背后，是一个严峻事实：用政治标准不可能对涉法文学作品的法律思想内容作出合乎实际的带有法律专业性的正确评论。拙著《法说水浒传》详细论述了笔者用法律标准分析《水浒传》的法律思想内容的一系列看法，读者可以参阅。

再次，涉法文学批评的法律标准的优越性还在于它具有全球普适性。在世界范围内，作为全球性的文学理论处处都要注意便于交流、对话、沟通的基本原则。着眼于此，还可看到，政治标准运用起来因政治制度、政治信仰不同而有不可克服的困难、矛盾，而法律标准却具有全球普适性。无论哪个国家实行何种政治制度，其法律、法律制度在世界上都有彼此共同、一致的东西存在，这就是全球涉法文学之所以构成一个有机整体的法律原因，也是有可能建构普适全球的法律文艺学理论系统的基本原因。然而，政治标准就没有这种全球普适性，也从来没有整体性的世界政治文学出现。法律批评标准在全世界涉法文学的批评上将畅行无阻。

二　法律标准的严酷性

从运用效果上看，法律标准有一系列值得注意的特殊之处，因而给文学研究带来了无限生机和活力。法律标准运用起来，将是十分严酷的动态过程。严酷在何处？严酷性的首要表现，在于它专业性极强，非经法律专业训练与文学专业训练，根本不可能掌握它。从这一点看，法律标准如同一匹烈马，不是训练有素的学人就别想轻易驾驭它。法盲的文学家为什么只要谈到涉法文学就立即破绽百出呢？就是因为被法律标准的烈马远远甩到了后面，望尘莫及。从批评主体方面来看，法律标准的严酷性大体如此。若从批评对象方面来看，法律标准的严酷性主要表现在：

（一）具有苛刻的挑剔性或选择性。

运作它的时候势必一一衡量被批评的对象，凡涉及法律者留，未涉及法律者去，全球文学的汪洋大海被如此筛选一过，至少有一半以上的作家作品因与法律无缘而落选。这是其严酷性的一个基本的数量极为庞大的事实。如果持法律标准来评论中国古代作家的作品，编写《中国古代涉法文学史》，就可以看到这种严酷性的表现：我国第一位著名诗人屈原，除了他的《九歌》中的《礼魂》可加谈论外，其余的作品都难以入选；唐代诗人李白与杜甫一向齐名，分别被尊称为诗仙与诗圣，可在法律标准之下，杜甫将大放光彩，而李白却黯然失色，大有不被提及的可能；唐诗、宋词、元人小令是我国抒情诗类的文学的三座高峰，纯文学史有关论述详尽之至，可在法律标准运作之下，它们充其量不到十分之一的作品能有一席之地；历代涉法小说戏剧作品的文学史地位，将得到大大提升……如此等等，呈现在人们面前的是一种全新的文学秩序。

入选的可以获得涉法文学桂冠的涉法文学群体之中，依法律思想意义的丰富与否、深刻与否、新颖与否，又可进而将它们作出优劣高下的层次定位。这样，很难进入实际批评过程的涉法文学将又是一个庞大数量的堆积。

在纯文学批评那里，任何一个作家，甚至一部作品都有被作为专门对象受到批评家青睐的可能性，为之写一部专著并不是什么困难的事情。可见，普通文学批评标准用起来是很宽松的。这种宽松在涉法文学批评上不见任何踪影。在世界范围内，能经受上述两重筛选，成为专门对象，以专著形式论之的作家少得屈指可数。偌大一个中国，以作家而论，大约只有鲁迅一人能获此殊荣。以作品而论，大约只有《红楼梦》能够连闯严格筛选的道道关口。世界各国其他可相提并论的，在俄国只有托尔斯泰、陀思妥耶夫斯基和契诃夫，在法国只有雨果和巴尔扎克，在英国只有莎士比亚和狄更斯，在美国只有德莱塞，在印度只有泰戈尔，充其量不会超过十人。

（二）其严酷性的又一表现，是任何涉法文学作家作品，只要法律描写上有法律知识方面的错误，无论如何也逃不过批评家的锐利目光，并一定会将其披露出来。否则就是批评家的失职，受害的是广大读者。关汉卿是中国最早的伟大戏剧家，他的《鲁斋郎》《蝴蝶梦》所写包公执法活动，就有几处法律错误，在本书第十三章中已经受到笔者的批评，以类似的法律错误而受到笔者公开批评的中国当代作家作品为数更多。本书将有一章再作一次同样的批评。这种无情的非有不可的针砭工作在法律文艺学之外，根本不可能开展。

三　法律标准的公正性

除了严酷的一面，法律标准还有公正的一面。这种公正，并不是批评家个人的良好德行的表现，也不是谁居高临下的恩赐，而是来自法律标准运用上固有的一视同仁的做法以及法律标准与涉法文学的法律描写实际的相互默契，从而避免了批评家主观臆断，为所欲为，以个人好恶、然否取代对作品应有的客观评价的可能性。

古今中外的涉法文学有两大能经常见到的主题：一是对婚姻和两性关系做法律思考，二是对犯罪问题做全方位探索。在文学批评的政治标准盛行的年代里以及理论上不张扬政治标准而实际上照用不误的当今之世，因政治标准之于涉法文学的这两大主题风马牛不相及，故批评家面对表现这两大主题的作品的时候，只能是各个以意为之，根本上没有统一的标准，于是也就没有什么公正性可言。

在这里，有必要对中国当代关于性爱文学现象几十年来的批评缺乏统一标准而有失客观、公允的教训做一番回顾。这种教训的要害是拒斥本该操用的法律标准而产生的杂乱无序。因此，这种回顾实质上是对性文学现象做法律思考的一种铺垫，从中可窥见法律标准运用的必然性和公正性。

性爱文学，实质上是作品中有性描写的一种文学现象。中国文学界历来缺乏关于性文学的法律思考，故对此种文学现象的理性判断缺乏统一、公正的尺度，造成了具有时代特征的通病。在以往爱情作为文学描写的禁区、谈性色变的年代里，郁达夫的《沉沦》、茅盾的《子夜》、冯德英的《苦菜花》等小说中有限而拘谨的性描写，一再被批评家指责为渲染"色情"。而到新时期，原有的禁区被打破，爱情文学大发展，绘声绘色的性描写也随之泛滥开来。在这种宽松的人文背景下，确有渲染"色情"现象的存在，竟无人出面加以应有的批评，反倒是在"性"上大做文章，极力表现出某种"深刻"见解。例如，王安忆的《叔叔的故事》中的叔叔在婚外同无数女性发生性关系，被说成是"个人对时代的反思"；刘恒的《白涡》中的周兆路与华乃倩有婚外性关系，被说成是"一场人性泯灭的悲剧"；对于批评家们看不顺眼的华乃倩，则大泼污水，有的说她身上有"妾"的鬼魂，[6]有的说在她身上"人们能看到古代妓女的影子"。[7]铁凝的《大浴女》充满了性描写，批评家一一提到，却把这些称之为"噬心经验的'幽会'"[8]，真不知所云。《天宫图》《白鹿原》等小说中的性描写，被批评家说成是什么"欲望化的场景"，认为这是"当代中国文学无法抗拒的重要奇观"。[9]

尤其值得一提的是贾平凹的《废都》中的性描写的"细节真实"，被誉之者称为"惊世骇俗"，"现代当代文学史无前例"，而毁之者众说纷纭，莫衷一是。[10]十年过去了，以《废都》为代表的性文学或文学中的性描写现象到底怎么客观、公正评价，依然是个悬而未决的问题。

关于婚姻关系的描写，更应用法律标准来评论。纯文学家在这里也往往显示出软弱无能的尴尬，自然也不可能做出客观公正的评价。如在谈论苏童的《妻妾成群》时，非法律的文学批评也无能为力，其议论的不公正也相当明显。批评家王干认为，此作跟苏童的许多作品一样，"无力去暗示人、人生、人类的伟大真理"、"不表露明确的价值取向与人生态度"，这种见解被另外的批评家加以肯定，"认为王干的思考更接近作品的本质"。[1]用法律眼光读《妻妾成群》，可发现作品意在反思中国一夫多妻现象的血泪教训。小说中，妻人老珠黄被冷落，只好去烧香拜佛。其他先来后到的姜们，为争宠于丈夫陈佐千，勾心斗角、互相残害，死的死，疯的疯。小说以陈佐千娶第五位太太文竹作结。这暗示着，天长日久，文竹也不会有好下场。

可见，一旦运用法律标准，批评家们无的放矢的弊病就暴露无遗。两性关系是受法律约束的。两性柏拉图式的精神之恋，法律不予理睬。一旦有肉体关系相伴随，法律就非过问不可。婚内的肉体（性）关系，完全合法，无可非议。值得注意的是，文学的性描写多为婚外性关系，而这种婚外性关系为法律所不容。依封建法律这是犯罪行为，依当今的法律这是违反法律规定的忠实义务的行为，都应受到否定。因此，《叔叔的故事》《白涡》《废都》之类的性文学的共同点，在于描写了被法律作否定评价的婚外性行为。只有抓住了这共同的性质，对作品的各不相同的法律寓意的具体分析才有了主心骨。叔叔之所以当年为婚姻吃了苦头，而今在离婚后与众多女子有了性事，那是因为当代中国的性观念、婚姻观念经历了从苛严到宽松的变化历程。上述周兆路与华乃倩的婚外性关系更多地倾向于两性间的自然吸引的本能，周兆路出于升官目的而抛弃华乃倩实属伪君子的行径。庄之蝶与众多婚外情人的性关系史，是曾被压抑的性本能冲动与欲望的大发泄，是文人在意念中张扬法律所不容的婚外性幻想的典型表现，集中代表了当代中国绘声绘色的性描写文学现象的一般特征与《婚姻法》实施效果欠佳的密切关系。

明摆着的道理，表明了法律标准的客观、公正，纯文学批评家却讲不出来。

法律批评标准的公正性，还表现在以平等的眼光对待一切涉法文学作品。那些名不见经传的作家，只要有优秀涉法作品，就会受到批评家的垂青，入涉法文学史也不成问题。例如各种版本的当代文学史论著中，均找不到李一清、竹星、赵占波等作家的名字，可他们各自的中篇小说《山杠爷》《中西部》《证人马小芹》等都是难得的涉法文学作品，若有人编写《中国当代涉法文学史》，这三部小说都非加评论不可。操持政治标准的文学史家，不可能做到这一点。

法律批评标准的公正性还有一个具体表现：对于未能构成作品的思想或艺术的主导倾向的涉法文学作品，只要有值得一提的独到之处，都会纳入一定的话题进行专门研究，而不会拒之门外。例如当代中国文学关于权与法的关系的描写，有的构成了作品的主题，有的只是作品中穿插性描写，为了集中展示作家们探究此问题的兴趣与成就，完全可以将它们一并纳入研究范围。拙著《法律与文学的交叉地》第十六章《中国当代文学中的法律与权力》和《中国文学与中国法律》的第十六章《中国当代涉法文学中的法律和权力》都是采取这种专门研究的产物。无论是研究涉法文学的思想或艺术的专门问题，都可以而且应当这样做。

四 法律标准的实质与三棱结构

以上所说的法律标准，实质上就是法律文艺学赖以安身立命的法律视角与方法。本章之所以专门提出"法律标准"，完全是一种权宜之计。笔者的苦衷有两点：一是为了与纯文学批评论接轨，二是为了行文的方便。纯文学批评论关于批评标准的论述，是极重要的组成部分，故在文学圈内人的头脑中是根深蒂固的，涉法文学批评论若不提出自己的批评标准，是站不住脚的。从笔者个人的行文来看，若不围绕批评标准的核心来发议论，如同没有行进路线和终极目标，所谈会漫无边际。是此，本章论述便以"批评标准"为话语中心。日后其他有志者若另行建构"涉法文学批评论"，估计也会在此树立"法律标准"的路标。

既然法律标准的实质就是法律文艺学的立足之本——法律视角和方法自身，那么这种视角和方法具体运用到涉法文学批评领域，将其作为"法律标准"来运用，就势必带有法律视角与方法的全部特色与功能，而这是纯文学批评的任何标准都不可能有的东西。同样，为了论述的方便，也为了与纯文学批评论接轨，我们只得把这独具的特色与功能概括为"法律标准"内部的"三棱结构"，以此作为论述的切入点。

涉法文学批评的法律标准内部三棱刀刃状结构是：

第一棱为从法律角度看文学、解剖文学的刀刃。建构法律文艺学的整体大框架及各种专题研究，主要仰仗这一棱的功能。本书的写作，依靠的主要是这一棱，让它来发挥建功立业的威力。

第二棱为从文学角度看法律、剖析法律的刀刃。建构文学法律学的整体框架及各种相应专题研究，主要仰仗这一棱的功能。笔者除本书以外的、早已问世的一百四十多万字的研究成果，十之八九是操持这一棱刀刃不断研究、剖析的结果。

第三棱为从法律内容与文学形式相结合的角度看涉法文学创作的艺术成就、美学追求的刀刃。涉法文学美学研究或涉法文学创作的艺术研究，非操这片刀刃不可。

所以说，法律标准是一把三刃刀。三者相对独立，密切配合，各有所能，又可依研究者的实际需要进行调节，或三者俱下，或突出其一、二，悉听尊便。

以上所谈之所以具备优越性、严酷性、公正性等特点，其源盖出于法律标准的三棱刀刃的结构及其功能。这是纯文学批评所惯用的政治标准绝对没有的东西，也是根本不可能办到的事情。

拙著《外国文学与外国法律》曾用法律标准的三刃刀剖析过托尔斯泰的微型小说《太贵了》。这里，不妨将这段话全文抄录如下：

托尔斯泰的微型小说《太贵了》像欧仁·苏的《巴黎的秘密》一样，也发出了"法律太贵"的感叹。不过，他所说的太贵，跟欧仁·苏所说的有所不同：欧仁·苏的"太贵"指的是普通公民因拿不出诉讼费而有此感叹，而托尔斯泰所说的"太贵"则指的是整个国家在经济实力上不堪法律实施的重负而有此感叹。这篇小说把法律与金钱关系的思考，提升到了哲理思辨的高度，揭示了法律取决于经济基础，且反作用于经济基础的哲学真理。当法律实施的费用与国民经济收入不相称的时候，感到法律太贵的不是任何公民个人，而是整个国家。

小说的故事是：在全国人口只有 7000 人的摩纳哥王国，发生了一起从未发生过的谋杀案。依法律规定，杀人犯应该斩首，困难的是该国没有砍头用的断头机，又没有行刑的刽子手。官员们打算向法国借用断头机和刽子手，需要 16000 法郎的费用。他们嫌贵，又向意大利表示了同样的意向，但仍得花 12000 法郎。在不得已的情况下，只好把死刑改为无期徒刑，可又碰到了没有囚禁无期徒刑犯人的监狱的困难。好不容易找到一个可关押犯人的地方，一年下来，依然花了 600 多法郎。他们算了一笔账：这个犯人年轻力壮，如果活上 50 年，那么，总共花销得好几万法郎。他们还是嫌太贵，又商量新办法，最后决定用支付养老金的方式，把这个杀人犯打发到国外定居去了。

不用说，这篇小说的故事是简单的，然而它所思考的法理却是严峻的、深刻的。稍有唯物主义哲学知识的人应该知道，作为上层建筑之一的法律和司法制度，是建立在一定的经济基础之上的，同时反作用于经济基础。问题只在于，当人们缺乏社会生活经验，对于法律实施于社会的效果所知甚少的时候，上述哲学原理只不过是一种僵死的教条，不能成为有用的思想武器。《太贵了》就是在这个环节上发挥了它的认识作用。小说用金钱作为活生生的标尺，把一桩杀人案发生之后在法律运行途中遇到的经济路障，以及难以排除的现实困难摆在读者面前作为活教材，让你读完故事的那一瞬间，突然感到茅塞顿开，不由得拍案叫绝道：对国家而言，法律也有贵得买不起的时候！这样，恍然大悟的读者，他们头脑中关于法律取决于经济基础并反作用于经济基础的历史唯物主义哲学观念，就不再是僵死的教条，而变成了一种有用的真理了。微型小说《太贵了》关于法律与金钱的哲理思辨的深刻性就在这个地方。

笔者的这段文字，可以认为是把法律标准的三棱结构同时派上了用场，其结果是使读者看到，《太贵了》作为微型小说的文学形式，到托翁手里运用自如，从而表现出极为深刻的法律见解。一种发人深思的法律哲学见解——经济基础决定法律这一上层建筑，用千字微型小说形象表现出来，没有巧妙的构思，没有艺术的概括力，是绝对办不到的。从这一段评论文章，读者大体可以看出运用法律标准的三棱结构作用于批评实践的大体情形。

参考文献

[1] 何国瑞. 社会主义文艺学 [M]. 武汉：武汉大学出版社，2001：434.

[2] 田中阳，等. 中国当代文学史 [M]. 长沙：湖南师范大学出版社，1998：297.

[3] 王庆生. 中国当代文学史（下卷）[M]. 武汉：华中师范大学出版社，1999：125-127.

[4] 王学泰，等.《水浒传》与《三国演义》批判 [M]. 天津：天津古籍出版社，2004：108.

[5] 章培恒，等. 中国文学史（下册）[M]. 上海：复旦大学出版社，1997：186.

[6] 中国作家协会创研部. 中国八十年代争鸣小说选 [M]. 长春：时代文艺出版社，1992：1085-1086.

[7] 黎风. 新时期争鸣小说纵横谈 [M]. 成都：四川大学出版社，1995：326.

[8] 陈超. 噬心经验的"幽会" [N]. 中华读书报，2000-4-26（16）.

[9] 陈晓明. 中国新本土小说精选 [M]. 西宁：青海人民出版社，1995：23.

[10] 肖夏，等.《废都废谁》[M]. 上海：学林出版社，1993.

[11] 黎风. 新时期争鸣小说纵横谈 [M]. 成都：四川大学出版社，1995：313.

第十七章 涉法文学的批评方法

有了法律标准之后，还要进而解决运用这标准开展批评活动的方法问题。纯文学家很难操用法律标准，进入了法律之门的文学家也不一定就能够将法律标准加以成功运用。因为，这里存在着不少方法论问题的拦路虎，困扰和阻碍批评活动的有效开展。

一 变被动批评为主动批评

相形之下，纯文学批评相当被动，而涉法文学批评十分主动。文学批评家若有志于从事涉法文学批评，首先要注意到这种客观存在着的被动性和主动性，力求变被动批评为主动批评。

纯文学批评的被动性是什么呢？扼要说来有如下表现：你有什么样的作家作品，我就毫无例外地可以有一番作为，大有来者不拒之势；应邀、受托、为某种功利所趋使等，都无条件可以进入批评过程；批评一旦开始，都免不了依照先谈思想后谈艺术，主要讲成就简略说不足的方式思考和行文，绝少例外情形出现，等等。批评家举手投足都显得被动不堪，没有太大的主动性，因而也限制了创造性。

涉法文学批评则有多方面的主动性：不管作家作品地位多高，名气多大，只要与法律不沾边，都置之不理，大有目空一切之势；一切外部诱因，如地方保护主义、商业炒作、名利诱惑之类，都不能成为推动进入批评过程的力量，唯有对涉法文学文本自身有所感、有所悟、欲罢不能，才可欣然尽批评的职责；批评一旦开展起来，各种约定俗成的限制批评家创造性的东西，都将无立足之地；批评者目不转睛直面所要评论的作品，不管作家主观动机如何，也不管以往评论家作出了怎样一致性的有权威性的定论、公论，始终坚持从涉法文学文本的实际出发的原则，引出应有意见，故所作出的评论常常出乎作家的意料之外，与评论界以往的定论、公论也没有共同之处，等等。这些情形，跟纯文学批评随遇而安地消极接受批评对象、顾虑重重地发表意见的做法完全不同。唯其如此，涉法文学批评的意见总给人以耳目一新之感。习惯于作纯文学批评的批评家，只有首先做好了心理准备，变被动为主动，才可在进入批评过程之后充分发挥自己的创造能力。

涉法文学批评的主动性，还表现在法律标准具有对非涉法文学进行思考、批评的潜在功能。通俗地说，就是爱管闲事，不该它管的事它也爱过问，而且可以过问。例如说，"明月松间照，清泉石上流"之类的山水诗，如诗如画一类的游记散文，似乎与法律八竿子打不着。如果批评家熟悉环境保护法，且读过谌容的长篇小说《梦中的河》——一部描写环境污染的作品，为作品中那条秀丽的河变得奇臭无比、鱼虾绝迹而心胸难平，那么就会清醒地意识到：陶醉于祖国秀丽山川的诗文，只能产生于环境污染未成公害的社会条件之下。如今有哪位作家、诗人不顾环境污染的严峻形势，而去盲目乐观地讴歌山青水秀呢？就是这种潜在功能，使涉法文学批评的对象实体往往溢出了应有的范围之外。

再如武侠小说中杀人如麻、伤人骨肉的事件和场面如同家常便饭，却每每无人问津，行凶动武者一个个安然无恙。在法律视角未曾进入文学批评之初，批评家会认定这一切只能发生在法律不曾产生的时代。

以上两方面的实例，可以说明涉法文学批评的主动性的一个重要方面。而这一点，取决于法律标准可以运用到纯文学批评中的潜在功能。

涉法文学批评的主动性，在评论当代中国文学关于犯罪和婚外性关系两大社会问题的思考、表现的得失上，将有突出的意义与贡献。这是变被动批评为主动批评的大有可为之处。就是在这里，非法律的批评不仅不能尽批评的职责，反而把那些本该受到针砭、本应呼吁作家改弦更张的消极东西合理化，为其积极制造长存的理论依据。婚外性关系描写的泛滥，对性事的百般美化与张扬，自有其商业化炒作，迎合一部分读者而找卖点的原因，可有批评家不能正视它，反倒称之为"欲望化的场景"，认为"那些欲望化的场景乃是当代中国文学无法拒绝的重要奇观，在某种意义上，它还是这个时代最后遗留的中国本土的（东方的）奇观"。[1]这种见解，完全不能说明问题的法律属性。

二 法律思想意义的批评和法律描写艺术的批评相结合

在纯粹文学批评中，思想批评与艺术批评往往截然分家，泾渭分明。在涉法文学批评中，这种二元分割的情形得到了大幅度削减。虽然，我们可以在评论作品的时候，在理智认识上可以把法律的东西划分为相对独立的法律思想意义和法律描写艺术两个方面，但在具体分析的时候，往往是双管齐下的，即当你谈着文学中的法律的时候，免不了要谈论这种法律与立法文本、与法学家的法学论著有什么不同，也免不了要谈这种法律与其他作家的同类描写相比有何特色，这样，就极其自然地把法律思想意义的批评与法律描写艺术水乳交融地结合起来了。

正因为如此，涉法文学的评论文章的整体或局部，甚至每一句话，给人的感觉是既像文学论文，又像法学论文；既像法律思想批评，又像法律描写艺术批评。

我们所见到的中外法学家谈论文学中的法律的论著、片段性的言论，虽然取用的是文学材料，但完全抛弃了法律描写的艺术分析话语，只是一味把文学材料当作法学论据，故没有一丝一毫文学的味道。这样，他们的谈论，严格讲不属于涉法文学范畴，而属于法学范畴。例如法学家苏力，对涉法文学怀有极大兴趣，写了不少有关文章，还有一部已问世的专著。我读他的文章每每感觉到缺少文学味，属于纯粹的法学论文。事实上，中外法学家谈论涉法文学的各种论著，在他们自己心目中也都是作为法学论著出现的，跟我们所说的涉法文学批评是两码事，不可混为一谈。这里有一个小插曲：我曾在电话中诚恳请苏力用一句话概括他对拙著《中国文学与中国法律》关于涉法文学研究的感觉印象，他不假思索地说："我们的路数不一样。"我很欣赏这句话。从这句话中我感觉到：二十多年来我对涉法文学的研究始终注意坚持文学性的原则，而防止把它变成法学的附庸和传声筒。这句话能否从一个侧面说明法律思想意义的批评与法律描写的艺术批评有机结合的情形呢？

法律描写艺术，包括有法律人物形象刻画、文学诉讼案件的叙述、法律文化现象勾画、法律名词术语的比喻和引申意义的运用等方面。还有难以枚举的足以影响法律思想意义表达效果的艺术技巧。不具体分析它们，涉法文学作品的法律意蕴就无从揭示、解释。这样，法律思想意义批评与法律描写艺术批评的有机结合，就不是人为的外在要求的强加，也不是别出心裁的理论创造上的倡导，而是涉法文学批评固有的方法论启示。我们的责任，只在把这方法论的启示形诸笔墨，公之于世。

有时，法律描写的落脚点不在表现什么法理法意，而是创造一种特有的艺术意境。例如余光中的《黄昏越境》一诗，从现代刑侦活动中得到写夏日黄昏景物的灵感。

究竟，黄昏那偷渡客

是怎么越境的呢？

而黑衣帮的夜色

又怎么接应的呢？

怎么一个分神

满天的紫水晶、赤玛瑙、黄玉

就统统走了私呢？

最可疑的是朝西

那一排胡子松的背影

和起伏不定

再也数不清的山脊

我守着晚霞的逃逸

几乎没移过眼睛

锐利像缉私的边警

却怎么也找不到一点破绽[2]

全诗运用了偷渡客、越境、黑衣帮、接应、走私、逃逸、缉私、边警等法律用语，点染出犯罪与打击犯罪两种势力较量的意境，象征着难熬的酷暑已如罪犯那样日暮途穷了。不畏炎热的乐观生活态度，一如同犯罪作斗争的情形。这应是生活中的法律秩序给诗人以艺术灵感的一个明证。面对这首诗，法律意识自觉的读者要比法盲的读者品味到多得多的东西。

果戈里的小说《死魂灵》的叙事艺术的契机，同样来自现实生活的法律秩序。看不到这一点，对这部著名小说的艺术和思想的评论，便如同浮萍没有固定的落脚点。当年俄国法律的空子太多，乞乞科夫善于钻法律空子的刁滑可笑与小说赖以建构叙事框架的东西，就是两个法律空子：一是关于农奴登记的法律规定，二是关于银行贷款需要有抵押的法律规定。乞乞科夫向地主们购买死亡农奴名单而企图骗取巨额钱财的投机行为，就是钻了这两个法律的空子。评论《死魂灵》的思想和艺术，若不作具体的法律分析与评论，就谈不清任何一方面的问题。纯文学家的有关评论，恰恰不谈上述法律问题，故总给读者以莫名其妙的感觉。

三　批评话语的理论坐标选择

涉法文学批评话语的表达，不能取法律与文学的平均值，也不能取两者的混合物，而应根据研究者的既定目标，在三大可供选择的话语理论坐标中进行选择。这三大理论坐标是我们要一一加以说明的作家作品本位论、法理法意本位论、法律与文学交叉论。作家作品本位论为文学家所熟悉，它以作家、作品或文学理论命题、文学现象概括为立论的基石，建立法律视角下的文学理论系统。法理法意本位论为法学家所熟悉，它以法学理论命题为立论的基石，建立文学视角下的法学理论系统。法律与文学交叉论，以法律与文学的相互关系的认识成果为立论的基石，建立关于这两种意识形态的哲理思考的文学、美学的理论系统。这三大话语的理论坐标的功能彼此有别，应依研究者的课题的实际需要进行取舍。以我的实际运作经验，其取舍原则大致是：

法律文艺学研究，当取法律与文学交叉论，它是作家作品本位论和法理法意本位论的综合运用。涉法文学史论指导下的涉法文学史的专门研究，当取作家作品本位论，以便描述涉法文学的进程与规律。

文学法律学研究，应取法理法意本位论，建立若干法理专题，自由取用文学材料，用我们所说的法律话语与文学话语交融的话语加以论证。

如果是评论单个作家、某些文学现象、单篇作品，则可灵活运用，不必拘泥：或取用作家作品本位论，或取用法理法意本义论，或法律与文学的交叉论。

　　某些课题的研究需要研究者综合运用所有这三大话语理论坐标，若随意取舍，很可能吃力不讨好，例如，中国当代六十多年来的婚恋文学，可以进行法律上的思考。我以为是一个很有学术价值与现实意义的课题。在做这一研究时，上述三种话语坐标就需要综合运用。总标题可定为《中国当代婚恋文学的法律思考》。这个题目本身就具有综合性，既有文学话语，又有法律话语。在总标题之下，为了概括极为丰富、复杂的法律思想内容，依据行文需要，可设计若干兼具法律与文学色彩的小标题：《把婚外恋视为政治思想问题的年头》《精神之恋与法律》《婚外性行为的违法性》《违法性关系的复杂原因》《原因之一：生理本能的冲动》《原因之二：政法压抑下的宣泄》《原因之三：性与权交易》《原因之四：金钱的腐蚀与诱惑》《原因之五：性道德的执着与沦丧》《原因之六：婚姻习俗的干扰》《原因之七：生儿育女的愿望》《原因之八：好奇心与占有欲》《纯文学家拒斥法律而言不及义》，等等。具体行文时，既要列举具体文学作品实例，又要作法理分析评论。这时，法律话语与文学话语每每纠缠在一起，难舍难分。于是，对话语理论坐标的运用就显得变化自如、得心应手。

参考文献：

[1] 陈晓明．中国新本土小说精选［M］．西宁：青海人民出版社，1995：23.

[2] 余光中．招魂的短笛——余光中抒情诗精选［M］．张叹凤，点评．成都：四川文艺出版社，1990：115.

第五编　涉法文学史论

　　跟踪描述涉法文学史的进程，揭示和解释在这一进程中表现出来的特有规律，是涉法文学史研究的根本性任务。这进程、规律既为涉法文学所特有，那么其实质性的内容无不与法律沾亲带故。如果说纯文学家连赏析一篇篇具体涉法文学作品都步履蹒跚，那么在系统描述这进程、解释这规律方面，就会寸步难行。涉法文学史的专门研究领域至今一片空白的原因就在这里。

　　笔者虽然在涉法文学的原野上折腾、叫喊了二十多年，可正儿八经地谈论涉法文学史的研究问题，却是自此而始。在这里，我想依初步研究的心得，试谈涉法文学史研究中非解决不可的两个具体问题。其一是未来涉法文学史的叙述体例问题，其二是应当揭示的规律到底是什么的问题。如果真正解决了这两大问题，编写涉法文学史的学术工程的启动与竣工，就指日可待。但愿我能尽自己最大的努力，为真正解决这两个大问题提供一点有用的思路。

第十八章 涉法文学的体例构想

涉法文学不同于纯文学的根本点是它对法律的描写、反映与思考。这样，涉法文学史不同于纯文学史的根本点，就在于它应当是文学描写、反映、思考法律的历史。简单的形式逻辑推理，就能使我们得出这一结论。这个结论，必然会成为研究涉法文学，构想涉法文学论著的指针。

多年来的研究心得与见诸书面的成果证明，上述作为指针的东西是完全正确的。也就是说，当初作为假说的东西，已得到初步证实而变成了科学的理论命题，日后的进一步研究将会反复证明它的科学真理性。

这就是我们构想涉法文学史体例的理论依据。这个依据，可大言不惭地说，是笔者的发现和创造。在长期研究中，我逐步意识到涉法文学的发展史，跟现实生活中的法制史有着同步性或一致性。这样，法制史的丰富论著，就成为涉法文学史研究不可缺少的参照系。这样，对文学描写、反映、思考法律的历史的清理、论述，就因为有了这参照系的发现、运作而变得切实可行了。

一 涉法文学史的分期可依法制史线索划分

世界各国都有法制发生、发展的历史，也都有涉法文学发生、发展的历史。二者之间的同步性、一致性，使第一次研究涉法文学史的学者可以而且应该到既有的法制史论著中寻求划分涉法文学史各个历史时期的依据。

以中国涉法文学史为例。拙著《中国法律与中国文学》虽属于文学法律学范围，根本没有专门谈论涉法文学史的任何学术问题，只不过较系统地阐述了中国历代涉法文学的法律思想意义罢了，然而全书章节的安排和内容的表述的客观效果，却相当清晰地反映出了中国涉法文学史的大体进程，列举了每一历史时期有一定代表性的涉法文学作家作品。以进程而论,中国涉法文学所走过的道路是:古代——近代——现代——当代;各个历史时期与中国法制史的内在同步性、一致性的实质内容是:中国古代涉法文学对中华法系发生、发展的历史特点做出了某些反映,近代涉法文学对中华法系的消亡的趋势有生动描写,现代涉法文学中可以找到中国法律现代化的足迹,而当代涉法文学则囊括了社会主义中国法制建设的历史风云。依照这样的线索来建构中国涉法文学史的推进过程的描述系统,应当说是合乎中国涉法文学史发展历程的。

由于种种原因,中国当代法制史的研究相当滞后,我还没有见到有关专著出现。在这种没有当代法制史论著可作参照的情况下,一方面中国当代涉法文学研究因没有参照系而较为困难,同时涉法文学史自身所显示出来的中国当代法制史线索就弥足珍贵。新中国成立初期,"反特"小说风行一时,这是当时镇压反革命运动的历史回声,其法律含量非常稀淡。后来强调阶级斗争的岁月,法律武器对准的是阶级敌人,此时的文学中,法律内容极为单调。到"文革"结束后,当代中国文学反思十年动乱之际的社会生活,全国性的纠正平反冤假错案成为广大作家关注的焦点,形成了一种普遍的冤狱平反的情结。当年执法中的形形色色的错误充斥于小说、戏剧、电影之中。20 世纪70 年代末《大墙下的红玉兰》等小说的出现,标志着中国当代开始出现了严格意义上的涉法文学。从 80 年代后期至今,当代涉法文学中引人注目的一个中心点是党政机关和司法机关权力滥用干扰法律实施的情形遍及城乡,发人深思。这就是当代中国涉法文学六十多年来的大体发展趋势。这种趋势,跟中国当代法制史的进程是吻合的。

例如,当代中国的检察制度,建立于 1954 年的宪法颁布之后。此前几年新中国文学中绝无检察官员执法办案的身影。到"文化大革命"中,砸烂"公检法"的叫喊声遍布中华大地城乡之间,后来导致了检察机关的取消。这些在中国当代文学中也有所反映。结束十年动乱之后,检察机关得以恢复和发展,文学中检察官形象的描写也随之发展起来,出现了《送你下地狱》《国家诉讼》《检察官》等以检察官为主人公的长篇小说。

总之,中国自周至清,直到当今的法制史线索,在中国涉法文学史中清晰可辨。

　　虽然这种历史分期，与纯文学史的分期毫无二致，但其中法制史线索的文学反映，却是纯文学史所根本没有的。涉法文学研究的一个重要任务，就是依时间顺序——清理、阐述那些具有法制史认识价值的文学事实或现象的线索。以中国涉法文学史而论，对礼治秩序由肯定到否定的描写线索、厌讼的社会心理线索、复仇的主题线索、婚姻问题线索、犯罪问题线索、律师形象线索、法律与各种社会现象的关系问题的线索、法律现代化发展的线索等，大都是发源于先秦时代，一直贯穿在历史风云中从未中断过的文学史实线索，唯有涉法文学史的专门研究才可将它们都清理、描述出来。仅以律师形象线索而言，它经历了由古老的讼师到现代化律师的转变这两个阶段。在讼师阶段，中国文学几乎都习惯于暴露讼师们的消极面——教唆人们打官司、弄虚作假、大发横财，以致于我们可以称之为"恶讼师"。《吕氏春秋·离谓》中的邓析，应是恶讼师的鼻祖。其后来者有《初刻拍案惊奇》第十一卷《恶船家计赚假尸银　狠仆人误投真命状》中的邹老人，《型世言》第十三回《击豪强徒报师恩　代成狱弟脱兄难》中的张罗、第三十回《张继良巧窃篆　曾司训计完璧》中的张继良，《儒林外史》第十九回中的潘三，《活地狱》第一回中的刁占桂、第二十九回中的王伯丹。中国法律现代化转型之后不久，文学中的讼师被律师取而代之，第一个被称之为律师的形象，应是《文明小史》中的劳航芥，其时为清代末年。20世纪40年代初的苏青的长篇小说《结婚十年》中的贤，是我见到的又一个律师。20世纪90年代王小鹰的长篇小说《你为谁辩护》则为我们奉献出以女律师梅贞为代表的律师群像，从而开创了大规模描写社会主义时代的律师的新局面。由此可见，中国涉法文学史描述诸如此类的文学线索将大有可为，使人耳目一新。当涉法文学史论著中充满了这样的文学史实线索的时候，我们不仅更具体地认识到涉法文学史与法制史同步的发展规律，还可以从中看到涉法文学史的巨大法制史认识价值。这些历史经验有益于发展现实社会的法制建设。

　　世界其他国家的涉法文学史是否也如同中国一样跟该国法制史同步、一致呢？笔者未曾作深入、具体研究，不敢妄言，但依中国上述情形类推，作出肯定性的回答，大约不会有太大的错误。尤其是法国、俄国、德国、英国与美国等文学大国的涉法文学史跟该国法制史的同步、一致的东西，更容易得到证明。

二 论述框架的主体可以法系为轴心

我构想的世界涉法文学史有三大板块，以第二大板块为主体，而它是以外国法制史学家对世界五大法系的划分为轴心的，其他两大板块因时间短，拥有的作家作品数量有限，在涉法文学史中占次要地位，但也有法制史知识的支撑。

第一板块：涉法文学的起源解释。纯文学起源于劳动生产，已成为文学史家和理论家的共识，涉法文学的起源则从来无人问津。笔者对此没有十足把握下的明确结论，只是从世界各文明古国最早的文学名著名篇的法律内容意识到：涉法文学史的源头，在古希腊可以追溯到荷马史诗；在古巴比伦可以追溯到英雄史诗《吉尔伽美什》；埃及中王朝时期（公元前2280—前1778年）第十王朝的故事体裁文学作品《能说善道的农夫的故事》叙述了世界上最早的诉讼案件；中国文学史上的第一部诗歌总集《诗经》和第一部散文集《尚书》中都有涉法文学篇目，等等，这些都反复证明人类奴隶社会就有了涉法文学，至今有四千多年的历史。

至于文学与法律到底怎样开始挂钩的，还有待于进一步研究。大体说来，最初的文学形式直接用以表述法律规范，使法律与文学处在合而为一的状态。后来随着成文法的出现，产生了专门的法律文体形式，法律与文学才逐渐分离而各自有了专门的文体形式。到这时，法律与文学的内在联系便由文体形式的合而为一变为被反映与反映的关系，从而形成了具有审美价值的涉法文学。涉法文学的起源的解释，将以这样的大致思路进行是不会有什么疑问的。《尚书·吕刑》就是中国用散文形式写出的最早的成文法典。后来，成文法逐渐形成了专门文体，就从文学中分离开来，从此文学的任务就在于描写成文法实施于社会的各种具体情形和问题。无论中国和世界各国，法律与文学挂钩的演变史都大体如此。

第二板块：五大法系国家的涉法文学史进程描述。世界五大法系是：民法法系（又叫作大陆法系）、普通法法系（又叫作英美法系、海洋法系）、印度法系、伊斯兰法系和中华法系。不同法系有不同的代表国家，自然也有相应的涉法文学史。世界涉法文学史的编写，可在法系划分中找到立足之地：

不同文学对不同法系特征有所反映。

中华法系，以中国奴隶社会到清末和封建社会的法律为代表，故中国古代文学对中华法系特征的反映是中国古代涉法文学的思想内容的焦点之一。

民法法系，以法国法律为代表，故法国文学中的民法法系特征的描写与思考，构成了法国文学的思想内容的焦点之一。

普通法法系以英国和美国法律为代表，故在英美文学中，有普通法法学特征的反映。

印度法系以古代印度法律为代表，故印度古代文学中有印度法系特征的反映。

伊斯兰法系又称作阿拉伯法系，是中世纪信奉伊斯兰教的阿拉伯国家的法律的统称，以《古兰经》为主要内容，阿拉伯文学中的《古兰经》精神如同阳光普照，没有例外。

描述以上五大法系国家的涉法文学进程，唯有紧紧抓住涉法文学同法系特征反映的这一条红线，才能把具体作家作品的法理法意、法学成就的描述落到实处：使读者从中可以看到不同法系国家的不同涉法文学的差异之处。拙著《中国文学与中国法律》的第一编《中国古代文学与中华法系》以五章的篇幅论述了中华法系的礼治秩序、严刑笞杖等特征在中国古代文学中的反映；拙著《外国文学与外国法律》的第一编《外国文学与外国法系》以五章的篇幅分别论述了印度文学与印度法系、阿拉伯文学与伊斯兰法系、法国文学与民法法系、英美文学与普通法法系的大体情形。编写中国和世界各国涉法文学史，讨论五大法系特征在相应国家文学中的反映问题，可从拙著中得到有参考价值的东西。如果我有可能从事这一工作，无疑会在自己以往走出来的足迹上做进一步开拓。

第三大板块：社会主义国家涉法文学史的回顾与未来发展趋势展望。社会主义法系以苏联与社会主义中国的法律为代表，苏联和中国当代涉法文学反映社会主义法系的基本特征也是毫无疑义的。中国当代涉法文学史的研究，可从这里找到大体方向。

总之，中外涉法文学史的研究，应当以法系划分的知识、理论为指南，唯其如此，才可究明世界各国涉法文学的思想内容有同有异，而"异"的东西突出表现在法系特征方面，由涉法文学史进程逐渐体现出来。"同"的东西，就是世界涉法文学史的共同规律问题。

三　把涉法文学的历史进程描述与特有发展规律揭示结合起来

始终要注意这种结合。

为叙述方便，也为具体突出这种结合的学术性，在编写涉法文学史论著时，可采取将全书分上下两编的办法。上编，以上述三大板块的划分、论述为具体内容。下编，则是对涉法文学史的特有规律的揭示与阐释。

上编，以系统介绍各国历代有代表性的涉法文学作家作品为主，注意突出知识性。

下编，以具体揭示、阐释涉法文学的各种特有规律为主，兼顾作家作品的实例，注意突出理论性。

关于上编的具体内容，上文说明已相当具体，不再多说。

关于下编的具体内容，自然应依所发现的特有规律到底有多少为转移。这是个大难题。如果是笔者动手来撰写《世界涉法文学史》这本书的话，我会把自己的发现——自以为是客观规律的东西——公之于世，供专门研究者参考。下一章正是出于这种考虑而撰写的。

这里，将我心目中的中国涉法文学的历史进程简述如下，供有志于进一步研究的学者参考：

中国先秦时代的涉法文学，是在极力鼓吹中国特有的法律秩序——礼治秩序中前进的。其鼓吹方式主要有三种。一种是以《相鼠》为代表的作品，讽刺制定礼法而不遵守礼法的统治者不如老鼠，从而维护了重礼法的传统价值观念。二是以《左传》为代表的作品，不断对人们的言行进行"礼也"或"非礼也"的评判，表现了日常生活中守礼的自觉意识。三是诸子散文中关于礼的议论，对什么是礼，礼有什么社会功能，礼包括哪些内容，礼与德、乐、刑、政等意识形态和法律规范的相互关系问题反复进行解释和发挥，形成了先秦时代极为丰富的礼法思想与礼学理论。

汉代贾谊的《过秦论》对于秦代严刑峻法的教训的检讨，影响了一代代知识分子，使鄙视法律成为中国知识界的传统思想观念。汉乐府民歌《孔雀东南飞》以焦仲卿与刘兰芝的爱情婚姻悲剧对封建休妻制度进行了血泪的控诉。

魏晋之际的志怪小说《搜神记》和志人小说《世说新语》中的不少作品描写法律的开创性意义，揭开了中国文学以小说形式探讨法律的新篇章。《世说新语·任诞》的《阮籍轻礼》发出了狙击礼治秩序的第一声枪响。

唐代诗歌、散文对兵役之苦与赋税之重的感叹，以杜甫、白居易、柳宗元等为代表的诗人、散文家对唐代兵役法、税法的实施，给人民群众带来的深重灾难的同情汇成了一股不间断的文学潮流。

唐宋传奇作为小说形式对法律的描写比志怪小说、志人小说有长足进步，具体表现是作品的篇幅较长，因而法理法意的容量较大，探讨的法理层面也有所拓展。

元代杂剧是我国戏剧文学的黄金时代，也是我国涉法戏剧文学的黄金时代。现存 162 种元人杂剧中，涉及法律的篇目有 70 多种，大有专门研究的必要。

明清时代，出现了《三国演义》《水浒传》《西游记》《红楼梦》等涉及法律的长篇小说。这四部作品的法律内容都极为丰富，不以专著形式详加论述均不足以涵盖其深广的全部法律思想意义。可以认为，它们代表了中国古代涉法文学的最高成就。

古老的中华法系发生发展乃至消亡的历史过程、基本特征，在中国古代文学中作出了真实的反映，对其不人道的残酷性，与人民为敌的反动性都有所揭露和抨击。

中国法律现代化历史过程始于清末修律活动，基本完成于民国时期。中国近代涉法文学和现代涉法文学，承担了以艺术手段反映和思考中国法律现代化所提出的法律问题的历史使命。鲁迅在中国法律现代化之初，自觉肩负着历史使命，以《狂人日记》《祝福》《灯下漫笔》等小说和杂文，第一次对维系了几千年的礼治秩序作出了最深刻、最彻底的批判。《阿 Q 正传》以活得完全没有一点人样和人味的阿 Q 的形象，控诉了中国自古以来缺乏把人当人对待的民法精神的罪恶，使我们从反面看出了维护人格尊严和一系列人身权的民法精神的极端重要性。如果说《红楼梦》是中国最杰出的涉法文学作品，那么鲁迅则是中国最杰出的涉法文学作家。

中国当代社会主义法制建设已经历了半个多世纪的风风雨雨,随之出现的中国当代涉法文学也经历了曲折的发展历程。当代中国法制建设的经验、教训,无不在中国当代涉法文学中留下了真实的纪录。解放初期司法机关乐于搞群众运动的风尚;检察机关迟至 1954 年宪法制定之后才开始建立以及"文革"中被取消,日后又重建;极左政治盛行和十年动乱中冤假错案层出不穷,"文革"结束后全国性的平反冤假错案;党政机关领导人权力滥用对法律的干扰……当代法制建设的重大举措、问题与转折,无不为当代涉法文学作家所关注,并及时形诸笔墨。近三十多年来的大墙文学、法制文学、公安文学现象,无不是社会主义法制建设大发展的产物,其经验教训都有理论探讨的必要性。

第十九章 涉法文学的发展规律

严格地说，作为学术研究的文学史专著应当具有理论性，而理论性的归依在于对文学史上的各种客观规律的揭示与解释，从而为现实的文学活动寻找借镜。现在所见到的种种不同格局、不同版本的文学史，都是为适应高校文学专业教学需要而编写的，大都以介绍文学知识为主。在编写体例上，都没有跳出为历代作家及其代表作树碑立传、介绍相关文学知识的老范式。翻遍了一部又一部文学史专著，很难找到令人信服的关于文学规律的论述，因而无从得知所谓文学规律云云，到底是怎么一回事。

中国现代文学史家倒是若有其事地谈论了不少他们所说的"规律"，但从法律文艺学的眼光看来，这些"规律"未必都是"客观"的。中国和世界各国几千年的文学史与中国三十年的现代文学史相比，不过是九牛一毛的关系。这"一毛"身上的"规律"能如实反映出"九牛"身上的"规律"吗？我们有理由怀疑这产生于文学历史瞬间的"规律"的客观真理性。

我们这里所谈涉法文学的规律，是普遍存在于中国和世界各国涉法文学历史长河中一股奔腾不休、从不间断的水流或支脉，而不是小浪花或乱泡沫。也许，这才是真正的文学规律。我是依据这种基本理解来谈涉法文学的规律的。在我不断浏览中国和世界各国历代涉法文学的二十余年中，逐渐积累、升华阅读印象，终于领悟到若干贯穿于古今中外涉法文学中的文学红线，它们互相纠缠不休，总让我魂牵梦绕难以忘怀。我想，这些文学红线应当是涉法文学自身的规律，而我不能忘记它们的或许就是在发现、意识到这些不曾为文学史家所光顾的文学规律时的情感冲动、理智认识的复合心理活动吧。

一 世界各国涉法文学史与该国法制史同步的规律

这一规律，是我立足于中国三千年涉法文学整体性的思考而发现的。进一步的揭示、解释、论证，有待于对世界更多国家的涉法文学作同样的整体性考察。

其同步性的具体表现应当全球皆然：对于国家波及全社会的重大立法精神及其动态，对于法律制度沿革的显著现象，对于执法、司法活动时代性、实质性的演变过程及截然不同的具体景观，等等，涉法文学都会及时地、不断地加以反映，当我们把这些文学描写所体现的法律思想意义加以系统地清理，上升到理性认识高度的时候，就会发现它们大体上反映出了现实生活中法制史推移的轨迹，并且能够从法制史论著中找到许多对应关系和理论上的支撑点。

以中国为例。中国法制史始于周。当周朝把礼作为与刑并举的法律形式之一的时候，《诗经》中的不少作品、诸子散文和历史散文中的不少篇目，都描写、评价了礼及其在现实生活中相应的生活现象，相应的人和事。《相鼠》是这一方面的典型作品。此后，礼经过儒家的身体力行与理论上的阐述、舆论上的宣传，一直弥漫于中国两千多年的封建社会，到明、清两代还专门制定了《礼律》。这就是中国封建文学中浓重的礼教色彩的由来，也是中国古代（从奴隶社会到封建社会）涉法文学对中国法律和中华法系的礼法精神的基本特征作出反映的由来。中华法系的解体，从法律形式因素着眼，直接取决于清末的"修律"活动。这种重大的立法变迁，在清末小说中不难找到历史性的艺术描写。接踵而至的是法律现代化过程的到来。这种法制史的大转折，要求文学制造舆论，对中华法系这消亡的法系作出深刻的批判性总结。鲁迅承担了这艰巨的历史使命，以小说《狂人日记》《祥林嫂》、杂文《灯下漫笔》等作品，用惊人的艺术概括力，把两千多年浸透了礼法精神的法制文明史浓缩为"吃人"二字，认为中国不过是"人肉的厨房"，中国古代文明不过是"人肉的筵宴"。中华法系实施层面上的偏重口供、严刑笞杖等特点，在元代杂剧和明清小说中成了不厌其繁的热门话语。当中国法律实现了现代化之后，中国现代文学对于法律的描写与思考，也跟着发生了变化，与世界各国涉法文学接轨的东西日益增多。以上简述的一切，既是中国法制史的事实，又是中国涉法文学史的事实，二者给人的印象是水乳交融，难分难解。由此推导出来的结论必然是：中国涉法文学史跟中国法制史具有同步性、一致性，故这应当是中国涉法文学史的特有发展规律之一。

只要我们依时序广泛研读世界各国历代涉法文学名著，把涉法文学史的推进线索跟各国法制史沿革线索作必要的比照考察，就不难发现中国涉法文学史的上述规律，其实就是全世界涉法文学的同一规律的具体表现之一，只不过我们作为中国的涉法文学研究者，近水楼台先得月，率先看到了这一规律在自己祖国的涉法文学中存在的事实罢了。

世界各文明古国的涉法文学均起源于奴隶社会法律出现的同时。了解这些国家的涉法文学史跟法制史的同步性，也应追溯到涉法文学的起源。大约法律从奴隶社会诞生之时，就是涉法文学跟着问世之日。中国、东方和西方各文明古国，莫不如此。

在中国，涉法文学的源头一直可以追溯到《诗经》和《尚书》的时代，二书中均有不少涉法文学作品。

在东方其他文明古国，都可以找到伴随奴隶制法律出现而问世的早期作品。在古巴伦的苏美尔时期（公元前20世纪至前18世纪）曾制定有《苏美尔法典》，它跟先后制定的其他国家、城市的法典一样，在婚姻关系上明文规定允许一夫多妻。同一时期孕育成熟的英雄史诗《吉尔伽美什》中的国王吉尔伽美什娶亲时的为所欲为，不仅反映出一夫多妻的立法精神，而且暴露出他身上残存的原始社会群婚制的遗风。诗中写道：

> 拥有广场的乌卢克的王，为娶亲他设了（鼓），随心所欲；
>
> 拥有广场的乌卢克王吉尔伽美什，
>
> 为娶亲他设了（鼓），随心所欲；
>
> 连那些已婚的妇女，
>
> 他也要染指，
>
> 他是第一个
>
> （丈夫）却居其次。

古代埃及中王朝时期（公元前2280—前778年）第十王朝的故事《能说

善道的农夫的故事》讲述了一个法律诉讼的曲折故事：农夫从瓦迪泰隆赶着驮盐巴的驴子到附近的村子去卖盐，半道上被仗势欺人的大官的仆从抢光，还遭到一顿毒打。这个农夫到衙门告状，法官面对能言善辩的农夫无可奈何，于是将案子转呈法老。法老下令不予审理。农夫又提出申诉，以自己的机智和辩才赢得胜诉，使法老命令惩治了那个抢劫者。这个故事在歌颂农夫能说会道的同时，也从一定程度上暴露了执法上官官相卫的弊端。故事的主人公连续上法庭控告达九次之多，足见依法捍卫权利、打击犯罪的阻力来自执法者的刁难。

古代印度文学涉及法律的作品相当多。伟大史诗《摩诃婆罗多》在流传中被加进了"法典"性质的内容[1]，寓言故事集《五卷书》的第五卷中叙述了一个理发师因贪财杀死婆罗门而被判处死刑的故事，戏剧《小泥车》中牧人阿哩耶迦的入狱、越狱以及善施被诬告、被判死刑、最终得赦免等情节，都表明了这些作品的涉法性质。

古希伯来的《圣经·旧约》是集宗教教义、法律规范、文学文本于一体的奇书，其中的所谓"摩西五经"——《创世纪》《出埃及记》《利未记》《民数记》《申命记》——成书最早，公元前444年就被确定为"圣经"了。也正是这一部分，突出表现了《旧约》的宗教、法律、文学三位一体的特征。宗教学家、法学家、文学家之所以都注意到并且谈论《旧约》的道理也在这里。在我看来，"摩西五经"是古代奴隶制法律与文学形式合而为一的典型代表，不仅表明了涉法文学历史悠久，而且开创了法律与宗教互相依存的传统，除中国之外的世界各国文学所描写的法律往往碰到宗教的纠缠成为十分普遍的现象。宗教、法律、文学这三大学科的学者分别观察、谈论《旧约》却难以发现、解释这种传统与现象，而在涉法文学研究中这是非谈不可的基本话题之一。清理涉法文学的历史源头可以发现许多类似的话题。涉法文学研究的根本任务在很大程度上是对涉法文学的发展历史进程和规律的研究。各种有关作家作品的评论和各种话题的探讨，都跟这一根本任务密切相关。

在西方，涉法文学的历史源头一直可以追溯到荷马史诗。它是西方文学的起点，也是西方涉法文学的起点。荷马史诗包括《伊利亚特》和《奥德赛》这两部作品，问世时间为公元前8世纪。其时，古希腊处在从民族社会向奴隶制国家过渡的过程中，各城邦国家普遍开展了立法活动。从荷马史诗中，能看见早期奴隶制法律的某些踪影。

荷马史诗建构的是人神共处、阳间与阴曹地府并存的世界。司法女神塞弥丝出现在《伊利亚特》和《奥德赛》这两部作品中的事实表明，公元前 8 世纪的希腊不仅出现了法律，并且有专人掌管。冥界的判官米诺斯执法审判犯人，犯人西苏福斯在冥界接受苦役刑的处罚场面，显然是凡人世界的法制生活的再现（见《奥德赛》第十一卷）。《奥德赛》第二十二卷所写忒勒马科斯私刑处死十二名宫女的残酷场面，应当是统治者拥有不受法律限制的生杀予夺特权的反映；第十卷所写的王者埃俄洛斯的十二个子女六男六女互相配对的情形，在婚姻法上的认识价值不可低估，使我们得以知道：奴隶社会的早期虽然结束了原始社会的群婚方式，但兄弟与姐妹之间的血缘关系尚未成为婚姻法与性道德的禁忌。正如马克思指出："在原始时代，姊妹曾经是妻子，而这是合乎道德的。"[2]

荷马史诗的时代，法律从无到有的发展进程是比较迅速的。这种立法动态，从先出现的《伊利亚特》的法律描写少于后出现的《奥德赛》可以看出蛛丝马迹。以上事例多出于《奥德赛》的原因就在这里。再如，米诺斯出现在《伊利亚特》中时，只是克里特岛国的王，尚未有什么执法活动，而到《奥德赛》中出场时他已作为手执金杖、发号施令的法官了。这种变化不仅仅是二者的艺术描写范围的转换所致，也反映了现实生活中法制建设步履的加快。

罗马是继希腊之后出现的一个欧洲文明古国。维吉尔是古罗马最伟大的诗人，他的代表作——十二卷史诗《埃涅阿斯记》（旧译《伊利德》）"像一部百科全书"，容纳有"罗马过去的历史和作者生活时代的历史，有神话、族谱、传说、地理、风土习俗、宗教、哲学、法律、政治、战争"[3]。例如第一卷里提到战争结束后罗木路斯和他的孪生兄弟雷木斯将为罗马制定法律，尤比特制定了款待客人的法律，第五卷写到了阿刻斯特斯充当特洛亚城邦君主时颁布了法令，第六卷谈到冥界执法者审问、惩治各种罪犯的情形，第七卷有拉丁族向特洛亚人自豪地宣称是一个"自觉自愿的讲公道的民族，不用法律约束"的场面，第八卷所提到的立法家卡托的形象被赋予"正直"的品格等，从制定法律、颁布法律、执行法律、评价法律等不同层面涉及古罗马的奴隶制法律。

以上比较简略的回顾足以说明：中国和世界各文明古国的奴隶制法律产生之后，文学便及时承担了描写法律、思考法律的任务，由此产生涉法文学之后的一直盛行不衰，从未间断，构成波澜壮阔的文学浪潮，理应作为文学史研究的重要课题。在非法律的文学研究中，这股文学浪潮被遗忘、消解得不知去向。唯有在法律的文学研究视角之下，其本来面貌才会呈现出来。涉法文学研究的一大重任就是全面、系统研究涉法文学发展史。

掌握了这种同步规律，研究涉法文学史上各国历代作家作品便如同有了主心骨和指南针，许许多多相关联的学术课题的提出与解决，都可顺理成章，没有挂碍。例如说，我们依此规律可发现全球广大社会公民的法律意识无不随着各国法制史的发展而不断变化。仅看中国奴隶社会与封建社会，可知在奴隶社会，人们对礼与刑的认同与敬畏占主导地位。中华法系消亡后，这种敬畏也随着消失。到现代中国，随着法律的现代化，新的法律意识开始产生，李守章的《秋之夕》中工人黄钧生对罪大恶极的工头有这样的议论：

我们工人为了自己的生活奋斗，不算是犯罪；然而法律是你们的！……国家的法律，好像是单为了厂主们而设的。可是，我们也有我们的法律！[4]

这种法律议论标志着具有三千年历史的中国涉法文学进入了崭新的发展阶段，出现了无产阶级的涉法文学。

二 涉法文学内容的功能从实用到 审美的发展规律

涉法文学史的另一条重要规律，是其内容、功能经历过从实用到审美的发展过程，当第一个过程完结之后，实用与审美两种因素继续存在，并不断交织推进，至今仍彼此对峙，互相渗透，没有终结的迹象。无论中国涉法文学史还是世界各国涉法文学史，都存在着这一发展规律。

所谓实用，指的是将文学形式用以表述法律规范，或用以进行法制教化与宣传，从这两个方面对全社会发挥实际作用。奴隶社会的早期涉法文学中具有这种实用性的作品相当多。中国的《尚书·吕刑》记载了周穆王关于周朝刑事立法、诉讼制度、法官执法的职业素质等问题的讲话，应是中国最早的法律文献，而它是用散文体裁写成的。《诗经·相鼠》讽刺统治者制定礼法而不遵守的行径。据《左传》《礼记》可知，孔子等人在发表议论、评价他人言行时，先后四次引用《相鼠》中的诗句作为论据，其权威性和实用性可想而知。巴比伦的《圣经》文学、伊斯兰教的《古兰经》都是集法律、宗教、文学与一体的奇书，不要说二者产生之初在巴比伦、阿拉伯国家的政治、法律、文化教育等方面所起到的巨大社会作用，即便是在今天，它们依然在信奉基督教和伊斯兰教的国家和地区发挥着规范人们言行的权威性作用，人们依然虔诚有加地对待它们。印度的《摩奴法论》既记载有印度古代的法律，又有关于法律的议论，而其文体是以记言为主、叙事为辅的散文，长期充当着宗教教义读本的角色，这应是涉法文学的实用性发挥到极致的有趣现象。

涉法文学的实用性的极端表现，是直接用文学形式表述法律规范。奴隶制法律往往如此。上述《尚书》中的《吕刑》，就是用记言的散文，表述了周穆王时代的法律，常被法制史学家当作法律文献来对待。印度的《摩奴法论》是用叙事兼记言的方式来记载古印度的法律的。现保存最古老最完整的《汉穆拉比法典》（公元前 1792—前 1750 年）是巴比伦王朝第六王汉穆拉比的法典，全文由序言、条文、结语三部分构成。序言与结语，均用第一人称"我"发言，是汉穆拉比王自指之词。在序言里，一共使用了二十五个"我……"的排比句，夸耀自己非凡的身份、崇高使命和丰功伟绩，是一篇抒情散文诗。结语依然由汉穆拉比的自我表白方式告诫后人和后世国王，必须学习、遵守公之于世的法律，否则将受到神的惩罚，都没有好下场，同样是相对独立的一篇散文。其法律条文，不同于现代化的用抽象概念表述的法律规范，而是列举了各种条例及处罚办法。所以，全部法典的文学性很强，可认为是用散文形式写成的。

所谓审美，指的是涉法文学不具备实用性，甚至有意拒斥实用性，代之以诉诸读者的身心娱悦、情感体验的艺术追求和客观效果的综合。在上述实用性的涉法文学问世之后，涉法文学创作的后来者不再迷恋其实用性，不仅没有类似作品出现，而且是有意远离实用的藩篱，朝虚构、概括的创作路径进发，淡化现实法律的实在性，加强文学中的法律的虚幻性，从而使读者体验、感悟到源于现实法制生活而又高于现实法制生活的法理法意和情绪情感。中国魏晋的志人、志怪小说中的不少涉法作品已经把这种审美性表现得相当出色。古希腊、古罗马、古印度等文明古国的情形也如此。总之，越向前推进，涉法文学的实用性越弱，反之审美性越强。

以上只是极其简略的说明。这一客观存在的一系列现象，远远比我们意在作鲜明对比说明的情况复杂得多。复杂就复杂在二者既相对独立地存在，又互相交错发展，且在不同的发展阶段有不同的文学现象出现，直到今天依然如此。论述这条规律的时候，应当充分估计到这种复杂性，具体解释其之所以如此的种种原因。

在涉法文学从实用到审美的发展规律中，"实用"的情形大体经历了两大阶段：在奴隶社会阶段，"实用"主要表现为以文学形式记录、表述法律规范；到封建社会以后则表现为用文学形式进行法制教化和宣传，记录和表述法律规范的实用性已不复存在。理由很简单：封建社会立法活动朝专门化方向发展，成文法已经形成了专门文体，用不着文学代劳了。正是在这样的文化环境下，涉法文学的法制教化宣传的实用性有所加强。中国的公案小说和戏剧中，不少作品都是致力于法制宣传与道德说教的，其万变不离其宗的主题倾向就是：歌颂清官的秉公执法，谴责昏官的贪赃枉法。有少数作品因为单纯宣传法制，而给我们留下了深刻印象。《二刻拍案惊奇》第二十一卷《许察院感梦擒僧　王氏子因风获盗》就是极力宣传正确执法，告诫避免制造冤假错案的作品。为了强化宣传力度，作品的开头与结尾采取了发议论加"有诗为证"的传统表现手法，各有一首告诫诗。可以说，这种极力宣传法制的涉法文学的实用性大大超过了审美性，因而显得浅露，很难给读者更深刻的法理启示与审美娱悦。后出的《红楼梦》的法律描写，则将涉法文学的审美性推向了一个巅峰：法律意蕴丰富深刻，震撼人心，一点也没有故作宣传的姿态。

以当今涉法文学创作状况而论，实用的和审美的两种因素的继续存在，在不同的国家有其不同的具体表现。中国当代的公安文学潮流，从历史沿革进程来看，当是涉法文学的实用性在新的历史阶段采取新的变化而形成的，其宣传社会主义法制的实用性追求很自觉。而其他涉法文学作家则各自默默追求着审美性品格，无论是否有人关注，都一如既往探索着、前进着。再如苏联的法制小说盛行一时，自然也是对历史上的涉法文学的实用性特点的坚持和发扬，适应了现实法制宣传的需要。还有美国的非虚构小说，通常以真实案例为基础，描述各种案例的审判经过和结果，大大满足了美国公民像崇拜宗教一样地崇拜法律、研究法律的需要和要求——这也是涉法文学的实用性的表现。

鉴于历史和现状的复杂、交错情形，在揭示涉法文学的从实用到审美的发展规律时，绝不可采取简单化的做法。

三 涉法文学思想内容上的以暴露为主、歌颂为辅的规律

关于这一规律，我的感悟和发现较早、较多，在近20年前的拙著《法律与文学的交叉地》的第十八章《西方文学对剥削阶级法律的批判》中所谈的全部内容，实际上都是在对这种规律进行阐释，只不过当年的注意力仅停留在西方文学对法律的否定性评价贯穿在两千多年的文学史之中的"历史进程"，以及否定性评价的十大具体内容方面，未能从涉法文学自身的角度，将其界定为一种特有文学规律，这是一大不足之处。

另一不足之处，是当年尚未把探索目光投向全世界各国涉法文学，考虑类似西方文学中的上述法律批判倾向是否普遍存在于全世界的问题。近20年来，我进一步研究发现，无论西方还是东方，无论中国还是世界各国，无论是既往还是当今甚至未来，文学描写法律的否定性评价都是普遍的客观存在。因此，我现在明确意识到，全球涉法文学史的一个普遍规律在于以暴露、批判、批评法律的不如人意之处为主，而歌颂的东西为辅。显然，编写中外涉法文学史时，必须揭示、阐释这一规律。

这一规律很值得深思，该讲明的法律和文学的道理很多。首先，从法律方面看，世界各国历代剥削阶级的法律有着不公平、不人道的内容，有着敌视、仇恨革命和革命者的反动性、残酷性，法律实施中更有种种黑暗内幕，甚至往往将清白无辜的广大人民群众强加以种种罪名予以严厉制裁。这一切作为现实生活的客观存在，反映于文学之中是必然的。其次，从文学家方面来看，正直、善良、富有人道主义同情心，善于抗邪恶，乐于鸣不平，乃是绝大多数诗人、作家的天性，故客观生活中法律的上述种种负面生活信息极容易在他们的内心深处撞击出火花与艺术灵感，于是便有了涉法文学中的一切批判法律的艺术描写。最后，社会主义条件下的法律，由于种种原因，不

如人意的地方甚多，故作家们继承、发扬文学史上法律批判的传统，对法律的负面的东西作深刻描写，是顺理成章的事情，也是监督、健全社会主义法制建设的迫切需要。

参考文献：

［1］朱维之，等．外国文学简编（亚非部分）［M］．北京：中国人民大学出版社，1983：79.

［2］中共中央马克思恩格斯列宁斯大林著作编译局．马克思恩格斯选集（第四卷）［M］．北京：人民出版社，1998：32.

［3］维吉尔．埃涅阿斯记［M］．杨周翰，译．北京：人民文学出版社，1984：26.

［4］上海文艺出版社．中国新文学大系（第三辑）［M］．上海：上海文艺出版社，1991：539.

第六编　涉法文学美学论

涉法文学作品自身以及涉法文学研究，具有强烈的科学性或法学理论思辨性，致使关于涉法文学的议论处处离不开法律与法理。这是显而易见的事实。这个突出的事实，极容易授人以柄，把涉法文学贬低为法律的附庸，把涉法文学研究斥之为庸俗社会学。事实上，确有理论家指责文学批评的所谓"科学化"走向，认为"这种文学批评的普遍弱点，是未能充分传递文学作品本有的审美快感；在许多时候，它们传递和给予有关社会学、心理学、统计学等各方面的知识，同时阻隔了美感。"（王先霈《圆形批评论》）果真如此把传递知识与传递审美快感对立起来，为了前者而损害后者，的确是不妥当的。但这并不意味着二者自身是水火不相容、不能有机结合起来的。

涉法文学研究将用理论与实践相结合的方式反复证明：涉法文学的美学追求与艺术成就不亚于纯文学，涉法文学的研究虽然高度注意其法理的"科学性"，努力传播法律知识、法律理论和法律思想，但不仅没有"阻隔美感"的"弱点"，反而能从一个特殊的法律视角传递美感，还能对若干纯美学论题作出新论证，这就是涉法文学美学的生命力和优越性之所在。相反，纯文学家、纯美学家却往往不能从涉法文学中得到特有的审美快感，有时竟把法律描写的错误当作艺术经验来欣赏。我们曾经谈到的文学史家把关汉卿在《鲁斋郎》等杂剧中包公执法而不懂法的错误当作艺术经验来谈论的情况，就是一个很好的例证。

本编三章所谈美学问题，都是纯美学研究所不能提出，更不能论证的崭新美学课题。

第二十章　涉法文学的法律内容的审美特征

涉法文学的全部法律内容的系统化、条理化阐释所形成的专门学问，称之为《文学法律学》。它是以古往今来的世界文学中的涉法篇章作为材料建构起来的与既有一切法学理论系统迥然有别的法学理论系统，或文学化的法学理论系统。较之纯法学，《文学法律学》的理论具有两大特征：一是审美特征，二是理性（美学意义上的理性）特征。二者将构成涉法文学美学的两大基本范畴。

本章先谈审美特征，下一章谈理性特征。这是涉法文学美学研究首先要解决的关于涉法文学自身的两大基本美学问题。

一　法律内容的审美特征的界定

纯法学理论以概念、判断、推理的逻辑思维方式来表达，根本无审美特征可言。涉法文学中的法律内容却是以形象思维的方式、运用艺术描写的手段来表达，故有着迥然不同于法学理论著作的阅读效果。所谓法律内容的审美特征，就是形象描写现实法制生活的艺术手段和特有阅读效果的综合体。

试看清代袁枚的微型小说《偷画》：

有白日入人家偷画者，方卷出门，主人自外归。贼窘，持画而跪，曰："此小人家外祖像也。穷极无奈，愿以易米数斗。"

主人大笑，嗤其愚妄，挥斥之去，竟不取视。登堂，则所悬赵子昂画失之矣。（《子不语》）

这篇不足七十字的笔记小说，全然不写贼人行窃作案的过程，仅仅将其急中生智的狡诈与失主粗心大意的麻木相碰撞，最后一句话画龙点睛：古代名画失窃。数十秒钟之内，即可读毕全篇，一种不可名状的愉悦感即刻涌现，使人深有所悟，多有所得，可又说不清道不明这种体验是怎么一回事。用美学理论的行话说，这就是审美快感。而这审美快感是同作品中的"偷"的法律现象、"贼"的人物形象，"失"的法律后果紧紧联系在一起的。熟悉清代刑事法律的读者，或一般读者到清代刑法中作一点考证，在身心愉悦的同时，就能悟出应有的法律意蕴。《大清律例》明文规定禁止行窃，有一系列惩处手段，连行窃未果，一无所获也要受处罚，得财者处罚更重。《偷画》中的贼，窃名画得手，当受法律严厉制裁。可在罪犯狡诈，失主麻木的现实条件下，打击盗窃犯的法律未能在这案件中发挥作用。如此分析其法律内容，是合乎作品实际的。于是，《偷画》的法律思想意义就这样被领悟于心。

从这一例子，可知涉法文学作品的法律意蕴具有审美特征。具有审美特征的法理法意，是作家从现实法制生活的体验中所得到的法律感悟、法律智慧，而它们往往是法律家、法学家所意料不到的感性的、活生生的东西，具有开启理智、愉悦性情的审美功能。如果是纯法律家来读这篇小说，他很可能只是意识到对窃画者应依《大清律例》中的有关规定对号入座，予以严惩。如果是纯法学家来读此小说，他可能对法律家的依法惩处窃画者作一番学理解释，把法律惩处活动说得合法合理，并可评价法律家的执法办案的质量如何。而具有审美意识和经验的一切读者和批评家，则能从字里行间感受到此案的文学反映带来了对法律和窃画者的审美快感，甚至对窃画的罪犯怀有好感，并不像法律本身那样对其恨之入骨。全然不顾这审美特征，缺乏相应的审美经验而使用纯法律眼光来阅读这一作品，根本读不懂其中审美快感的东西。而这里所谈法律内容的审美特征指的就是描写法律的艺术手段与特有阅读效果的综合物。

二　形象的暗示和多义性理解

涉法文学的法律内容的首要审美特征，是具有形象的暗示性和多样性理解。

刻画法制人物形象，使法制人物形象在法律事件或诉讼案件中产生相互间的种种关系，把一定的法理法意寓含这些形象描绘之中，通过阅读产生导向的暗示，使读者领悟，是涉法文学的法律内容赖以表现的主要艺术手段。这样，文学中的法律内容就具有形象的暗示性。由于形象群体的错综复杂，加之读者的联想与想象的作用，暗示出的法理法意往往也错综复杂，一言难尽，故又具有丰富性。多义性理解，产生在形象所暗示出来的丰富法律思想意义的不同层面的认知之中。仍以上述《偷画》为例，由于作品言简意赅，故读者会见仁见智，众说纷纭。几十个字的小小说尚且如此，何况大部头长篇涉法小说、多幕涉法戏剧呢。

应当指出，这里的"丰富性"，不是指无计其数的涉法作品的法律内容，说不完道不尽，因为这不是审美特征，而是数量上的庞大事实。作为审美特征的"丰富性"，指的是同一作品、同一形象的法律内容可能有多种理解的情形。这就使读者、研究者有再创造的广阔阅读空间。

例如托尔斯泰的《复活》，叙述了玛丝洛娃无辜而被判刑的一起冤案的始末，塑造了她和男主人公聂赫留朵夫的形象，还有检察官、法官、律师等次要人物形象，例如监狱、法庭、流放地等法律文化现象的展示，这一切构成了一个规模可观的法制生活世界，以法律的眼光阅读、探究、剖析，可以谈出的法律内容很多。笔者在反复阅读此书后，曾拟定了一个《〈复活〉的法律解读提纲》，共由以下十七个小标题组成：（1）玛丝洛娃的大冤案始末；（2）层出不穷的小冤案；（3）沙皇俄国的法律职业者的群丑图；（4）从法律现象的观察到法律本质的思考——聂赫留朵夫的形象；（5）玛丝洛娃——无辜而枉受法律惩处的形象；（6）政治犯：暴露俄国刑法反动本质的镜子；（7）细节描写的法律考察；（8）俄国法律上的形式主义；（9）法律与宗教；（10）法律文化现象；（11）俄国法律改革的动向；（12）懂法律的囚犯不受狱方欢迎；（13）法律的社会评价功能；（14）合法的卖淫；（15）土地所有权受法律保护；（16）聂赫留朵夫与其姐夫的法律之争；（17）《复活》是世界涉法文学杰作之一。依此构想一一写出，将形成一本专著。而这，仅是笔者的一家之言。假如别的有志者对《复活》加以细读，完全可以谈出更多更精彩的法律思想意义。

任何一部法学论著，任何一篇法学论文，无论它篇幅、容量如何，所包含的法理总是一定的，读者接受它的时候只需要记忆、理解即可，用不着想象和联想。同时，众多读者对法学论著内容的接受，不大可能引起见仁见智的争议，大家的意见趋于一致是必然的。

通俗性的涉法文学，尤其是侦探小说，在这一方面充分显示了先天性的弱点：有限的法理法意淡化在情节的汪洋之中，几乎感觉不到法理法意的暗示性、多义性的存在。以此认为它们艺术品位不高，是无可非议的。

三 情感的倾向性及其同理智认识的矛盾性

涉法文学的法律内容的又一审美特征，是具有情感的倾向性及其同理智认识的矛盾性。例如，杀人犯、强奸犯、渎职犯等，在法律上是不被容忍的，应当受到制裁的，而文学家笔下，往往对他们怀有同情心，甚至有所歌颂。这就是明显的法理上的认知与情感评价的矛盾。涉法文学中的另一个重要的审美特征，就表现在这里。

涉法文学中的法理法意的形象暗示的同时，还会流露出感情态度的倾向性：爱或恨，喜或悲，愉快或痛苦等。法学论著一般不伴随这种情感倾向性。因此，阅读涉法文学作品不仅可以开启理智，而且可以陶冶情操。

这里不免产生出一个疑问：法理法意的认知与情感体验的倾向之间，是一种什么关系呢？涉法文学以法律实施的生活图景为关注目标。在法律实施中，法律是判定守法、违法、犯罪与否的准绳。所谓情感态度，就是在对是否守法、是否违法、是否犯罪的人与事作理智思考的时候，伴之以情感评价。依照常理，对守法、护法者应予以肯定，表示积极情感评价；反之，对违法、犯罪者应表示消极情感评价，予以否定。这两种情感倾向，在涉法文学中都有相当多的作品予以宣泄。然而，比较常见且又颇使人困惑的是：不少作品的情感倾向同法理的认知呈对立的矛盾状态。

例如，世界各国从古至今描写犯杀人罪的小说、戏剧作品很多。从作品的情感倾向来看，固然有像莎士比亚的《麦克白》《哈姆雷特》那样谴责弑君篡位者的罪行的作品，但也有不少同情杀人者的作品。哈代的《德伯家的苔丝》中的苔丝杀死了亚雷，曹禺的《原野》中的仇虎杀死了焦大星，万方的《杀人》中的六团杀死了婆婆服仙，李昂的《杀夫》中的陈林市杀死了丈夫陈屠夫……依刑法规定和刑法学理论原则，本应对杀人者予以严厉的法律制裁，在作品中他们的确有的被依法判处了死刑，有的在执法侦缉队的追捕中自杀，有的即将被绳之以法。然而，细读这些作品，作家对杀人者的深厚同情无不洋溢在字里行间。这样一来，对杀人者的法律罪责的认知与情感评价的倾向，就处在鲜明对立状态。

法律工作者对死刑犯的判决，有一句尽人皆知的习惯用语：不杀不足以平民愤。可涉法文学中的许多杀人犯实在叫人"愤"不起来，作者也压根儿没有流露出任何义愤。

这种矛盾性的发现、解释，是挖掘涉法文学法律内涵的一条通路，也是一个难点，此处不能详谈。

四　娱乐消遣性及其幽默感

涉法文学的法律内容还有一个重要审美特征：具有娱乐消遣性和幽默感。这一特征，使涉法文学中的法律内容同现实生活中法律家的执法活动中的法律，同法学家所研究的法律有原则性区别。现实生活中法律往往给人严肃、严厉的感觉，并有强烈实用性，似乎与娱乐消遣性和幽默感没有任何关系。实际上，生活中的法律除了严肃、严厉的一面，还有幽默、逗笑的一面，只不过后者往往被忽视罢了。广大涉法文学作家却善于发现和表现生活中法律所固有的娱乐消遣性和幽默感。

国家法律自有其神圣的一面，法律诉讼活动自有其庄严的一面。法律工作者和法学家有充足理由每每强调法律的威慑力。这些在文学中是有所显示的。不过，就是在这里，涉法文学的法律内容存在着与神圣、庄严、威慑力相抗衡的审美特征的又一表现：极力摄取诙谐的生活画面，让读者进入一种浓重的娱乐消遣的法律文化氛围之中，从而放松身心，开怀一笑，在娱乐、消遣的愉快中受到法理启迪和教育。唯有法律文艺学才有可能传递这特有的审美快感。

有法学家鉴于法学理论的枯燥，有意到文学中寻找生动论据材料，这种事实充分证明涉法文学确有娱乐消遣性和幽默感。不过，在此应当指出，被法学家看中和谈论的涉法文学，只是一般性地具有娱乐消遣性，还未能把这种美学特征作有意夸张的表现，使之达到令人捧腹大笑的程度。如果法学家扩大阅读面，很可能读到这类作品。

请读一读莫泊桑的《那个小偷》《波宜发司式的命案》《村子里的逸事》《吕诺太太的案件》等小说，它们把法律事务的庄严与日常生活中的诙谐的笑料搅拌在一起，让人在忍俊不禁的欢愉中意外地发现和思考了法律自身固有的幽默感。有了这种感悟，对法律文本、法制制度，尤其是法律实施的社会效果固有的幽默性会有正确了解，从而有利于纠正一味张扬法律的严肃的偏颇。

如《吕诺太太的案件》，记叙了一起罕见的闹剧般的民事索赔案件。从原告、被告、证人和法官的陈述、询问、证词和判决中，无不处处洋溢出令人捧腹的趣味。吕诺太太的丈夫死了，全部遗产的继承权依法应归于丈夫的家属。律师告诉她，只要在十个月内生出一个孩子，就有继承遗产的权利。显然这是钻法律空子的歪主意。但吕诺太太言听计从，以一百法郎为条件，请伊波里帮忙，只要一旦怀孕，马上付款。真正怀孕之后，吕诺太太却不履行协议，伊波里便告上了法庭。经开庭审理才发现：伊波里的八个孩子，都不是他的，而是六个红头发男人的。吕诺太太明白真相之后，就去找这六个红头发男人帮忙，他们纷纷表示一文钱也不要，愿意白干。在法庭上，六个红头发男人一一作证说，自己是孩子的父亲。法官最后判吕诺太太25法郎的违约金作为伊波里的时间损失费。任何读者阅读这篇小说，都会为这件令人发笑的法律诉讼案件捧腹。人们从这里看不到法律有任何严肃之处，只感觉到了轻松、愉快，同时叹服作家的幽默艺术才智。在这讽刺喜剧的欢快氛围中，那位出歪主意的律师和当事人吕诺太太共同策划、实施钻法律空子的行动受到了嘲笑和奚落。

古今中外，这类幽默的涉法文学作品为数不少。其创作要义在于作家有意寻找、创造法律的笑料。《二十年目睹之怪现状》第三十八回中，审案子的洪法官是个瞎子。《巴黎圣母院》第六卷里审案子的是个聋子，所审问的"人犯"卡西莫多也是个聋子。《一千零一夜》有一个故事说：法官当堂被人脱下了裤子。如此一来，所发生的法律诉讼活动只能是充满了幽默感。不用说，法学论著中不会有幽默的影子。

应当特别推荐给读者的是莎士比亚笔下的那个身为警官却完全不懂法律的道格培里的形象。他出现于《无事生非》一剧中。一出场，他就扬言"谁要是懂得法律，我可以用五先令跟他打赌一先令"。他到监狱里去审案子，居然不懂"被告"的法律名词，把"被告"说成"那就是我和我的伙计"。"审问"被说成了"控诉"。被审问的康拉德当面骂道格培里"你是驴子"，对此他不知如何驳斥，却讲了一段足以让人笑破肚皮的傻话。审问闹剧完毕，道格培里又莫名其妙地说："来，把这两个原告带下去……别忘了替我证明我是头驴子。"这个喜剧人物形象使全剧充满了笑料，让读者（观众）一再受到幽默情趣的冲击，体验到法律职业者队伍中竟有如此糊涂透顶的家伙跻身其间，把法律的尊严弄得啼笑皆非。

这里应当强调指出：涉法文学中的法律内容的娱乐消遣性、幽默感的审美特征，虽然体现了作家的艺术创造才能与智慧，但从根本上来说，取决于现实生活中的法律自身的幽默元素，并非作家主观上无所凭依地制造笑料。笔者研读了中外大量的法制新闻作品，发现中国和世界各国的法律的制定、执行、遵守与法律诉讼活动的进行等环节都有引人发笑的东西，故笔者在《法制新闻的法理世界》的书稿中，用《法律与幽默》为题写了一章文字。由此可见，涉法文学的幽默感、娱乐性同样来自现实生活中的法律自身。明白了这一层道理，可知一味强调法律的严肃性、威慑力，是片面的有偏颇的。了解涉法文学的法律内容的这一审美特征，不仅有利于提高人们的审美能力，增加审美经验，同时有利于形成科学的完善的法律观念。

第二十一章 涉法文学的法律内容的理性特征

黑格尔《美学》指出："遇到一件艺术品，我们首先见到的是它直接呈现给我们的东西，然后再追究它的意蕴或内容。""按照这种理解，美的要素可分两种：一种是内在的，即内容，另一种是外在的，即内容所借以现出意蕴和特性的东西。"[1]依据这种看法，涉法文学中的法律内容区别于学院法学理论的特征，应当属于美学范畴，是涉法文学美学研究的又一个基本课题。

涉法文学法律内容的理性特征是多方面的，概括起来，主要有五个方面：

一 对象不完全相同

学院法学的对象是法律规范，包括研究法律的结构、内容、系统（体系）、法律与其他意识形态的关系、法制史等。涉法文学中的法律是以现实生活中的法律的感性存在方式为对象的，可分为六大系列：一是现实生活中的各种法律事实、事件、现象、问题、案件；二是公、检、法等司法机关和海关、税务、环保等行政执法机关依法办事、办案的活动；三是法官、检察官、警官、律师等法律工作者的形象，包括它们的性格、人品、学识、经验、执法活动内外的一切言行；四是国家机关和地方政府制定、颁布国家法律和地方行政法规的立法活动以及各种法律文本；五是法学教育和法学研究活动及其各种成果；六是各种新闻媒体每天报道、传播的形形色色的法制新闻信息。这六大系列的所有活生生的人与事，或者本身就是法律，或者无不跟法律有着血肉联系，都是涉法文学作家所关注的对象。而法学家所研究的对象集中在第四系列，且仅注重其中的法律文本中的概念、条文、结构。可见，涉法文学所描写的法律对象宽泛无边，生动具体。

文学中没有任何完整的法律规范，文学描写法律只是注意某些对社会生活有较明显影响的法律实施于社会的效果，并且作出情感上的评价。从中国和世界各国通常情况而言，文学描写得最多的是婚姻法、刑法。可读遍了古今中外文学作品，也不可能用以建构同学院法学一致、类似的婚姻法学、刑法学的理论框架。我们曾谈过、本书也谈论的文学婚姻法学、文学犯罪学等，是跟学院婚姻法学、犯罪学大不相同的理论系统，不可混为一谈。

因此，研究者虽然可以撰写文学婚姻法学、文学刑法学、文学犯罪学等专著，但其理论框架有着独特的系统性，绝不可能仿照学院法学的框架系统来撰写这类专著。

恩格斯说："在婚姻关系上，即使是最进步的法律，只要当事人在形式上证明是自愿，也就十分满足了。至于法律幕后的现实生活是怎样的，这种自愿是怎样造成的，关于这些，法律和法学家都可以置之不问。"[2]恩格斯还说：资产阶级的"法律的运用比法律本身还要不人道得多"[3]。中国和世界各国历代涉法文学作家所关注的，正是"法律幕后"的不人道、有弊端的现象和问题，而对法律自身的概念、结构、内容，并不怎么注意。例如，"宣告死亡"是民法制度之一，巴尔扎克的长篇小说《夏倍上校》的法律描写的艺术笔触，没有用在解释这项民法制度上，而是再现了夏倍上校不仅没有得到这一民法制度的恩惠，反而吃尽了苦头的悲惨经历和遭遇。在战场上，夏倍上校受重伤失踪，依法律程序被宣告死亡，其妻合法继承了遗产，跟他人结婚，生了两个孩子。十年后，夏倍历经千辛万苦，好不容易返回法国，找到了妻子的住处，然而他依法要求撤销死亡宣告的法律诉讼活动受阻，他的生命状态与身份始终得不到法律的承认，最后反落得一个"骗子"的诬称，只得重新过流浪生活，被判刑两年，刑满后先后进乞丐收容所、救济院，就这样度过了二十年的辛酸岁月。显然，《夏倍上校》是巴尔扎克有感于"宣告死亡"的民法制度实施中"幕后"的严酷与血泪而创作的优秀涉法文学作品。

二 法律立场及思维方式有别

一般说来，法学家解释法律总是站在赞同、支持现行法律的立场上，即使有所批评，也是友好的、与人为善的、学理式的讨论，不可能持反对的立场和态度。

中外历代作家却不然。他们通常持反对、抨击的态度，以至于形成了一种中外文学完全一致的传统——抨击剥削阶级法律反动性和残酷性，暴露其不人道的种种阴暗面，进行辛辣的嘲讽和无情的鞭挞，火药味很浓。

涉法文学作家与他们所处时代的法律保持一致，对法律持肯定态度的情形，也很普遍。若深入观察一番，仍然可以看到作家不同于法学家的法律立场的地方。这就是作家注意从法律实施于社会生活的层面上找差距，看问题，攻弊端，而法学家则对以书面形式出现的法律文本发表解释、说明意见，议论法律自身的学理原则。

在法律实施中，经常涌现出忠于法律，严于执法，具有奉献精神的优秀法律工作者，有的甚至在同罪犯和歹徒面对面的斗争中壮烈牺牲。无论是中国和世界各国的涉法文学史上，都有热烈讴歌优秀法律工作者的作品出现。在这些作品中，作家的法律立场不同于法学家的地方表现在：法学家对法律工作者个人的人品、表现如何并不关心，他们所关心的只是法律本身。《司法伦理学》虽然高度注意法律工作者的道德修养，但只是从理论上探讨有关理论问题，并不为活生生的优秀法律工作者树碑立传，并且它属于法学的边缘交叉学科，不是法学的本体。涉法文学作家则乐于为优秀法律工作者树碑立传。

在思维方式上，作家跟法学家也很不一样。法学家习惯于从法学概念出发，建立概念系统。马克思和恩格斯在《德意志意识形态》中指出："分工的结果使政治家和法学家注定要崇拜概念，并认为一切实际的财产关系的真实基础不是生产关系，而是这些概念。"[4]

恩格斯也指出："在职业政治家那里，在公法理论家和私法理论家那里，同经济事实的联系就完全消失了。……现存法律形式就是一切，而经济内容则什么也不是。"[5]为此，马克思和恩格斯谈到了一种法律错觉和法律幻想。法律错觉是："好像法律是以意志为基础的，而且是以脱离现实基础的自由意志为基础的。"至于法律幻想则是：把权利归结为纯粹自由意志。在法学家心目中，"仿佛私有制本身仅仅是以个人意志，即以对物的任意支配为基础的。"[6]经典作家这些话，全都是论述的法学家的法律思维方式的特点，带有明显的反思和批评的倾向，发人深思，值得广大法学家记取。

作家则不然，他们善于进行形象思维，不崇拜概念，注重社会现实，注重人们的经济生活事实，从社会法制生活的实际出发，形象描绘法制生活的人物、案件、事件等。他们对于经济基础决定法律及其制度的法律哲学见解，有着惊人的深刻性。我们曾谈到的托尔斯泰的微型小说《太贵了》就是一个典型的例子。中国当代名不见经传的青年作家竹星的中篇小说《中西部》通过再现一件拐卖妇女的案件的始末，表现了法律实施取决于经济基础的见解，其深刻性也令人叹服。

自然，作家在形象描绘的基础上，也乐于发议论，但他们不借助于现成的法律的原理原则，而是以文学语言直抒自己从生活中悟出的真知灼见。例如，巴尔扎克在《夏倍上校》中对夏倍上校的法律地位是这样看的："一个人投入法网以后，就变成了一个抽象的东西，一个法理的问题，好比他在统计学家心目中只成为一个数字。"法学家则不会如此发议论。

三　系统性不同

学院法学系统严密，可划分为公认的理论法学、部门法学、法制史学、国际法学、法学边缘交叉学科等分支学科。在各部门法学中，又可进一步划分出宪法学、刑法学、民法学等二级分支学科。

涉法文学作家们描写法律则没有严密的系统性，有如群龙无首，杂乱无章，各自为政，其系统性完全不能同学院法学的系统的严密性相提并论。唯有经过梳理、研究之后，才可慢慢揭示出内在逻辑联系，从而建构出有别于学院法学系统的新颖的跨学科理论系统——文学法律学。而文学法律学虽有自己的系统性，但它跟学院法学的系统完全不同，是另外一种系统。这就是我们多次谈到的情形：利用涉法文学提供的理性材料，可以形成文学法律学的交叉学科，其内部可划分为文学法理学、文学犯罪学、文学婚姻法学、文学法制史等分支学科，而所有这些理论系统，都不能用现成的学院纯法学理论系统去比照、衡量，更不能在彼此间划等号。唯其如此，文学视角的法学研究才足以为法学研究开拓出广阔的空间，才能够充实、完善学院法学理论宝库。

高度抽象地说，二者的系统性的根本区别是：学院法学以法为本，以阐释法理为己任，而文学法律学则以人为本，以关注人在法律中的命运为天职。

可以认为，文学法律学是以人为本的富有人情味的人性化法律智慧宝库。

说到这里，有必要对美国的"法律与文学"运动作简要介绍和评论。1973 年在美国兆始的法律与文学运动，意在对文学中的法律内容进行解释，同时注意文学对法律工作的影响，至今已有三十多年的历史。参与的法学家不少，发表、出版的有关论著很多，可以波斯纳的《法律与文学》一书为代表。所有这些论著，无不是属于法学范畴，并不是我们所说的文学法律学。尽管我与"法律与文学运动"的理论、方法、若干提法有不谋而合的东西，但我的涉法文学研究更多地倾向于文学。至于法律文艺学的提法及其全部研究课题、各种学术见解，则是"法律与文学"运动所完全没有的东西，以后估计也不会出现这些东西。故彼此的理论的系统性有原则性的区别。

四　学科性质不同

学院法学，是单学科的，而文学法律学是跨学科的。这种跨学科的性质，不仅仅表现在介于法学与文学这两大学科之间，而且与其他众多学科关系密切。在论述范畴系统的那一章里，我们曾经说过，现实生活中的法律往往不是孤立的存在，而是与经济、政治、宗教、逻辑、语言、心理、科学技术等学科有不解之缘，故涉法文学中的法律具有多学科性。而学院法学是纯粹法学，是对法律的纯学理阐释。

涉法文学中的法律内容的多学科性质，要求研究者无论是研读每一篇（部）涉法文学文本，还是综合研究涉法文学的任何一个课题，都必须依据实际需要，综合运用多学科知识、理论来解决所碰到的复杂法律问题。在这一点上，西方综合法学派的理论主张具有重要指导意义。[7]

文学界有一句套用的格言：文学是生活的百科全书。不通法律的纯文学家没有一个能够直面一个具体而严峻的问题：文学具有法律这一科的认识价值吗？于是，"百科全书"云云，就大大打了折扣。唯有通过研究涉法文学中的法律的多学科性，我们才能真正明白"文学是生活的百科全书"名副其实，不再因为阐释有缺陷而将其弄成了一句总打折扣的空话、套话。

与此同时，纯法学家也会从这里意识到：就法律论法律的传统治学方法，有着严重不足之处，意识到西方综合法学派自有其独到、精辟而值得借鉴之处。

五　社会功能不同

文学法律学不同于学院法学的地方，还表现在社会功能不同。学院法学是一门有实用性、可操作性的学问，高等学校的法律专业教育，充分体现了法学的实用功能，能够为社会培养一代又一代法律职业者，使他们从法律教育中学到执法办案的知识、理论与技巧。涉法文学中没有多少类似的实用的东西，是否研读涉法文学，并不能影响执法办案的实际工作。事实上，从来不与文学打交道，也不知涉法文学为何物的法律职业者，大有人在。

那么，研究涉法文学的法律思想内涵而形成的文学法律学的社会功能何在呢？主要有三点：一是文学中的法律批判传统的继承与发扬，可推动涉法文学作家直面现实生活中法律实施的不足之处，从而发挥涉法文学对法律的舆论监督功能；二是以人为本的法律内容通过广大读者的阅读、领会、传播，有利于推动全社会法律建设朝"以人为本的方向健康发展"；三是文学化的法律思想以其理性特征和审美特征，能够陶冶法律人和广大读者的情操，增加法律智慧，充实完善法学理论宝库。文学法律学的功能在这三个方面都很突出。相形之下，法律文艺学更多地倾向于文学，但是同纯文艺学相比，它依然具有这三大功能，就是因为这三大功能，法律文艺学会拥有更多的读者，不再是文学界的专利品了。

涉法文学的法律内容的系统化所形成的文学法律学的以上三个方面的社会功能表明，虽然在实用性、操作性上大大不如学院法学，但也不是毫无实用价值的东西。换一句话说，这三大功能多多少少是有"实用"因素的。纯文学理论，就没有这三个功能而显得完全没有实用性。因此，我们认为，文学法律学较之纯文学理论，有明显的实用功能，但同学院法学相比，又大为逊色，且有别样的功能。

参考文献：

[1] 黑格尔. 美学（第一卷）[M]. 朱光潜，译. 北京：商务印书馆，1979：24 - 25.

［2］中共中央马克思恩格斯列宁斯大林著作编译局．马克思恩格斯选集（第四卷）［M］．北京：人民出版社，1998：69.

［3］中共中央马克思恩格斯列宁斯大林著作编译局．马克思恩格斯全集（第一卷）［M］．北京：人民出版社，1998：703.

［4］中共中央马克思恩格斯列宁斯大林著作编译局．马克思恩格斯全集（第三卷）［M］．北京：人民出版社，1998：420－421.

［5］中共中央马克思恩格斯列宁斯大林著作编译局．马克思恩格斯选集（第四卷）［M］．北京：人民出版社，1998：249.

［6］中共中央马克思恩格斯列宁斯大林著作编译局．马克思恩格斯选集（第一卷）［M］．北京：人民出版社，1998：69－70.

［7］余宗其．法律与文学的交叉地［M］．沈阳：春风文艺出版社，1995：13－15.

第二十二章　美学探索的广阔天地

以上两章的论述，并不是涉法文学美学研究的主攻方向，而只是从方法论上强调一个基本意思：文学中的法律大大不同于法学家心目中的法律即纸面上的立法文本，故涉法文学研究者必须密切注意不得将二者混为一谈。

现在，可以明白指出，涉法文学美学研究的主攻方向，在于从涉法文学的实际出发，把涉法文学作为建构新的美学理论大厦的基础和论据仓库，从而考察、检验现有种种美学命题的真理性，使新建构的涉法文学美学成为美学的分支学科，促进总体美学的发展。果真实现了这一目标，我们将会惊奇地看到，涉法文学是美学探索的广袤天地。其全部理论成果，可称之为"涉法文学美学"，它是文艺美学的一个重要分支。

本章依据这种大胆设想，采用举例说明的方式，初步证明一个具体观点：法律与美学的千丝万缕的联系，如同涉法文学原野上的花花朵朵，数不胜数。正因为如此，我们才有足够的理由认为涉法文学应是美学探索的专门对象，可以大有作为。

本章论述的灵感主要来自黑格尔《美学》，甚至把相当的精力放在对黑格尔《美学》已取得的成果进行梳理解释方面。

黑格尔《美学》有一个显著的而被纯美学家所忽视的特色：在论述各种美学见解的时候，他总习惯于联系法律，且酷爱分析涉法文学名著中的法律思想内容用以论证他的与法律难分难解的美学观点。据笔者统计，《美学》全书使用的各种法律名词术语多达330多个，所表述的融法律与美学于一炉的特有美学话语充斥于全书。可见，阉割了法律来孤立地阐释黑格尔《美学》的各种见解，在很大程度上必然会曲解黑格尔的原意。我们以把法律与美学联系起来的方式重读黑格尔《美学》，具有还其本来面貌的意义。

一　法律与美

黑格尔《美学》对美所下的如下定义，是美学家们所熟悉的：美是理念的感性显现。可是人们都忽视了一个事实，这就是在论证这个定义的时候，黑格尔反复谈到了法律。依其内在的思想观念的逻辑联系，我们不难推导出另外一个相关联的定义：对于涉法文学来说，美就是法律理念的感性显现。这一推论的定义，可以作为涉法文学美学的一个基本范畴。而它本来是黑格尔意念之中应有的东西，只是他没有明白说出来罢了。这一点不能不为之遗憾。

现在，我们依据黑格尔《美学》来说明这种推论过程。首先，《美学》认为"美本身却是无限的，自由的"[1]在具体解释"自由"的概念的时候，黑格尔反反复复谈到法律与"自由"的关系。他说："自由一方面包括本身就是普遍的、独立自在的东西，例如关于法律、道德、真理等的规律。"[2]而在谈到法律时，他又认为"在一个真正按照理性来划分生活各部门的国家里，一切法律和措施都只是按照自由的本质的定性来实现自由"[2]（着重号为笔者所加）。由此可见，在黑格尔那里，关于美的定义的说明中，存在着这样的明显的逻辑推理过程：

美——自由——法律

因此，我们依据《美学》关于美的定义和这一逻辑推理过程推导或者引申出"涉法文学的美就是法律理念的感性显现"的新定义，是完全符合《美学》的本意的。只不过它没有直截了当地提出这个命题罢了，这一点我们深以为憾。

事实上，《美学》在论证各种美学范畴时一再分析世界文学名著中的法律思想内容，以作为论据，有力证明了我们推导、引申出来的"涉法文学的美就是法律理念的感性显现"的定义，其实就是黑格尔本人意识之中而尚未形诸笔墨的内在主张。否则，充斥于《美学》中的法律话语就成了无根无本的悬浮物，就成了游离在外的废话。

在我看来，"涉法文学的美就是法律理念的感性显现"虽然未曾被黑格尔直接表述出来，但在实际上却起着理论基石与支柱的极其重要的作用。以下我们要谈到的法律与悲剧、法律与喜剧等问题，无不是我们推论的派生物，都是由这推论的母体中诞生出来的子范畴。

当代中国美学界和文艺理论界，在谈论美学问题时涉及法律的不乏其例，但都仅限于举例说明，就事论事式地谈法律，而未能进而提出相关的理论命题。可以认为这类例子是对上述推论的一种支持，同时论者又有浅尝辄止的不足。例如，刘纲纪在说明他的美的定义时涉及法律的情形，就给了我这种双重感觉。

什么是美？在当代中国至今众说纷纭，未能有一致看法。仅在中国 20 世纪 50 年代的美学大讨论中，就形成了以朱光潜、蔡仪、李泽厚、高尔泰为代表的四派学说。20 世纪 80 年代刘纲纪关于美的定义，又自成一派，他说："美是由实践创造而来的人的个性自由发展的表现，但这种发展离不开物质生产的发展，从而也就离不开人与人的社会关系。"他还强调说："分析社会与人的个性自由发展的关系，是对美的本质的分析又一个不可忽视的重要方面。"为了证明自己的美的基本观点，他以举例说明的方式指出："当法律和社会的道德规范符合社会进步的要求和人民利益的时候，人们只有遵守法律和社会道德规范才能有真正的自由。但这种遵守可以是出于一种外在的强制，因为不遵守就会给个人带来种种麻烦和不利；也可以是出于个人内心一种自觉强烈的要求，不但从理智上，而且从情感上感到不遵守就会给社会、国家造成危害……表面看来，两者都遵守了国家的法律和社会的道德规范，但后一种遵守却已经变成了出自个人的个性的自觉要求……这后一种情况，就是我们所说的属于美的领域的自由。"[3]

我们不打算评价这种"自由"即美的观点的得失，仅想指出一点：刘先生在给美下定义时，既谈"自由"又谈"法律"，跟黑格尔《美学》有相似之处。由此可见，就是在这一点上，刘先生的举例说明无形中支持着我们的推论，可刘先生关于美的定义，仅仅止步于这种举例说明，未能进一步有所发挥、有所建树，我们不能不感到很不满足。刘先生这例子和其他类似的例子，下面还会谈到。

二 法律与悲剧

在黑格尔《美学》中，悲剧问题谈得很详细，所论证的涉法文学实例首推古希腊悲剧《安提戈涅》。在黑氏心目中，此悲剧是最优秀、最圆满的艺术品，故三番五次地谈论它的悲剧性的表现。同样令我们不能满意的地方就在于黑氏仅停留在举例说明上，未能从中抽象出相应的理论命题。

在分析《安提戈涅》的戏剧冲突时，黑格尔认定其悲剧性来自法律与道德的矛盾、对立的一面。他明确指出："这部悲剧中的一切都是融贯一致的：国家的公共法律与亲切的家庭恩爱和对弟兄的职责处在互相对立斗争的地位。"[4] 其具体表现是："国王克里安，作为国家的首领，下令严禁成了祖国敌人进攻忒拜的俄狄普的儿子受到安葬的典礼。这个禁令在本质上是有道理的，它要照顾到全国的幸福。但安蒂贡（安提戈涅）也同样地受到一种伦理力量的鼓舞，她对弟兄的爱也是神圣的，她不能让他裸尸不葬，任鸷鸟去吞食。她如果不完成安葬他的职责，那就违反了骨肉至亲的情谊，所以她悍然抗拒克里安的禁令。"[5] 就这样，主人公安蒂贡（安提戈涅）成了悲剧人物。由此，完全可以抽象出这样两个相关联的美学理论命题：悲剧形成的原因之一，在于法律与道德的矛盾；涉法文学的悲剧人物的美学特征，在于集法律的罪犯与道德的英雄于一身。

从这里可以看出，法律与道德的矛盾方面也是美的，并且能构成美学上的悲剧，造就悲剧人物形象。而刘纲纪先生的上述例子只看到了法律与道德的一致性，而没有看到二者的矛盾性，因而不能很好地证明他关于法律、道德与美的关系。

我曾在许多场合论述过法律与道德的矛盾、对立的情形，认为其极致是同一个人物身上可以把法律的罪犯与道德的英雄对立、统一起来。试问：这种情况下的人物形象身上有没有"自由"，也就是说他美不美？显然，刘先生所列举、分析的这个具体例子有漏洞，故对这类常见的文学形象塑造的美学问题无从回答。

在涉法文学中，法律与道德的矛盾现象在人物身上的出现较为常见。除上述古希腊悲剧家福克勒斯的《安提戈涅》中的女主人公安提戈涅之外，还有许多类似悲剧人物形象，如美国作家欧·亨利的小说《提线木偶》中的医生詹姆斯、中国当代作家张一弓的《犯人李铜钟的故事》中的村支书李铜钟、张平的《凶犯》中的护林员李狗子，都是集英雄与罪犯于一身的人物。当然，他们的悲剧性彼此不完全相同，不可一概而论，但在法律与道德的矛盾对立这一点上，却都是相同的。刘先生所举法律与道德同美的关系的例子，对回答这些人物形象美不美的问题都显得软弱无力。

推而广之，无论哪一派美学，都不应置古今中外的这些人物形象的美学问题于不顾，而事实上美学家都回避了本来存在的问题。不能解决问题和回避问题都是美学研究的不足之处。

在谈到上面提到的《犯人李铜钟的故事》中的李铜钟的形象塑造时，有理论家虽然看到了法律与道德矛盾的事实，却未能从中概括出应有的理论命题，故得出的结论是："张一弓为我们塑造了一个道德上的巨人。"且不说这种看法既不符合小说标题所显示的人物身份的规定性，又不符合小说内容所写李铜钟的"借粮"行为的违法性，单说论者对于作品所塑造的李铜钟这个悲剧人物的悲剧原因的分析，因为没有弄清法律与悲剧的关系，而出现了可议的结论。这一点不可不加以讨论。

论者说："这悲剧是由于我们自己的'左倾'错误造成的"，"这是一个时代的悲剧。李铜钟是这场悲剧中的英雄。"[6] 我以为，这种看法难以成立。李铜钟的悲剧不能归结为"左倾"错误的"时代"原因。固然，李铜钟的犯罪案件发生在以往犯"左倾"错误的时代，是一个冤案，但在新时期平反时，依然在平反结论中有"李铜钟、朱老庆二同志所采取的方法不利于法制"的措辞。这就是说，用当今的法律价值尺度看，李铜钟当年的借粮行为依然有违法性。可见，其悲剧产生的原因不是"时代"性的，而应当是法律与道德的矛盾冲突所造成的。上述安提戈涅、詹姆斯、李狗子等，是出现在不同国度、不同时代的悲剧人物，其悲剧成因从根本上讲，都来自法律与道德的冲突。

由此看来，从法律与道德的矛盾冲突入手，去寻求悲剧的美学定义、解释悲剧之所以产生的社会原因以形成令人信服的见解，不失为一条可行之路径。这样探讨出来的结论，将大大削减其庸俗社会学的见解成分，从而更接近客观真理、更具有真理性。

任何社会的法律、道德的价值尺度都有其一致的一面，同时又都有其不一致甚至相矛盾的一面。其互相矛盾的东西反映着社会和人的复杂性，能够在同一种社会现象或活生生的人物身上体现出来。这就要求美学家具体分析道德与法律的矛盾如何造成悲剧的美学问题，而不是将其简单归结为一种时代、社会的错误。

以上所谈法律与道德冲突所造成的悲剧，发生在一般公民身上，且矛盾对立的双方的法律与道德呈单一状态，形式上显得较为简单，黑格尔《美学》所注意到的，只是这种情形。还有一种更为复杂的情况，是黑格尔《美学》所没有谈到的。这种情况是：道德上两种规范相互矛盾，中国自古以来的"忠孝不能两全"之说，就道出了这种矛盾；与此同时，这种矛盾又同法律发生了矛盾，故表现为双重矛盾结构；更值得注意的是这双重矛盾的载体很有可能是执法者。这种悲剧的悲剧性，相形之下更突出，更能打动人心。拙著《法律与文学漫话》中的短文《法律与道德相冲突由来已久》所谈到的《史记·循吏列传》中的石奢，就是这种悲剧性的执法者。石奢作为楚昭王的国相，外出发现父亲在路上行凶杀人，当即把他释放了。这种行为就包含了上述双重矛盾：释放杀人犯的父亲，这是孝，可是不执行法律是对楚国和楚昭王的不忠，这就是忠孝难以两全的矛盾。假如石奢换一种做法：尽忠而依法惩处父亲，那么又不孝，依然是忠孝难以两全。就是处于这进退两难之中不能解脱，石奢选择了自刎而死的绝路，于是成为法律与道德矛盾冲突之下的悲剧性执法者的形象。鉴于这种悲剧的动人心魄的感染力，我曾发出了如下议论：

> 石奢没有别的选择，只好一死了之。在我看来，司马迁写这则历史故事，与其说是在为石奢的严以律己的清廉风范树碑立传，不如说是以人物的悲剧命运和结局暴露奴隶社会道德规范之间，道德规范与法律规范之间的双重矛盾现象，从而揭示了法制生活与伦理生活交融时人的生存的艰难性、不合理性。要想不再出现石奢的悲剧，自然就应考虑到道德和法律上的改革、进步，使之合乎人情人性。[7]

由石奢的悲剧成因，来思考日后中国法律和世界各国法律所先后规定的回避制度，我们会看到这种法律制度产生的必然性、合理性和进步性。如果石奢当年所生活的楚国有了现代化回避制度，他就根本不会处身于那种悲剧性双重矛盾中不能自拔，因而也就不会发生自刎而死的悲剧了。我以为，法律上的回避制度不仅仅出于对法律负责，而且出于对当事人和执法者负责，是一项体现人文精神的人性化的法律制度。这种法律上的认识与体会，应是石奢的悲剧故事在现代读者心中必然引起的阅读心理效应之一。

三　法律与美感心理距离

有学者指出，我国美学界长期以来"对审美经验和审美心理这一美学研究的重要领域不敢触及，以致影响到 20 世纪后半期中国美学的正常发展"[8]。我以为，从涉法文学的实际出发来研究美学问题的又一条渠道，是对法律与审美心理的关系可作出应有的考察。例如说，法律与朱光潜先生谈到的美感心理距离，就饶有趣味，值得一提。

所谓美感的心理距离，就是欣赏美的时候，不带任何功利目的，保持纯粹欣赏的态度。这样做，就叫作保持了美感的心理距离。功利目的的产生，"一看到瓜果就想到它是可以摘来吃的，一看到瀑布就想到它的水力可以用来发电，一看到图画或雕刻就估算它值多少钱，一看到美人就起占有的冲动"[9]，就意味着美感心理距离的消失。

读莫泊桑的短篇小说《莫兰那只公猪》，看到莫兰和"我"两个男人先后被一个美丽的小姐弄得神魂颠倒的故事，不禁会联想到法律与美感心理距离的关系问题。这两个男人对那位美女均未能保持美感的心理距离，而是产生了"占有的冲动"，都抱吻了她。尤其是"我"，本来作为莫兰吻美女引发的诉讼案件的调解人去见美女的，不料却比莫兰更出格，把她搂在怀里狂吻了每一个地方。其最后结果是："我"因为受到谅解而无事，莫兰则卷进那起冤案，虽经撤诉，却招致"莫兰那只公猪"的骂名，大有遗臭万年之势。从浅层看，莫兰的教训的确在于对美女的美未能保持应有的心理距离。

若从深层看，则可发现法律与美感心理距离有密切联系。法律追究的是行为方式及其后果。如果谁对世上的一切美的人与事只抱无功利的欣赏态度，不伴以任何占有的行为，就不可能触犯法律。反之，利欲熏心，不能抑制占有的冲动而采取行动，就有可能负法律责任。这是二者互相联系的一个方面。

二者互相联系的另一个方面，是法律、法律工作者应当尊重人皆有之的爱美之心，用有关立法加以保护；在司法实践中法律工作者对因爱美而有所越轨，但其行为没有什么严重后果的当事人采取宽厚态度，予以谅解。否则，对美无动于衷的法律和法律工作者，我们可以责备其缺乏应有的人情味或美感心理经验。莫泊桑在小说中描写的莫兰其人、其案，确能引起关于法律与美、美感心理距离的关系的这些联想。这就是小说为莫兰鸣不平的法律意蕴的深层表现。不究明法律与美感心理距离的关系，这种深层法律意蕴就无从揭示。

涉法文学的美学研究除了可以探讨上述那些纯美学家所根本无从谈论的特殊美学问题之外，还有一个很大的优越性，那就是对纯美学的若干理论命题作出崭新的论证。例如法律与喜剧、描写罪犯的艺术、现实主义的胜利、细节的真实、典型环境中的典型性格等人所共知的命题，都能在涉法文学美学研究中采用大量相关的论据作出前所未有的新论证。此外，法律语言美学，是一片未曾开垦的处女地，更是可以大有作为的一门大学问。

参考文献：

［1］黑格尔．美学（第一卷）［M］．朱光潜，译．北京：商务印书馆，1979：143.

［2］黑格尔．美学（第一卷）［M］．朱光潜，译．北京：商务印书馆，1979：125.

［3］刘纲纪．艺术哲学［M］．武汉：湖北人民出版社，1986：419、421－422.

［4］黑格尔．美学（第二卷）［M］．朱光潜，译，北京：商务印书馆，1979：204.

［5］黑格尔．美学（第一卷）［M］．朱光潜，译，北京：商务印书馆，1979：280.

［6］何西来．新时期文学思维论［M］．南京：江苏文艺出版社，1985：185－186.

［7］余宗其．法律与文学漫话［M］．北京：华艺出版社，2001：50.

［8］徐碧辉．百年回眸中的美学［N］．中华读书报，2001－4－25（15）.

［9］朱光潜．朱光潜美学文集（第一卷）［M］．上海：上海文艺出版社，1982：22.

第七编 法律视角下的文学争鸣

以上六编各章的论述，基本上都是正面说理，企图较全面地把涉法文学所拥有的现象、规律都介绍出来。

这一编，将采取再研究的方式，对涉法文学创作、研究中的负面的东西予以披露和批评，意在分清是非，清除其流传不止的消极影响。这样做，其实就是本书第七章已谈到的"人文社会科学互相监督的学术机制"发挥作用的必然。不这样开展文学争鸣，没有本编论述，法律文艺学就如同损失了半壁河山。

笔者不敢自以为是，从内心深处祈求专家、学人、广大读者提出反批评。是此，本编名之曰"法律视角下的文学争鸣"。

第二十三章　中国当代作家笔下的法律错误

中国作家笔下的法律错误古亦有之，于今为烈，故应当专门加以检讨。这种重任只能由法律文艺学来承担。纯文学家对于涉法文学既没有正面说理的能力，同时又没有对作家笔下的法律错误进行识别、纠正的能力，只得任其放任自流，有负于广大作家，遗害广大读者。法律文艺学决不能让这种局面继续下去。

依据作家笔下法律错误的表现形式、性质，可将其划分为三类进行辨析。

一　法律知识性错误

在拙著《法律与文学的交叉地》和一些评论文章中，我曾对《重婚》《对第三者的审判》《六六镇》《人间正道》等作品的法律知识性错误作过批评。针对这类错误比比皆是的严峻事实，我不能不再一次出面说"不"。作家们在叙说故事情节时的法律错误相当多，以下是具体例子和我的简略评语：

崔京生的《纸项链》有云："过了几天，她以监外候审的名义被释放。""监外候审"不当，应为"取保候审"。

贾平凹的《浮躁》在叙述小水结婚不久死了丈夫的情形时写道："百日过去，小水离婚了，小水枉结了一场婚。""小水离婚了"的说法不妥。无论婚姻关系中的男或女，只要配偶死亡，就视为婚姻关系自行解除，根本不存在什么"离婚"之事。

王梓夫的《女牢滋味》中，未婚女青年阿川被已婚汽车司机阿标欺骗而与之结婚，小说的情节安排是阿川以重婚罪入狱。这是不对的。犯重婚罪的应只是阿标一人。阿川根本无罪可言，岂有入狱之理？

马役军的报告文学《婚姻大世界》有这么一段话："如果施某是中国国

籍，可处以重婚罪。但施某是持美国护照的美籍华人，据法院说，外国人在我国境内犯罪，达到刑法规定的最低刑为三年以上的有期徒刑的，才能追究其刑事责任。而重婚罪在我国法律中最高的只能处以两年以下徒刑。"按照作者的说法，美籍华人施某的重婚罪不能依法追究。其实，却是可以依法追究的。作者错在何处？错在对有关《刑法》条文不了解，凭道听途说的不准确的说法行文，故出了差错。依当时的《刑法》第三条（现改为第六条）规定，可追究施某的重婚罪责，该条规定："凡在中华人民共和国领域内犯罪的，除法律有特别规定的以外，都适用本法。"施某的重婚罪行为发生在中国境内，依这条规定对他治罪毫无疑问。马役军的错误之一是不知有这一法律规定。

马役军的第二个法律错误，是在上述引文中弄错了一个关键性的字眼，即把"外"错写成了"内"，从而完全歪曲了当时《刑法》第六条（现改为第八条）的立法本意。该条规定："外国人在中华人民共和国领域外对中华人民共和国国家或公民犯罪，而按本法规定的最低刑为三年以上有期徒刑的，可以适用本法。"由于马役军出现了两个法律错误，并使之纠缠在一起，故造成了文章中的上述引文的不伦不类的说法。

正确的说法应当是：施某的重婚罪发生在中国境内，应按中国《刑法》定罪量刑。

彭瑞高的中篇小说《多事之村》（《上海文学》1998年第4期）中的苏玉芹有行贿罪嫌疑，由检察院的检察官员将其逮捕。这种描写违背了《刑事诉讼法》第七十八条的规定。该条指出："逮捕犯罪嫌疑人、被告人，必须经过人民检察院批准或者人民法院决定，由公安机关执行。"此外，小说中的"交保候审"应为"取保候审"。

谭文峰的中篇小说《生命变奏》（《百花洲》1997年第3期）的末尾，民营建筑公司和分公司的总经理张福生、经理刘小瑜因承建的教学楼坍塌的重大责任事故，受到法律追究，他们的罪名中都有"渎职罪"。这项罪名不能成立。依据我国《刑法》的规定，渎职罪的犯罪主体，应是国家机关工作人员。

池莉的《一冬无雪》的故事中出现了"陪审团"的概念。这是不准确的。在我国，只有人民陪审员或陪审员的概念，而没有"陪审团"的概念。

叶兆言的《绿河》中有这么一句话："这是一对领了结婚证还没有举行婚

礼的准夫妻。"依法律而论，履行了结婚登记手续，即领了结婚证，就意味着男女双方成为正式夫妻。至于是否举行婚礼，那是民间习俗问题，无损于合法夫妻关系。这个"准"字的运用，反映了作家法律意识的不自觉。

刘庆邦的《家道》中，内弟与三芹离婚了，他们的儿子判由三芹抚养。小说写道："能称得上岳父孙子的只能是三芹的儿子了，这个小家伙虽说在法律认定上和岳父家已没什么关系，可从血脉上，他和内弟有着不可更改的血缘关系。"这段话的前一层意思是不对的。离婚时关于孩子由谁抚养的判决，仅仅只是解决孩子的抚养责任问题，丝毫不改变既有的一切亲属关系。三芹离婚后，她的儿子依然是岳父的名副其实的孙子，怎么能说："和岳父家已没有什么关系呢?"

以上法律知识性的错误直接出自作家笔下，以下所谈则出自作品中的人物之口。以主观愿望而论，没有谁会让自己的人物说外行话。相反倒是努力表现人物的法律思想意识的深刻、独到。由此可知，人物口中的法律错误的实质，是作家本人法律错误的移植，因而不同程度地损害了人物形象的塑造。这是一种应当引起注意的教训。

这类法律错误的实例也相当多。贾平凹的《白夜》写到的一位街道办事处的干部对前来办离婚手续的夜郎讲了如下一段话："你坚持说她不贞，孩子不是你的，要离婚，按婚姻法你的理由是合理的，离婚也是合法的。"这是明显的错误，作家自己不懂婚姻法，他笔下专管婚姻登记的街道干部便说出了不值一驳的外行话。

"法律不许我生孩子，总不能让我领养一个吧?！我就说领来的，我都想过了……"这是陆星儿的《女人的规则》中未婚而孕的田恬对她的情人、一个有妇之夫所讲的话。我国没有禁止未婚女性生孩子的法律，相反婚姻法明文规定，非婚生子女享有与婚生子女同等的权利，任何人不得加以危害和歧视。田恬误解法律了。

"英美法系是先假定一个人无辜，然后由检察官罗织有罪的证据。只要证据不充分，就仍然认为这个人是无罪的。而我们中国则是先假定一个人是有罪的，如果这个'有罪'的人不能提出充分的证据洗清自己，那他就是有罪的。"这是王朔的《枉然不供》中的犯罪嫌疑人任北海对警察单立人发牢骚时讲的一段话。其中的法律错误有三点：一是英美法系的概念运用不当。英美法系是世界五大法系之一，任北海的全部话语的内容同英美法系没有内在联系，故纯属卖弄。二是"先假定"云云，指的是"无罪推定"（也叫"无罪假定"），即刑事被告人在未经法院宣判有罪以前，应认为他无罪。最早实行这项原则的是法国，而法国是民法法系的代表国家。由这一点看，他卖弄的英美法系概念有张冠李戴之弊。三是"我们中国"云云，意思是中国实行的是"有罪推定"原则，这是无中生有。从前有法学家解释说：

> 中华人民共和国刑事诉讼法既没有采用"无罪推定"，也没有采取"有罪推定"，而是确定以事实为根据，以法律为准绳的原则，即人民法院对未经审判的被告人，既不肯定他有罪，也不肯定他无罪，而是在诉讼中充分保障他们的诉讼权利。[1]

法学家的这一明晰论述，充分证明了任北海对中国刑事诉讼的指责从根本上站不住脚。经过修改的《刑事诉讼法》，实行的是无罪推定。依此而论，任北海更是大错特错。

本书第十六章曾谈到张平的《抉择》的主人公李高成的讲话中有法律错误，这里对此加以讨论。在谈到中阳纺织公司以总经理郭中姚为首的领导班子集体腐败的原因时，李高成市长慷慨陈词，讲了下面一段似是而非的话：

> 当我们把国有产权、国家资产以及国有企业的掌握权全都交给了他们的时候，同时也告诉了他们可以不受任何制约和监督，想怎么干就可以怎么干。于是在他们拥有了如此重大、如此事关国家命运、事关改革前途的权力时，却没有任何人、任何权力、任何机构，能够监督和制约了他们！甚至连我们自己都没了这个权力！

表面看来，李高成的看法尖锐而深刻，似乎击中了要害，实质上是无视现行《全民所有制工业企业法》的外行话。这部法律早在 1988 年就公布施行了，其中第五章《职工和职工代表大会》、第六章《企业和政府的关系》和第七章《法律责任》都明文规定了对企业领导人的权力的约束、监督和法律追究等内容。用这一系列的具体法律规定来衡量李高成的上述讲话，明眼人立即就能发现其完全抹杀《全民所有制工业企业法》的大错误。

李高成曾是中阳纺织厂的领导人，如今是分管中阳纺织公司的市长，竟然对国家公布施行多年的《全民所有制工业企业法》一无所知，这在逻辑上是讲不通的。没有别的解释，只能是作家张平本人不知有这部法律的客观存在，于是把这不懂法律的错误移植到笔下的人物身上，使其讲出了有违法律的外行话。如此一来，意在歌颂李高成的意图不仅未能实现，反而给人物脸上抹了黑。

当然，《全民所有制工业企业法》关于约束、监督、追究法律责任等一系列规定不一定都得到了执行。从这一角度寻找中阳纺织公司集体腐败的原因无疑是合乎现实生活的本来面貌的。李高成反腐英雄的形象，因作者的法律错误而受到了影响和损害。

二　法学理论的错误

以数量而论，这类错误较少见。我所见到的具体例子，仅张宏森的《大法官》中的女法官林子涵的言论，有太多的法理错误，这使我们不得不进行专门讨论。

林子涵曾留学法国，专攻法律，习惯于对自己所办的案子作法理的分析和议论。这是作品赋予人物的可贵性格特征。非常遗憾的是作家本人法律修养的不足，损害了林子涵的形象，使她的许多夸夸其谈成为违背法理的外行话。

在议论吴西江的杀人案方面，林子涵的法律错误暴露得格外充分。本来，这是一起在公安机关连续近七十个小时的不间断的审讯条件下，吴西江因瞌睡难熬而胡乱招供杀人而制造的冤案，致使吴西江无辜被判了死刑。林子涵接受了重审此案的任务，经深入调查研究，终于发现了冤情，作出了无罪释放的正确判决。其中固有的法律寓意原本简单、明白：执法办案中严刑逼供或变相的严刑逼供，很容易造成冤假错案，一旦发现有冤假错案，就应当坚决纠正，以保证无辜者不受法律追究。如此而已。然而，林子涵法官闭口不讲本该讲的法理，却另起炉灶，自行其是，在法院召开的审判委员会全体会议上大讲所谓"无罪推断"，面向众法官讲了下面一大通道理：

法定诉讼程序的核心是无罪推断。就是说，被告必须在被证实确有犯罪的证据时，才能确定他是罪犯，否则，他是清白的。而我们容易产生的偏颇是，我们经常在诉讼过程中做主观上的有罪认定。这难免使我们的审判失去公正。根据以上证据推论，合议庭一致认为，对吴西江故意杀人罪的指控应当不予支持，特提请审判委员会讨论。

这段话的可议之处，实在太多。首先，"无罪推断""有罪认定"是不规范的法律术语，规范的术语应当是"有罪推定""无罪推定"。林子涵作为法律专业的留学生而使用如此不规范的法律术语，是不能被原谅的。其次，"有罪推定""无罪推定"都是刑事诉讼原则，认为"法律诉讼程序的核心"是"无罪推定"不妥当。最后，也是最严重的一点，对吴西江杀人案的错判予以纠正的理由，根本不在于什么"无罪推定"，而在于知错必改，有错必纠，保证无辜公民不受刑法追究。

在后来接受记者的采访时，林子涵就吴氏一案从死刑判决到无罪判决的原因又一次发表谈话，继续认为这种变化的性质是"从有罪认定到无罪推断"，指出这"正是一审判决和重审判决观念的不同"，并借题发挥说："审判制度的不断改革，不是一种形式上的改变，而是司法观念的不断进步。"为了充分证明自己这种看法的正确性、深刻性，林子涵居然把雅典法庭对苏格拉底的审判、佛罗伦萨法庭对伽利略的审判、南非开普敦法庭对曼德拉的审判同吴西江一案的重新审判相提并论。如此一来，林子涵讲话中的法律错误便成了错上加错的恶性循环。吴西江错案的重新判决，既不是什么法律观念的改换，更不是什么司法制度的改革，更不是类似苏格拉底等三人的法律判决。苏格拉底和曼德拉受审判，属于当局者的法律仇恨革命者，反映了统治阶级法律的反动性。伽利略受审判是当局者的法律不信科学，反映了统治者手中的法律和法庭的愚昧。而吴西江的案件则属于执法工作的错误所造成的冤案，没有类似或一致的法理可谈，林子涵把没有可比性的吴西江案件同其他几个案件生拉硬扯混为一谈，显得很荒谬。

同样令人感到荒谬的地方，还有林子涵对王杏花杀夫案仅判处有期徒刑十五年的轻判原因的解释。依案情和刑法有关规定看，该讲的道理本来很朴素、很简单：王杏花的婚姻是野蛮的强迫婚姻、买卖婚姻，五千元的身价费用于父亲治病和哥哥娶亲，婚后丈夫长期虐待她，打、骂、用烟头烧，把她折磨得忍无可忍，才被迫杀了丈夫。这是从轻判决的事实依据。从法律看，刑法明文规定故意杀人的，可判处死刑、无期徒刑或十年以上有期徒刑，从轻发落的是处三年以上十年以下有期徒刑。这是判处王杏花十五年徒刑的法律依据。林子涵作为本案的审判长在解释王杏花轻判的原因时搬出了一大堆法律名词术语：法官纠问式审理、双方控辩式审理、职权主义、当事人主义等。她宣称："王杏花案的从轻判决，实际上是当事人主义成功的范例。"乍一看，林子涵的法律思想敏锐、深沉，对她的法律工作充满自信心和自豪感。实际上，只不过在生吞活剥地玩弄刑事诉讼法学中的知识与理论罢了。这种玩弄的东西，同王杏花案件的从轻判决毫无关系，纯属作家节外生枝，滥贴标签。

请看事情的真相。所谓纠问式审理，是封建国家普遍盛行的诉讼程序。"就是司法机关对于犯罪事件，不论是否有受害人的控告，都根据其职权主动进行追究和审判。"[2]在资产阶级取得政权后，废除了弊端很多（刑讯逼供之类）的纠问式诉讼制度，代之以辩论式诉讼制度，它渊源于"法律面前人人平等""司法民主"等原则。[2]职权主义原则，出现于民法法系的国家，强调法官充当案件的"积极仲裁人"，从而有别于英美法系所强调的法官充当"消极的仲裁人"[2]。至于当事人主义，是古罗马和雅典的一种诉讼理论。在这两个国度里，"实行由原告传唤被告出庭"的法律制度，在理论上称之为当事人主义，又称作控告式（或弹劾式）[2]。很清楚，对我国当今的刑事诉讼活动而言，教科书中的这些法律术语、理论、制度等，只具有法制史和法学理论的意义，而没有现实操作意义。换言之，当代中国现实生活中的法律诉讼活动根本不存在林子涵法官口中讲出来的这一套东西。林子涵把发生在中国现实生活中的诉讼案件强行用根本不相干的西方法制史上的法律术语、理论进行解释，是在开历史的倒车，食古不化的毛病不可谓不严重。

不用说，这是作家本人不通法律又刻意描写精通法律的法官所出现的严重失误。这种失误还表现在一个细节描写上。《大法官》的故事发生在2000年8月，其时我国刑法已修订并公布三年多，而林子涵判案使用的刑法"第一百三十二条"早已改为"第二百三十二条"，作为法官她竟全然不知这一改变而仍旧引用原来的法律条文的序号。现实主义文学讲究细节真实，这种失真的细节描写也有损于林子涵的形象。

三　历史原因与认识原因

中国当代作家笔下的法律错误之所以如此普遍而严重，绝不是偶然的，有着深刻的历史原因和现实的认识原因。以历史原因而论，中国自古以来缺乏法律教育传统，致使历代文化人无从了解法律，没有关于法律的起码知识，绝大多数人把法律简单化地理解为犯法、坐牢、打官司这样粗线条的东西，此外再也没有别的什么意识。这种昧于法律的文化心理相沿成习，造成了文化人同法律间的深深的隔膜。加之儒家贬低法家人物，把法家学说称之为刑名法术之学，信奉刑名法术之学的人被称之为刑名法术之徒，这就使知识分子无形之中厌恶法律和法学，把打官司当作可怕的事情而千方百计加以回避。

法学在中国成为一门独立的学科，迟至清王朝被推翻之后，至今不过百年的历史。虽然早在春秋时代就产生了法律，到战国时期出现了李悝、商鞅、慎到、申不害、韩非等法家人物，各有其法律思想，但对于法律的理论研究却未能起步。大教育家孔子的讲学课程是文、行、忠、信，没有法学。孔门四科的德行、言语、政事、文学，其学生各有所长，就是没有人学法律。从晋魏到宋代，曾设有律博士的官职，主管法律的教授与司法官员的培养，但未能发展出民间的法学教育事业。何况元代废止了律博士官职。如果说有某种法律研究，那么就是所谓的"律学"，仅停留在对法律条文进行语义学的解释水平上。《唐律疏议》是我国律学诞生的标志。鉴于法学研究的落后状况，唐代诗人白居易明确提出了"法学"的概念，批评"朝廷轻法学，贱法史"的倾向，要求朝廷"悬法学为上科"[3]。一千多年之后，白居易的主张才变成现实。

较之西方，我们的法学教育作为大学的专业之一，晚七百多年。早在 12 世纪，在西方出现了现代意义上的大学，其第一个专业就是法律专业，以后才向其他学科发展。在我国普遍办大学还不到一百年的历史，法学教育纳入大学专业层次不仅起步晚，而且发展速度、规模、深度都不如人意。"文革"中"砸烂公检法"的叫喊声甚嚣尘上的年头，法律院校停办、取消的不在少数。这就不能不严重影响文学界对于法律的了解。

从现实条件考虑，文学界对法律的陌生和失误，也有认识的原因，这就是文学家一旦进入文学圈子并成名成家之后，就开口文学闭口文学，没有顾及法律的任何动念，一个个都成了纯文学家，以冷漠心态对待法律的现象很普遍。这样，即使处在有良好的法律教育传统的国度，依然是法律的门外汉。这就是法学教育很发达的西方，纯文学家不在少数的原因。在这一点上，中国文学家和西方文学家不通法律的原因是共同的。相比之下，西方纯文学家还是比中国纯文学家的法律知识略胜一筹，这就表现在虽然他们不能正面、有效地研究文学中的法律问题，但毕竟很少弄到法律错误百出的地步。

缺乏法律教育传统的历史，我们无法加以改变，故不必怨天尤人。能改变的是昧于法律的现实。这就要求文学家不要忘记了法律和法学，力争多看一点法律书，从法盲状态的阴影中彻底摆脱出来。这样，当代中国文学活动中的法律错误就会一天天减少，其消极影响也会一天一天被肃清。

参考文献：

[1] 章若龙，等. 简明法学辞典 [M]. 武汉：湖北辞书出版社，1986：336.

[2] 张子培. 刑事诉讼法教程 [M]. 北京：群众出版社，1986.

[3] 张国华. 中国法律思想 [M]. 北京：法律出版社，1982：288.

第二十四章　对涉法文学作品的误读误解

在文学研究的各个领域——文学批评、文学史研究、文学（美学）理论研究——只要涉及法律，都存在着难以避免的形形色色的错误，就其产生的主观心理原因而论，无不直接导源于对涉法文学作品的误读误解，而问题的实质又在对涉法文学中的法律产生了认知上的错误。在纯文学研究范式中，这一系列的学术错误及其误读误解的心理原因，都无从发现，因而也不具备纠正的可能性。涉法文学研究却把这种纠正工作当作自己的职责之一。

对涉法文学的误读误解，指的是对文学中的法律描写所体现的固有法律认识价值无从感知，或感知产生偏颇的阅读现象。这种与法律有关的阅读现象在一般文学欣赏中是不存在的，故法律文艺学有责任加以专门研究。

一　误读误解的普遍性、严重性

对涉法文学的误读误解，是一种极为普遍的现象。如果在理解这种普遍性的时候，仅仅认为误读误解者只局限在一般文化层次的读者群之中，那将是一种肤浅的见解。实际上，这种普遍性是无边无际意义上的普遍。且不说文学硕士、博士们难以正解涉法文学作品，就连他们的导师、权威学者、著名专家也难以闯过这道关卡。

涉法文学是法律内容与文学形式有机结合的产物。现实社会中的文学读者各有所长，各有所专，兼具文学和法律两大学科的扎实功底的，寥若晨星。专业知识的欠缺，不是剥夺欣赏涉法文学的理由。任何人也没有权利剥夺文学的自由欣赏活动。于是，把涉法文学纳入各种文化层次读者固有的欣赏习惯、解读模式之中，就是很自然的事情。如此一来，对涉法文学的误读误解就成了一种非常普遍的现象。这样，误读误解涉法文学的普遍性是很容易理解的，不必饶舌。

需要说明的是涉法文学误读误解的问题的严重性。一般读者的误读误解，纯属个人的事情，错只错在他一个人身上，而很少有可能以讹传讹，不断扩散着他的阅读错误，从而贻误他人。然而，那些从事文学研究、教学、编辑的人们，却有可能随时随地通过他们的笔和口把种种误读误解意见公之于世，广为扩散，到处流传，这样就不断地把听众、读者往曲解作品的错误道路上推送，其消极后果是不可低估的。

也许，文学史研究是重灾区。中外文学史上，不少文学名著至今没有定论。面对同一作品，不同版本的文学史论著的解读往往各不相同，有的甚至各执一端，毫无共同点。如果作品本身不涉及法律，这种分歧意见很难评判其得失正误。对于涉及法律的名著的不同意见，却可以清楚看出问题的症结。有时候，有分歧意见的双方都偏离了正确轨道。例如评价《醒世恒言》第二十九卷《卢太学诗酒傲侯王》这一作品时，有两种不同意见。一种意见认为，此篇"写浚县知县汪岑陷害士绅卢柟，揭示了封建官僚阴险残酷的本相"[1]。另一种意见认为，此篇"赞美了一个兀傲放达的文士"[2]。两种意见有水火不相容之势。实际上，二者都没有道出作品固有的法律思想意义。"陷害"说过于笼统，"赞美"说完全不沾边。此篇小说的实际内容应当是：卢太学不拘小节，受到汪知县嫉恨，于是借一起与卢不相干的人命案，强加罪名，使其枉受牢狱之苦达十几年，直到新上任的陆知县查明案情，才纠正、平反了这起冤案。抨击封建官员徇私枉法，才是这一作品的思想内容的核心之所在。这种法理法意并不深奥，纯文学史家却不能道出。诸如此类的误读误解的例子，多得不胜枚举。可以这样认为：中外文学史上有定评的文学名著，凡涉及法律的篇目，大都有不同程度的误读误解情形发生。再如中国现代文学史上鲁迅的《药》《阿Q正传》、王统照的《微笑》、曹禺的《原野》、袁牧之的《一个女人和一条狗》等小说、戏剧，都有被误读误解的地方。拙著《中国文学与中国法律》的第十二章《文学家对中国现代涉法文学作品的误读、误解》对此有所谈论，读者可以参阅。本书下文有专章论及文学史家的误读误解。

未曾进入当代文学史研究视野的中外涉法文学新作，被批评家、译介者误读误解的也不在少数。本书下文也有专章论及批评家的误读误解。

在外国文学的翻译界，对外国文学界中的涉法作品的误读误解现象也严重得令人忧心忡忡。《法朗士短篇小说选》的译者，对其所译的《克兰科比尔》《正直的法官》《让·马尔多》《托马斯先生》《内盗》等所谓"司法"题材的小说的解读，几乎无一例是正确的。首先，译者把这些小说的思想内容概括为"揭露法国司法界黑暗"，不仅过于笼统，更是主观臆断。客观地、具体地说，这几篇小说虽都涉及了法律，但它们的主题思想各不相同，都有法律上的某种具体针对性，远远不是"揭露法国司法界黑暗"这一句貌似深刻、有力的话所能包罗无遗的，应作具体分析。其次，在一一具体谈论译者的阅读印象时，竟都不符合小说自身的实际。对于《克兰科比尔》，译者认为"它通过卖菜小贩克兰科比尔被错判罪行的故事，深刻揭露了西方社会法律制度的腐朽"。实际上，小说所写的是一起冤案，暴露的只是法律实施中警察诬陷好人、法官偏信诬陷者一面之词的弊病，并没有从整体上否定法国的司法制度。此外，小说还有一层更重要的寓意：不明真相的人民群众对老实巴交的克兰科比尔的人品作评论，因法律的错判而发生逆转，致使当事人在社会上失去了立足之地，难以像正常人一样过日子。小说深层的东西，正在于提出和思考了法律的价值判断功能的从官方到民间的一致失误，造成了人生的悲剧这样一个法律问题。这是很深刻的法律社会学见解。关于《正直的法官》这一篇，译者分析话语不少，最后归结为一句话："作者在这里隐含的意义是：人类跟动物没什么两样。"这种说法太离谱。其实，小说的真正寓意在于讽刺两位正直法官彼此持全然对立的一系列法律见解，难免在同一个法庭上执法办案的实践中发生不正直的差错。作家为此善意地提出批评：二位正直法官的水火不容的法律理论见解运用于法律实务会各有所失，在这一点上，他俩甚至不如各自所骑的马高明。因为，两匹马在议论关于马的法律时，能做到互相补充，相得益彰，而它们的两个主人却只知道各持一端，争论不休。《让·马尔多》以梦与现实相结合的手法，对法律进了哲理思考，耐人寻味，不像译者所说的那样是解释法律"残酷无情"，"不公正"。译者对《托马斯先生》中的法官托马斯先生给证人录口供的习惯做法的说明是无可非议的，但他不明白这是法律职业者的一种不良语言习惯，对于妨碍公正执法办案的潜在影响很大，却往往不为法律界所注意。作品就是从这一点上进行了针砭、疗救工作。谈到《内盗》时，译者评论道："犯人的不幸是由法官制造的，但犯人却尊敬这种不幸，作者在这里揭示了犯人可怜却又可悲的命运。"[3]这一说法完全不能成立。《内盗》的本意在于塑造、歌颂一个可爱的监狱长的形象：他对女犯的道德评价很有分寸感；他对"肃静"的狱规的理解和解释有人情味；他对许多女囚不愿出狱的心理规律的了解充满了戏剧性。就凭借这些，这位监狱长的狱政管理经验颇有借鉴意义。综上所述，这位译者对法朗士的几篇涉法小说的解读都属于误读误解。

总之，中国当今整个文学界对于中外涉法文学作品的误读误解问题普遍而严重，唯有在法律文艺学研究领域才能披露并解决这个问题，从而辨别正误，分清是非。

二 误读误解的表现形式

对涉法文学的固有法律思想避而不谈，保持沉默，似乎无可指责，其实这应是误读误解的一种常见的表现形式。以正确的阅读心态而论，必须是对涉法内容一见如故，倍感亲切，心领神会，有一吐为快的倾诉欲望，怎么能无话可说呢？可见，沉默的背后是无所见，无所得，这自然属于误读误解范畴。文学史上和当今新出现的众多优秀涉法文学未能载入文学史家和批评家的口碑，应从这种避而不谈的阅读心态寻找原因。

在谈论涉法文学的思想内容时，纯文学眼光所导致的错误在所难免。其具体表现形式不少。主要有：

其一，抹杀、淡化法律内容，突出强调非法律内容，给人造成的感觉是论者所读作品与法律没有多少瓜葛。这种误读误解方式最为普遍，一到这种读者出面谈论他所读涉法文学作品之时，误读误解的心理状态就暴露无遗。有两位读者在谈自己所读德国作家本哈德·施林克的长篇小说《朗读者》的感想时，把它说成是"关于爱情和性爱的小说"，认为"施林克抓住米夏尔情窦初开的一个细节编织出的美妙动人的爱情故事，恰不是他的初衷，他要表现的是由于某些政治的原因残忍地扼杀了这美好的爱情故事"。这两位读者也读出了小说中的"法庭"、"法律"的片段，但只是以其充当了论述他们关于"爱情"的总体印象的一个论据，这就使人从他们的读后感中感觉到《朗读者》是一部爱情小说。其实，在作品中，关于爱情、性爱的描写仅占全书三部中的一部，其余二部描写的是汉娜作为战犯受法庭审判的情形，描写爱情的三分之一的篇幅是作为后面三分之二的法律描写的铺垫、陪衬出现的。综观整个作品，描写汉娜这个特殊到令人崇敬的罪犯，表现法律、法律诉讼、法律工作者的不如人意的阴暗面，才是主题思想之所在。可见，这两位读者的文章，是他们误读涉法文学作品的有力表征。[4]

本书第八章对《朗读者》的法律认识价值、汉娜身上的法律意蕴作过具体分析，读者可以参阅。从本书的论述读者可以知道，《朗读者》的法律寓意丰富、深刻、新颖，汉娜的形象虽属于受到法律追究的战犯，但她身上有着闪光的品质，那些法律工作者与之相比无不黯然失色。如此杰出的法律思想见解被两位读者消解得不见踪影，竟以爱情小说论之，实在错得太远了。

其二，对于法律描写构成基本叙事框架或贯穿全篇的两类涉法文学在思想和艺术两方面的评价上，均不能领悟法律描写所起到的实际作用，大有将其混同于纯文学作品之嫌。较之上述第一种表现形式，这一种错得更远。

《清明》的编者对发表在该刊 1998 年第 4 期的徐凤清的中篇小说《彩欲》的阅读印象，就属于这种形式的误读。编者在《卷首语》中指出：《彩欲》"在表现干部个人品质于政治腐败中的一步步蜕化萎缩的同时，更注重表现他们灵魂的挣扎，挖掘他们未泯的良知。三平县主管工业的副县长吴政荣之疯，总工郑泽祺之死，是以骇异的方式显示我们民族精神深处涤荡邪恶、完善自我的活力，让我们深深感动。"我以为这种读后感太离谱。其要害，在于编者没有一丁点法律意识的预制心理结构，故根本无从感知作品法律描写的深刻性。吴政荣何许人也？他是分管工业的副县长，在带队出国作技术考察时，收受了外商 360 万元的现金与实物的贿赂，为化工厂引进了 M 公司的陈旧淘汰产品，致使该厂发生了死 8 人、伤 27 人的严重事故，本来是个重罪犯，却被县委书记陈博涛说成是英雄，打算将他提升为县长。受宠若惊的吴政荣私下拿出最近以来收受的赃款赃物到陈博涛那里和盘托出事情的真相，不料被斥之为"神经错乱"，将其送进了精神病院。半年后，他自杀而死。吴政荣充其量只是一个有悔悟之意的罪犯，本应当受到法律制裁，而在陈博涛一手纵容、包庇之下，悔改之意遭到了压抑。自杀，是他屈服于滥用权力的陈博涛的一种无奈的出路。至于总工程师郑泽祺之死，也不光彩。因为，郑泽祺是出国考察组的成员之一，对引进淘汰产品、重大安全事故都负有不能推卸的责任，而在陈博涛有意欺骗上级的时候，把责任都推到郑泽祺的助手小李身上，谎称小李因多角恋爱弄昏了头而导致事故发生。烧死的8人中有郑和李二人。至于陈博涛掩盖真相，欺骗上级，完全是为了个人的政绩和升迁。小说结尾是他升任了地委书记。总之，小说中没有能够让人"深深感动"的人物形象。编者完全以个人的主观臆断取代了小说的实际内容。

为了说明淡化法律而把涉法文学混同于纯文学的阅读方法的普遍性，我们再看一个例子。有批评家认为莫言的短篇小说《金发婴儿》是作家"最动人的作品之一"，极力加以称赞：

> 就以《金发婴儿》来说，这是莫言写的最动人的作品之一。紫荆怀抱着金色大公鸡时产生的对其旺盛的生命活力的感受和自身的灵与肉的骚动，瞎眼老娘手抚绸缎被面上那龙飞凤舞图案时的出神入化的幻觉，孙天球望着裸女塑像时由于晨昏夕照、阴晴晦朔的变化而产生的心理波动，都被莫言写得神韵十足，活灵活现，清丽而新鲜的艺术感觉，圆润流转，漫涌而来，文笔之优美飘逸，在他的作品中首屈一指。[5]

从这段说明文字，看不出小说与法律有任何瓜葛。实际上，小说的全部生活情景孕育着两个有因果关系的法律案件。一是孙天球的妻子紫荆在得到邻居黄毛的多方面支持、帮助过程中，与之产生了真挚的爱情，发生了婚外性行为，被孙天球听闻风声，并回家当场捉奸。黄毛以破坏军婚罪被关进了监狱。这起破坏军婚案是后面孙天球杀婴案的前因。紫荆生下的婴儿满头黄发，显然其生父是黄毛。孙天球在回家探亲期间不顾紫荆的哀求，活活将这金发婴儿掐死。孙天球作为曾严格要求战士遵纪守法的连指导员，竟沦为故意杀人犯。这起案件的发生，是上述案件诱发的结果。就这样，黄毛和孙天球先后走上了犯罪道路。我以为，小说最动人的地方在于启发读者深思两个不同身份的人物在家庭生活事件中不知不觉沦为罪犯的可以理解，甚至值得同情的原因。因此，无论是破坏军婚还是杀人，我们都恨不起来。这应当是涉法小说的艺术魅力之所在。这一切，在欣赏这篇小说的批评家那里，竟丝毫没有觉察出来。这是很典型的误读误解的情形。

在中国和世界各国文学史上，以这种全然不当的形式被误读误解的作品，不在少数，留待下一章详加说明。

其三，阅读涉法文学作品有必要作一点不能缺少的考证，而人们都忽视了这一点，故惹出了不少知识性的错误。例如，有人批判西方小说中的"时效"这一法律术语，认为是资产阶级的东西，殊不知当代中国法律也有"时效"的法律概念和一系列有关具体规定。再如有人给巴尔扎克小说作注释时说：《拿破仑法典》允许外甥女和舅舅结婚，经查却是明文规定"不"允许。这都是不应有的法律知识性错误。

不要以为这些都是鸡毛蒜皮的小事，无须大做文章，其实不然。在一定条件下，一字之差，足以表明读者对涉法作品的特有认识价值一概没有弄清楚。有这么一个例子：

1958年6月5日，傅雷先生为自己所译巴尔扎克小说《赛查·皮罗多盛衰记》写了一篇《译者序》，在谈到该小说的法律认识意义时，该序文指出："历来懂得法律的批评家一致称道书中写的破产问题，认为是法律史上极宝贵的文献。我们不研究旧社会私法的人，对这一点无法加以正确的估价。"人民文学出版社在出版这部小说的单行本时，把该序中的"私法"一词改为"司法"[6]，一字之差，词义全然两样。傅先生的"私法"概念是对的。西方习惯于把民法、商法合称为私法，把宪法、刑法称之为公法。《赛查·皮罗多盛衰记》写到的破产法属于商法范围，故称为"私法"很得当。以"司法"取代之，虽然字面上讲得通，但离作品的实际和傅先生的原意相去甚远，对读者是莫大的误导。而头脑中只装着"司法"概念的编者是根本不能意识到《赛查·皮罗多盛衰记》的固有法律认识价值的。所以说，在特定条件下，知识性的法律错误足以影响阅读效果的全局。

法律考证方法可运用于研读涉法文学作品的全篇的众多法律描写方面，也可运用于局部的某些细节描写方面。如《狂人日记》中的下面一段话，就有作法律考证的必要：

> 他们——也有给知县打枷过的，也有给绅士掌过嘴的，也有衙役占了他妻子的，也有老子娘被债主逼死的……

纯文学家几乎都忘记了法律，例如，有两篇"细读"《狂人日记》的学术论文，不约而同地谈到了上面一段话。这里的"他们"，明明有着非常具体的法律内容，可是两位"细读"者都没有读出来，而是用政治话语分别判定"他们"是"下等人"[7]，"都是受苦受害的被统治阶级"[8]。如果有自觉的法律意识的读者"细读"这段文字，就会读出"他们"这一特定的人群被小说赋予了非常具体的法律内涵，使"他们"处在明确的法律地位上。"给知县打枷过的"人，是清代曾作为民事诉讼或刑事诉讼的当事人出现在审案公堂的人，即有过进公堂进行法律诉讼经历的人。"给绅士掌过嘴的"、"衙役占了他妻子的"和"老子娘被债主逼死的"则都是违法犯罪行为的受害者，可依法诉求给予这些违法犯罪者相应的法律处罚。《大清律例·总类·笞一十·刑律》云："良人以手足殴人奴婢，不成伤者。"[9]依此法条，那绅士该"笞一十"。《大清律例·户律·婚姻》有："强占良家妻女，奸占为妻妾者，绞，妇女给亲。"[9]"衙役占了他妻子的"受害者，可依此律讨回公道。至于"老子娘被债主逼死的"苦主，有《大清律·人命·威逼人致死》的下列规定给他撑腰："凡因事（户婚、田土、钱债之类）威逼人致死者，杖一百。"[9]一旦"细读"而品尝到上述法律意味，那么对领略《狂人日记》这篇涉法小说的法律思想的主旨，具有至关重要的意义。狂人把"他们"即上述具有法律诉讼经历的人和违法犯罪行为的受害者认定为"吃人者"，这就发人深思了。依法理，这些人本应反思自己被"知县打枷"是否合理是否公平，那些受害者本应告官以打击违法犯罪者，而他们由于"礼教的弊害"和"家长制"的专制的毒害，竟反过来充当"吃人"者。由此可见，"礼教"与"家长制"已把人们弄得是非不分，助纣为虐了。于是，《狂人日记》抨击礼治秩序的深刻法律思想就这样得到揭示和阐发。

三　两种性质不同的误读误解

以上所谈误读误解现象，都发生在纯文学家身上。乐于谈论涉法文学的中外法学家，由于缺乏文学修养，也极为普遍地一再发生误读误解。比较一下，用接受美学的理论眼光加以考察，可发现这是两种性质不同的误读误解，不应混为一谈。

接受美学又称接受理论，是德国姚斯为首的五名文学理论家于 20 世纪 60 年代末期创立的。接受美学强调审美经验对于文学阅读的制导作用，认为：

审美经验的这一制导作用需要一个"美学距离"或"角色距离",并随之变化。当接受者与艺术作品中的角色距离为零时,即接受者完全进入角色,无法进行审美享受,也就是审美经验对接受失控。相反,当这种距离增大时,审美经验对接受的制导作用趋近于零,接受者则对作品漠然。[10]

纯文学家的误读误解,来自他们审美的角色距离增大,造成审美经验对阅读涉法文学的制导作用趋近于零,故对法律思想意义重大的东西"漠然"而无所见,或所见甚少甚浅。纯法学家的误读误解,则来自他们审美的角色距离为零,即完全进入了角色,不能把涉法文学作为艺术品进行审美享受,而是把它当作了法学的附庸和传声筒。换言之,他们审美角色距离的消失,使他们动辄在涉法文学与某种法律见解之间划上等号,使之成为他们可随意取用的论据仓库。

对于法学家的误读误解现象,我曾多次公开批评。现在再举一例。在一本法律社会学的专著中,论者以中国当代青年作家李锐的小说《选贼》作为德国法律社会学的创始人之一的马克斯·韦伯关于四种法律运行模式的第二种"形式非理性"的理论论据之一,在介绍了小说的情节之后,论者得出结论说:"这些事例,可以说是笑谈,但类似这样的判决过程(法律运行)在韦伯看来,是形式非理性的。它是形式的,因为判决有严格的程序和规则;它又是非理性的,因为结果是无法预测的,无法算度的,一切似乎都是听从天意。"[11]我以为,如此介绍、说明《选贼》的情节和思想内容,纯属误读误解。首先,论者改变了小说原有的情节框架,这是误读误解的第一步;其次,也是最重要的一点,《选贼》跟韦伯的法律社会学理论之间根本没有论者所谈的那种内在联系。在我看来,小说自身的意义应当是通过描写选贼的闹剧,反映"文革"前后以生产队长为首的农民群众既不懂民主,又不懂法制的落后、愚昧的文化心理状态,从而使我们意识到在广大农村加强社会主义法制教育和宣传力度的必要性、紧迫性。从抽象的法理上来看,《选贼》跟陈源斌的《万家诉讼》一样,热情呼唤社会主义法制建设要尽快普及、深入到广大农村社会。

文学阅读从接受文学作品的全部信息结构来看,可以把文学阅读划分为"品质阅读"和"价值阅读"两个层次。"品质阅读"指的是对文学文本的语言组织、人物情节、艺术特色等审美因素的接受。"价值阅读"指的是对文学作品所传播的文化思想意义的接受。对于涉法文学作品而言，其文化思想意义具体表现为法律思想寓意。由此可知，纯法学家与纯文学家对涉法文学误读误解的性质上的区别是：前者忽视"品质阅读"，不能接受涉法文学的审美信息，故导致价值阅读上的偏颇，而后者则只能进行孤立的片面的"品质阅读"，对有法律专业性质的法律思想意义的东西不能接受，故导致完全抹杀法律认识价值的差错出现。

弄清了上述性质的区别，纯文学家和纯法学家就可对症下药地救治各自的误读误解之病。对于文学家而言，应当缩小审美角色距离；而对于法学家而言，则应当是扩大审美角色距离。如何缩小或扩大的尺度，就是本书所谈涉法文学的法律内容的审美特征与理性特征。这两大特征，是"缩小"或"扩大"的阅读心理调整的归依之所在、落脚点之所在。也就是说，无论"缩小"或"扩大"，实质都在掌握涉法文学法律内容的审美特征与理性特征。

在文艺学研究中，曾长期忽视读者对文学作品的误读误解现象。一直到2000年，我们才看到"合理误读"的提法出现。论者认为"合理误读"指的是"接受者对作品含义的创造性理解与主观评价"，指出这种"合理误读"应当"控制在一定的限度内，那些彻底背离作品、完全自由发挥的叛逆性误读也是不可取的"[12]。笔者无意于苛求纯文学家，之所以一再批评他们对涉法文学作品的误读误解，的确是因为那"误读"完全不合理，实属不可取的"叛道性误读"。鉴于问题的普遍性与严重性，法律文艺学除了批评对涉法文学作品的误读误解之外，更应当注意深入研究之所以然的深层原因及纠正的对策。

参考文献：

［1］游国恩．中国文学史（第四册）［M］．北京：人民文学出版社，1979：117.

［2］章培恒，等．中国文学史（下册），上海：复旦大学出版社，1997：335.

［3］法朗士．法朗士短篇小说［M］．金龙格，译．长沙：湖南文艺出版社，1998：1 - 4.

［4］张雪，等．情于斯，悲于斯——读《朗读者》［J］．译林，2000（2）．

［5］莫言．金发婴儿［M］．武汉：长江文艺出版社，1993．

［6］巴尔扎克．赛查·皮罗多盛衰记［M］．傅雷，译．北京：人民文学出版社，1991：6．

［7］王富仁．《狂人日记》细读［M］//《鲁迅研究年刊（1991－1992），北京：中国和平出版社，1992：274．

［8］陈思和．中国现当代文学名篇十五讲［M］．北京：北京大学出版社，2003：49．

［9］大清律例［M］．田涛，点校．北京：法律出版社，2000．

［10］林骧华，等．文艺学新学科新方法手册［M］．上海：上海文艺出版社，1987：222．

［11］赵震江．法律社会学［M］．北京：北京大学出版社，2007：361．

［12］童庆炳．文学概论［M］．武汉：武汉大学出版社，2000：540－541．

第二十五章　对非法律的文学批评的批评

以非法律的眼光与方法来批评涉法文学，可议之处不少。有鉴于此，我曾发表《对于非法律的文学批评的批评》一文（《作品与争鸣》2001 年第 5 期），当时的用意只是对有关不当之处加以披露和辨析，以正视听，故未能在更广泛、更深层的范围内和意义上展开议论，未尽之意还很多。

现在专门研究涉法文学批评的方法论的时候，我意识到批评非法律的文学批评的错误，应当是正确进行涉法文学批评的方法论的不可缺少的组成部分。只有明白了"不该怎么做"，才能更明白"应该怎么做"。我们已经正面讨论过涉法文学批评的标准和方法，即究明了"应该怎样做"，现在对非法律的文学批评提出批评，以究明作为涉法文学批评家"不应该怎么做"。

涉法文学批评的职责，应当是对尚未进入文学史家研究视野的各种涉法文学作品、现象、思潮作出合乎实际的评论。纯文学批评家固有的智能结构，完全不能使他们如此尽职尽责。其方法论上的失误之多，已达到令人不安和忧虑的地步。

一　张冠李戴，移花接木

面对涉法文学"漠然"的批评家很少有甘心寂寞的，故在无奈之际不免自觉或不自觉地从事着张冠李戴、移花接木的活动。说起来这有点令人难以置信，然而事实就这么残酷无情地客观存在着。

具体说来，抛弃本来属于涉法文学的法律内容的东西，而代之以根本不相干的东西这样的做法不少，如作政治鉴定、进行道德说教、将其日常生活化、臆造某种价值判断标尺强行比附等，是常见的几种错误做法。

文学中的法律内容，以法律实施的现实生活画面的描绘为轴心，辐射出一系列法律社会学课题：犯罪问题，婚姻问题，婚外两性关系的法律问题，法律与政治、宗教、道德、经济、逻辑、语言、心理、哲学等意识形态或社会现象的关系问题，等等。所有这些，都是我们曾多次提到的文学法律学的研究对象，都是说不完的话题。对这一切，纯文学批评家都未曾入其门，更谈不上登堂入室了。

有一位批评家选编了一本《中国新本土小说精选》，其名列前茅的李锐的《北京有个金太阳》、阎连科的《天宫图》、万方的《杀人》、陈源斌的《万家诉讼》等四篇小说，都是涉及法律非做法律分析不可的作品。选编者为每一篇小说所写的《简要评介》照例都是拒斥法律的，故这种"评介"篇篇都有失客观、公正。《北京有个金太阳》叙述了一起冤案的始末，反思了"文革"期间司法机关陷人于罪的荒唐，同时揭示了冤案受害者小学教师仲银出于摆脱文化霸权旁落于知识青年的精神苦闷而引火烧身、自讨苦吃，坐牢达八年之久的畸形心态。这应是小说的本意之所在。《简要评介》不这样紧扣题意，所谈不得要领，对小说中的冤案描写仅仅写道："他甚至不惜挺身去承担那张标语的罪行，这个人为了证明自己的超越性存在，为了他在文化上的自我指认，以整整八年的监牢生涯为代价。"[1] 在这种说法里，根本不能揭示小说所写冤案的错捕、错判、错押性质，容易对读者产生误导，以为仲银果真有"罪"似的。其余三篇"评介"文章，也都有可议之处。《天宫图》意在表现由于权力的滥用和金钱的诱惑致使路六命的人身权和人格尊严被剥夺、践踏的不合理现实，《杀人》的寓意当在跟踪探究一个善良妇女六团因不幸婚姻摧残而沦为杀人犯的主客观原因，《万家诉讼》暴露的何碧秋这样的朴实、有正义感的农民寻求法律保护而完全不懂法律的悖谬，而评介者却未能道出这一切，取而代之的全是非法律的话语：

这篇小说以毫无保留的直面现实的手法，写出了中国农村依然存在的贫困和艰难。[1]

作者着力要表现的东方中国依然顽强存在的那种传统性的存在方式，并且试图表现男权制度强加在妇女身上的无意识结构。[1]

在评价《万家诉讼》时，论者虽然使用了"法律"、"司法制度"这样的法律概念，但作为小说法律认识价值的东西到底是什么依然未能概括出来。

论者所论的中心意思是："《万家诉讼》反映了当代中国农村正在发生的深刻变化。"[1]

这位批评家的例子很典型。他接连评介了四篇涉法小说，却没有一篇评介堪称中肯，未能抓住涉法文学作品的法理法意。

更有甚者，在无能为力的时候，竟有鼓吹不可知论的苗头流露出来。水运宪的《祸起萧墙》（《收获》1981 年第 1 期）的主题应是思考法律与道德的矛盾对立情形，具有普遍意义，一直可追溯到奴隶社会的涉法文学。我国《左传》中有这样的案例故事。古希腊悲剧《安戈涅斯》的主题也属此类。可有批评家在评论《祸起萧墙》时不能建立相应的法律话语，在评论文章的结束一段里强调改革"充满矛盾，充满困惑"的一面，其落脚点在于由此推导出一个不可知论的结论：

傅连山自我毁灭，走上了"犯罪"的道路，这个责任显然不在他，谁之罪？一言难尽。[2]

二 主次不分，是非莫辨

非法律的文学批评的又一错误方法，是主次不分，是非莫辨。主次不分，是指在批评中把作品的次要成分加以突出，详加谈论，而本应详谈的主要部分却一笔带过，语焉不详。楚良的短篇小说《小姐是飞下来的》描写的三陪小姐安妮被杀害的人命血案被不了了之的过程，其主题的主要部分，应当是思考惩治杀人犯的刑法规定之所以不能落实的种种社会原因。这些原因是：警方是当地人，跟杀人凶手阿坤是同乡，碍于情面又屈服于金钱收买，有意加以包庇；安妮打工的黄金大酒店从经理到员工为着酒店利益，一致为主雇阿坤作伪证；阿坤以二十万元的巨款收买安妮的家属；阿坤作案后立即逃往上海，制造了案发当晚他不在现场的假象，等等。就这样，人命关天的刑事大案在尚未进入法律诉讼过程就被错综复杂的社会关系网络和有意规避法律的社会氛围掩盖得严严实实，致使法律被架空。有评论家压根儿不谈这主题的核心实质之所在，却喧宾夺主地说《小姐是飞下来的》主题"触及似乎难以启齿又普遍出现的'三陪'女的问题，寄予了作者深深的同情"，文末又一次强调指出小说涉及到"三陪"问题，文中竭尽全力论述了"三陪"女问题出现的社会原因、价值判断等方面。[3]这篇评论主次不分的方法论错误颇有代表性。

是非莫辨，指的是批评家对涉法文学中的法律知识性错误不能识别，一味地唱赞歌的失误。有时候，他们热情讴歌的东西，恰恰是应当严肃贬责的东西，这就使是非莫辨进而恶化为是非颠倒了。这种突出的方法论错误也不在少数。《审判第三者》《人间正道》《大法官》是当代中国小说文本中法律知识、法律理论上错误相当多的几个典型实例。报刊发表的评论文章对它们进行了不约而同的正面肯定性评论，却对它们法律上的错误浑然不知，充分反映了纯文学家在法律描写的是非识别上的低能和无能。

关于《审判第三者》和《人间正道》的法律失误，我曾在拙著拙文中作过批评，现仅谈谈《大法官》的法律理论上的不当之处以及批评家怎样是非颠倒的情形。本书第二十三章的第二节，已经较具体论述过《大法官》对女法官林子涵形象的刻画，有一系列法理方面的错误。可在该书的学术讨论会上，不明真相的批评家们对此全然不察。尤其是某大学的三位文学博士生导师，恰恰都把错误的东西当作成就、特色来赞赏。有的说，"林子涵"等法官人物"有法官的良知"，是"法律的代表"；有的说，小说的艺术成就之一是塑造了"具有现代法制意识的新法官形象"，而《大法官》整部小说是"依法治国的谈说录，也是忧思录，同时也是一部启蒙大书"；有的说，"《大法官》并不满足于顺应社会道德判断和情绪批判的倾向，而是充满了法律的理性之光"[4]。在《大法官》中，习惯于对法律、案件高谈阔论，大讲法理的唯一角色，就是曾留学法国的女法官林子涵。而事实恰恰是因林子涵的言论中存在着过多的法理错误而成为一个塑造失败的形象。

《大法官》荣获了"五个一工程"奖，与这次是非不辨的座谈会的一致颂扬倾向不无关系，足见其负面影响之大，也可见遗误读者面之广，还能看到拒斥法律分析的文学评论活动有失公正。

三 扬长避短，闪烁其辞

纯文学批评家在评论涉法文学文本的方法论上的另一可议之处，是习惯于扬长避短，闪烁其辞。所谓扬长避短，是说在碰到涉法文学文本难以道出其法律思想意义的情况下，采取一笔带过而大谈其艺术特色的办法。所谓闪烁其辞，是指在一笔带过的思想内容的解释上仅只言半语，不知所云，且加上一些语气游移不定的"或许"、"可能"、"大约"之类的修饰语。

文学研究者各有所长，各有所短，谁也不可能是例外。故扬长避短本身是无可非议的事情。可议之处，只有两点。一是如果批评家都如此扬长避短，那么涉法文学的法律思想内容的正确评论任务由谁来承担呢？法学家吗？不。法学家乐于谈涉法文学值得欢迎，但这不是他们的职责。这职责无疑属于文学家，而纯文学家们几乎都不通法律，因此，我提倡知难而进，克服不通法律的短处，修养出懂法律的长处，这才是当务之急。二是闪烁其辞的背后，反映出的恰恰是批评家不通法律，对涉法作品的法理法意"漠然"的短处。由此看来，扬长避短也好，闪烁其辞也好，在实质上都是纯文学家对涉法文学的法律思想意义无从下手评论的无奈之举。

例如，在评论英国作家哈代的短篇小说《三怪客》（一译为《三个陌生人》）时就有批评家采取这无奈之举。评论者在评论文章的开头指出："它反映英国资产阶级的司法部门所制定的一项条文——盗羊者必须处以绞刑——的残酷不合理，进而揭露英国法律欺压穷人的本质。"[5] 这段话，应是对作品的思想内容的一种概括，按写文章的一般方法，全文应紧扣这中心论点加以论证，而作者没有这样做，而是另起炉灶谈小说的艺术。为扬长避短，不惜以违背论文的一般写作原则为代价，实在是得不偿失。再说，我们所引一段话，只能认为其大意尚可，但在使用的法律术语、表达的法理法意上均欠规范性、准确性，显得外行、稚嫩。规范、准确的说法应当是：这篇小说揭露和抨击了当年英国法律的轻罚重罚的不合理、不人道。

再如有人在评论老舍的《离婚》时，提出和论证了这样一个论点："《离婚》也揭示了旧婚姻制度的不合理。"[6] 这种说法，令人不得要领。拙著《法律与文学漫话》曾以"离婚自由搁浅在生活的沙滩"为题，专门讨论了《离婚》的法律认识价值，读者可以参阅。

四　症结：违背了从作品实际出发的基本原则

以上分三个不同方面披露、分析了纯文学批评家之于涉法文学文本批评上常见的方法论的错误、弱点。如果综合考察，它们的症结是共同的，都不同程度地违背了从作品实际出发的基本原则。

说起来，这是一个文学常识问题，并无多少深奥道理可讲。而问题的严峻性，却恰恰是常识性的东西变成了大家都不能幸免的闯不过去的难关。等而下之的是有人在这常识性难关面前碰得焦头烂额却全然不知，依然振振有词。我们可再举许多类似例子。

蒋子龙的《一件离婚案》的确如同一位评论者所说，是"一篇别具特色的小说"。而论者所说特色，无非是艺术上的"特点"："蒋子龙在反映这件离婚案时，不是采用简单的褒贬态度，而是表现了对人物的深刻理解"；其二，是"作家把人物不同的人生态度通过性格冲突加以表现，从而强化地描绘了人物的个性色彩"[7]。这里所说两个"特点"，实际上是两个公式化的套子，可套用在许多作品的头上。果真从作品的实际出发，《一件离婚案》的特点首先在及时、深入地对1980年颁布的《婚姻法》关于"感情破裂"的离婚标准的规定的思考。陶怡春以"感情破裂"为由，到法院提出同丈夫王怀礼离婚，经审理，审判员发现这对夫妇的离婚理由有不同寻常的地方，那就是他们的感情形式方面未曾破裂，根本没有发生闹离婚的夫妻双方你死我活的冲突，但从内容上看，即他们的人生态度、生活情趣、待人接物的方式等生活领域来考察，真没有共同生活的一致性、和谐性。读者从作家的解剖刀下看到了温文尔雅的形式外衣包裹下的水火不容的感情生活冲突的内容。其次一个特点，是塑造了一位通情达理，很有人情味、文人气质的审判员的形象。在他身上，有作家蒋子龙的影子，或者说具有理想色彩。此案除了这位审判员能依二人要求判离婚以外，别的法官都不会作出这样的判决。这不同寻常的判决在表面上不合"感情破裂"的法律规定，而在更深层次上却是完全符合法理的。

再看一个例子。程青的中篇小说《今晚吃烧烤》本来塑造了一个骗钱骗色的诈骗犯的形象，其结局是落入法网。其诈骗手法是使用王迅、王盾、王宓等化名，取代本名王必盛，谎称是大款，在同一个城市里骗得五六个"妻子"，有五六个"家"，从所骗女人那里取得数额巨大的现金。到案发被捕时，他已欺骗了几十位女子，所骗金额达20万元以上。这样一种故事通俗明白，本没有什么微言大义，而有一位评论者却这样评论："笔者认为首先应当剥落小说情节的传奇外壳，把小说的主人公看作一个承载着作家思想的特殊人物，而不是一个十恶不赦的诈骗犯，这样才能体味出这个离奇故事背后更深一层的东西。从这个意义上说，小说是一个恨世者的内心独白。"依据这种"剥落"式的理解，这位评论者得出的结论是：

> 小说主人公代表的是当下社会生活中一类卓尔不群的"叛离者"，他身上有着恨世者的清醒，也有着"入世者"的不智。他渴望真善美的生活，却又丧失了正常的爱的能力，他一次次"化作泡沫"从爱他的女人身旁逃开……作者其实是在借一个恨世者的内心独白来点醒红尘中人：别忘记爱与美！[8]

与其说这种看法是文学评论，不如说是献给诈骗犯的颂歌。论者以主观臆想取代小说寓意，使其竟得到了如此大谬不然的错误结论。就这样，纯文学批评家们面对涉法文学如此败下阵来，只能一再表明他们的批评工作，实在难以坚持从涉法文学作品自身实际出发的基本原则。

无独有偶，类似这种所谓"剥落"式的评论方法，在另外一些评论家那里也突出地表现出来了。持否定艺术观的吴炫对朱文的《我爱美元》的评论，就是很突出的例子之一。小说中有父子俩共同嫖妓的事件，这本是法律所不允许的，论者却认为："但作者的立意实际上并不在'共同嫖妓'本身，而在于澄清基本的性欲满足无论对于父亲还是儿子都是相同的这一事实"，[9]接下来为此发了一大通议论。小说中写到"儿子帮助父亲召妓"的事实，论者认为其"立意并不在于写儿子的荒谬和无稽，而在于写自由自在的新一代人，为上一代人的压抑性生活所着急，并通过自己能够做的，将上一代人从压抑性生活中解救出来"。[9]接下来又是一大通进一步发挥的论证。小说中写到"父子俩为金钱所困无法满足自己的性欲，从而发出'我爱美元'的呐喊"，对此论者解释说：其"立意自然也不是仅仅在捍卫金钱，而是在写欲望、金钱和健康在我们这个时代的同比例关系"。为这所谓"同比例关系"，[9]论者又发了一大堆议论。基于以上分析，吴炫从总体上感到这篇小说还不是自己心目中的"好小说"，指责说："朱文在将性与人的非道德化、非社会化生命活动结合在一起时，还没有将性与金钱的矛盾造成的尴尬，写成一个无处不在的世界"，因为在吴炫看来，"作为儿子，作为父亲，作为谈生意不成的妓女，作为谈爱情也不成的女友，乃至父子关系、兄弟关系以及其他一切关系，甚至我们这个时代，不均处在一种尴尬之中吗？"[9]

在法律文艺学的批评论看来，这种拒斥法律的文学批评，从方法论上来讲属于故意脱离文学文本的实际，抹杀作家笔下固有的法律描写事实；从批评话语的内容来说，是无中生有地大讲批评者个人主观意识里的生活观念与感受，并企图把小说现有的思想高度拔高到论者心目中向往的那种高度、那种境界。

参考文献：

[1] 陈晓明. 中国新本土小说精选 [M]. 西宁：青海人民出版社，1995.

[2] 黎风. 新时期争鸣小说纵横谈 [M]. 成都：四川大学出版社，1995：92.

[3] 何浩深. 心酸的思考 [J]. 作品与争鸣，1999 (11).

[4] 孙立寿，王玲玲. 一部充满理性之光、具有强烈震撼力的长篇小说——《大法官》作品研讨会座谈纪要 [N]. 中华读书报，2001－1－14 (16).

[5] 茅于美. 读哈代的《三怪客》[M] //江西人民出版社. 外国短篇小说欣赏. 南昌：江西人民出版社，1980：25.

[6] 高长春. 离婚 [M] //刘中树，等. 中国现代百部中长篇小说论析. 吉林：吉林大学出版社，1986：342.

[7] 夏康达. 蒋子龙小说欣赏 [M]. 南宁：广西教育出版社，1989：173－177.

[8] 张朝霞. 别忘记爱与美 [J]. 作品与争鸣，1999 (11).

[9] 吴炫. 中国当代文学批判 [M]. 上海：学林出版社，2001：261－263.

第二十六章 纯文学史家的失职与失误

起源于各文明古国的涉法文学，若从最古老的古巴比伦的英雄史诗《吉尔伽美什》算起，至今有四千多年的历史。涉法文学史是这四千多年来中国和世界各国涉法文学发生、发展的专史。

纯文学史家的失职与失误，若从根本上说，就是历来不知有涉法文学之说法，更谈不上能够从事这种文学专史的研究。但这种抽象、笼统的说法是没有实际意义的，无从让纯文学史家明白自己如何失职、失误的具体情形。因此，我们采取了一个简单而具体的对策：从所见到的各种文学史专著中寻找对涉法文学文本误读误解的例子，借以考察纯文学史家在哪些方面不能适应涉法文学史的专门研究而产生的困窘之态。

一 中外历代涉法文学文本的全然失落

研究涉法文学的历史，会面临一个严峻事实：中外历代浩如烟海的涉法文学文本全然失落于纯文学史家之手，给人的感觉仿佛文学史上根本没有涉法文学似的。从这一点看，研究涉法文学史如同在文学作品的汪洋大海中打捞沉船。因此，十分有必要了解涉法文学作品如何失落的具体情形和多种原因。首先，我们只要打开任何一种文学史论著，都可毫无例外地看到：把中外历代涉法文学文本当作纯文学对待而产生误读误解的情形，不是个别现象，而是遍及中国古代文学史、中国现代文学史、中国当代文学史和种种外国文学史——欧洲文学史、东方文学史、欧美文学史等文学史专著的常见现象。由此可见，纯文学史家对涉法文学史研究没有取得起码的发言权。这是涉法文学文本失落的漏洞之一。

无论以什么体例、怎样的视角、何种方法从事文学史专著的撰写，其基本功之一是大量研读、解释文学文本。在此基础之上，才可谈论文学的发展进程和规律。既然纯文学家对涉法文学文本不能正确阅读和解释，那么他们就根本不可能进而从理论上去概括涉法文学的发展进程与规律了。正如盖高楼大厦必须先打下坚实基础一样。造空中楼阁的故事，嘲笑了那个不要根基的土财主的荒唐。我们如不肯正视这个事实，岂不会犯同样荒唐的错误吗？

为了说明正确阅读、解释涉法文学文本之于研究涉法文学史的极端重要性，不如把那些经常遭到纯文学史家误读误解或部分误解、曲解的中国历代文学作品的篇目开列如下：

《诗经·鄘风·相鼠》《孔雀东南飞》《世说新语·石崇每要客燕集》《鲁斋郎》《蝴蝶梦》《醒世恒言·卢太学诗酒傲王侯》《水浒传》《红楼梦》《狂人日记》《药》《阿Q正传》《祝福》《微笑》《一个女人和一条狗》《原野》《犯人李铜钟的故事》《大墙下的红玉兰》等。同样遭到误读误解的外国文学作品，也可开列一个长长的目录。

其出错的形式五花八门：对作品的法律内容的质的规定性不能确认；用政治鉴定（或道德说教）代替法律分析；把犯罪说成是"叛道"、"革命"；不能揭示一系列名著特有的法律认识价值；应当加以肯定的法律真知灼见受到批判，被完全否定；视而不见，一无所获，竟以艺术论之；完全不能发现、纠正作家笔下的法律错误，有时竟把错误的东西当作成就、特色来赞赏。

例如对《红楼梦》中的贾宝玉、《原野》中的仇虎、《强盗》中的卡尔等人物形象的评论，假如从他们触及刑法的行为方面着眼，文学史家以非法律的眼光所作出的评价，就必然要全盘改写，以崭新的评价论之。贾宝玉不再是封建主义的叛逆者，而是法律所不容的调戏而致死人命犯；仇虎不再是有反抗意识的农民，而是报复杀人犯；卡尔不再是进步青年，而是集团犯罪的首犯和杀人犯。非法律的文学史家错得实在太远。

其次，中外历代涉法文学文本全然失落于纯文学史家之手的另一漏洞，是将涉法作品置于不顾，避而不谈。如《尚书·吕刑》《荀子》的《礼赋》和《礼论》、屈原《九歌·礼魂》《史记·礼书》《汉书·礼乐志》《搜神记》中的《扶南王》《范延寿》《东海孝妇》《乐羊子妻》《严遵》《盘瓠》《王道平》《河间郡男女》《苏娥》、唐传奇《谢小娥传》，元杂剧、"三言"、"二拍"、《聊斋志异》中的大量涉法戏剧小说作品，从未得到文学史家的垂青，被长期打入冷宫。对那些非谈不可的文学名著，往往剜割其法律内容置于不顾，仿佛它们与法律不曾沾边。例如《左传》对周朝的礼与刑这两种法律形式均有大量描写。据笔者统计，"礼"在《左传》中出现了515次，"刑"在《左传》中出现了83次。只要出现"礼"和"刑"的地方，或者以此为价值尺度，对有关人与事进行"礼也"或"非礼也"的价值判断；或者对"礼"和"刑"作理性认识上的阐释、议论，具有法律史上的重要认识价值。因此，中国法制史论著无不大量引用《左传》的这些材料。此外，《左传》中有不少生动的案例故事，其法律寓意各不相同，应是后世叙事性涉法文学的滥觞。中国文学史家对这些全不置一词。有一本文学史教科书这样概括《左传》的内容："其主要内容不外春秋列国的政治、外交、军事各方面的活动及有关言论。其次则天道、鬼神、灾祥、卜巫、占梦之事，作者认为可资劝诫者，无不记载。"[1]这给人的感觉是《左传》中根本没有法律的影子，可见阉割法律内容对读者的误导是很明显的。又如唐代诗人白居易，他作为法律思想家，除了用对策、论文之类的文章来表现法律见解之外，诗歌也是常用载体。笔者读到他的涉法诗作有六十多首，足以表征诗人作为法律思想家的另一侧面形象，却没有哪一部中国文学史论及。大量涉法小说、戏剧被抛弃不论的命运，与白居易的涉法诗歌完全相同。

狄更斯的《荒凉山庄》是典型的涉法文学文本，纯文学论著大都置其法律描写于不顾。英国艾弗·埃文斯的《英国文学简史》（1940年）在论及时，仅用一句话评论它："是狄更斯的全部作品中最具有自觉意识和经过周密计划的小说。"[2]

再次，中外涉法文学作品失落于纯文学史家之手，还有一个不可不提到的原因：重长篇小说，轻中短篇小说，至于微型小说（小小说）则根本不屑一顾。这里虽然有限于篇幅而不可能面面俱到的可以理解的苦衷，但要追究为什么众多涉法文学作品不能载入文学史论著，就不可不数落这些苦衷。的确，如此失落的涉法作品的数量相当可观，具有不少珍品。托尔斯泰的《村中三日》《天网恢恢》《太贵了》、雨果的《死囚末日记》、巴尔扎克的《泽·马尔卡斯》、莫泊桑的《拔蒂士特夫人》、法朗士的《克兰科比尔》《正直的法官》《让·马尔多》《托马斯先生》《内盗》等，跟他们的长篇小说《复活》《悲惨世界》《农民》《俊友》《企鹅岛》一样，都是涉及法律而各有特色的佳作。在涉法文学史中，类似一切中短篇小说乃至微型小说，都有一席之地。《世说新语·任诞》中的《阮籍轻礼》，就是中国涉法文学史论著非加论述不可的一篇有开创性法律认识价值的小小说。它全文仅二十一字：

> 籍嫂尝还家，与之面别。或讥之。籍曰："礼岂为吾辈设耶？"

在此篇问世前的先秦文学和秦汉文学，对中国的特有法律秩序——礼治秩序，通常持肯定态度。可以认为，在中国文学史上，开礼治秩序批判先河的是《阮籍轻礼》。而达到这一批判的峰巅作品，是鲁迅的小说《狂人日记》。失落了《阮籍轻礼》，《狂人日记》在否定礼治秩序上的内在承传关系的线索就跟着消失了。

最后，传统的感悟式、印象式、点评式批评，在文学史论著中得到了普遍的运用，没有一个例外的情形。这是浩瀚的涉法文学作品失落于纯文学史家的又一方法论原因。《三国演义》《水浒传》《西游记》《红楼梦》《复活》《罪与罚》《荒凉山庄》《匹克威克外传》《夏倍上校》《农民》《悲惨世界》等中外长篇小说中的法律底蕴丰厚绵长，充满了法律智慧，饱含有深刻法理法意，更有法律批判的锋芒与威力，操持运用传统的感悟式、印象式、点评式批评方法，企图以三言两语就把整个作品的法律思想内容概括无遗，完全无济于事。在涉法文学史专著中，必须放弃上述感悟式、印象式、点评式批评方法，它们将被以浓墨重彩的详尽剖析的崭新面貌出现于读者眼前。

二　达到最高目标完全无望

纯文学史家依他们固有的专业智能结构与学术方法，想达到涉法文学史研究的最高目标——揭示其发展进程与客观规律——完全没有希望。

关于纯文学史家专业智能结构怎样不适应需要的情形，留待下文再谈。这里只谈其学术方法的欠缺。纯文学史家面对的是作家作品思想内容遍地开花的局面，故很难用一种稳定如一的价值尺度去衡量一切作家作品，于是所谈全部作家作品，就呈现任意褒贬的无序状态。其弊害在于不能在文学史的推进线索上，考察思想意义相同、相似的种种作品的内在承传、沿革关系，其结果是孤立、静止地点评历代作家作品的得失，介绍零乱驳杂的文学史知识，很难揭示出文学发展的规律。尤其是很难揭示宏观性的普适全世界各国的文学规律（在这一点上还有学术分工过细过严的原因）。

在我看来，纯文学史家所编各种文学史，都免不了以文学史知识的介绍、作家作品点评取代了文学发展进程的描述、文学演变规律的揭示，故这样的文学史著作知识性有余，理论性不足。在老路上走惯了的纯文学史家即使没有专业智能上的缺陷，也不适应涉法文学史研究的新要求。

这个新要求是：把涉法文学史知识的介绍、涉法文学作家作品的点评与涉法文学进程描述、涉法文学发展规律揭示置于同等地位，做到知识性与理论性有机结合，对等看待。尤其值得一提的是其进程、规律是普适全球的，宏观性质的。国别性的涉法文学史进程与规律仅具有相对独立性，处在从属于总体涉法文学史的地位。显然，习惯于按国别、地区、时代、体裁等外部因素划分文学史类型的纯文学史家，很难按这新要求从事研究活动。

依照中外涉法文学的法律思想意义的自身质的规定性，对犯罪问题和婚姻问题的法律思考（反映）是两大贯穿始终的线索。无论是涉法文学史知识介绍、涉法文学作家作品点评、涉法文学史进程描述和规律揭示，都可用这两条线索为经，具体对象为纬，互相交织，从而建构涉法文学史的全部话语系统。以中国文学对离婚问题的反映和思考为例，就有这样的线索从古至今贯穿下来：《左传》僖公三年（公元前657年）记载的齐桓公"归"蔡姬的故事，就是中国叙事文学正面描写离婚的法律现象的滥觞：

> 齐侯与蔡姬乘舟于圃，荡公。公惧，变色，禁之，不可。公怒，归之，未之绝也。蔡人嫁之。

据《仪礼·丧服》记载，周礼中有"出妻"之礼，后来这种"出妻"之礼就演变成"七出"的法律制度。齐桓公胆小怕事，为划船受惊的区区小事，就主动"出妻"，使蔡姬回到娘家，后被蔡国人将其改嫁他人。从此，中国历代文学关于离婚的描写就没中断过。

《诗经·卫风·氓》《诗经·邶风·谷风》的弃妇主题，是周代婚姻法不健全的产物；《孔雀东南飞》是封建社会法定休妻制度的最早的投影；《世说新语·贤媛》中贾充与前妻李氏婚姻关系的解体运用了跟当今空前一致的"离婚"概念；唐传奇《霍小玉传》中李益与卢氏的离异，经过了公堂的法律诉讼过程；《喻世明言·蒋兴哥重会珍珠衫》中的男主人公蒋兴哥凭"七出"的法律规定，写下休书，将有过失的妻子王三巧休回娘家。鲁迅的《离婚》表明，虽然婚姻立法上在现代中国已废除了封建休妻制，用新式离婚取而代之，但执法官员积习难改，仍在休妻的老路上徘徊；老舍的《离婚》虽透露出更多的现代化气息，而以张大哥为首的撮合婚姻、反对离婚的势力架空了现代化离婚的法律规定；谌容的《懒得离婚》、池莉的《不谈爱情》等感叹离婚难的小说，则表现了社会主义新中国法律规定的婚姻自由（包括离婚自由）原则实行起来阻力很多、很大。

这些很具体的例子充分表明，由于有一条清晰的线索贯穿，几千年的一系列作品不再是彼此孤立的，而是互相联系的。当研究者一线穿珠地将它们介绍出来，加以点评，读者就会眼前一亮，既增加了系统性的知识，更了解到反映思考离婚问题的文学发生发展的过程，揭示、理解其规律的理论也就不难推导出来：尽管中国社会生活的文明程度在不断发展、提高，有关离婚的法律也随之从无到有、从不合理到合理地发展前进，但夫妻双方平等处理离婚问题始终没有解决，或没有很理想地解决，处在受委屈地位的往往是古往今来的妻子们。

从这个例子，大约可见涉法文学史研究的优越性的一斑。在纯文学史家那里，寻找诸如此类的法律思想线索的工作，是根本不可思议的事情。这样，他们从根本上抵达不了涉法文学史研究的最高目标——揭示涉法文学史的进程，解释涉法文学史的规律。

三　法律修养几乎一无所有

上文提到的纯文学史家的专业智能缺陷问题，亦即这里所谈法律修养的欠缺问题。顾名思义，涉法文学史是涉及法律的文学的专史，不通法律的文学史家理所当然不可能读懂涉法文学文本，更不可能从事这种文学的、历史的研究。仅仅这么轻描淡写，不足以引起视听的注意。我们只有列举必要的具体事例，痛加反省，才可能具体看出缺乏法律修养的文学史家失误、失职的缘由。

我们已经谈到，涉法文学史与法制史有同步关系。意识和信服这一点，非要求文学史家具有丰富的法律史知识不可。纯文学史家中有谁读过法制史著作？恐怕一个也没有。因此，他们就只能站在涉法文学史学的大门之外。假如强行发言，出错就在所难免了。

有一位编写《公案小说史》的学者，按理应有较好的法律修养，才能完成任务。可他以纯文学的方法从事研究，不仅未能满足我们的期望，甚至一接触法律就闹笑话。在谈到中华法系的时候，他说："中华法系，作为世界有数的一大法系，对于犯罪原因的探讨，对于整个法学领域的理论、制度、法制、政策的探讨，不可谓不早、不全、不深。"他还说："中华法系对于犯罪原因的理性探讨，不在本书讨论范围之内。"[3] 这里，论者有一大一小两个法律知识错误。一大错，是他把"法系"与"法学"两个概念弄混了。法系，指的是法律依形式特点划分出来的类型，中华法系是其中之一。法系是法制史学研究的对象，也是比较法学的对象，它自身是法律、法律制度，根本不包括法律的理论研究。故说"中华法系对于犯罪原因的探讨"这样的话，纯属违背法律常识的错误。另一小错误，是他并列提到的法学领域的"理论、制度、法制、政策"有法理逻辑错误。"制度"与"法制"不能并列，因为法制是法律制度的简称。"政策"是政治话语（概念），跟"法制"不能并列，也不属法学的范畴，充其量法律与政策有一定联系。法学家不可能专门研究和谈论超出专业范围的"政策"。

文学史论著中，诸如此类法律常识性错误的实例还可列举若干个。

结论很清楚、很简单：法律的门外汉不可能从事涉法文学研究，尤其不可能从事涉法文学史的研究。加强法律修养，是一切有志于涉法文学研究事业的学者的基本素养。

为了强调我们的结论，还可看中国当代文学研究的一个例子。稍有法律知识、知道我国进入新时期伊始之时，根据党中央的有关决定，在 20 世纪 70 年代末至 80 年代初，神州大地曾有过平反往日冤案的全国性的热潮。当代中国作家及时反映了现实生活中的这一新动向。尤其是王蒙的一系列小说，具有一种冤狱情结，笔者曾撰文专门加以讨论。纯文学史家没有例外地都对此视而不见，故都不能揭示和解释这个很普遍的现象。如果编写中国当代涉法文学史，因这冤狱情结的出现而可以写出精彩篇章。

那么，文学史家怎样加强法律修养呢？我想通过剖析一个案例来回答这个问题。

余华的小说《现实一种》的主题是什么？几种当代文学史论著的解释各不相同，但在拒斥法律这一点上是相同的。对于一篇涉及杀人的小说不作法律分析而抽象谈论残杀现象，自然会弄得不知所云。

田中阳等人主编的《中国当代文学史》云："《现实一种》……一对暴力与阴谋的描写，显得极为冷酷。"又云："《现实一种》中的山冈兄弟本来失去了理智，但在旁人眼里却又极其正常，因此一系列杀戮都是在平常的状态下进行的。"[4]

金汉等主编的《新编中国当代文学发展史》云："《现实一种》则是对中国家族伦理的无情曝光，揭开了'兄弟怡怡'的薄纱，露出了互相残杀，以消灭对方子嗣为目的的血腥争斗。"[5]

陈思和主编的《中国当代文学史》云："山冈的儿子皮皮杀死了山峰的儿子，山峰杀死了皮皮，山冈杀死了山峰，山峰的妻子借助公安机关杀死了山冈。"又云："《现实一种》就是把人生的一幕揭示出来给你看：人生的真相是什么？从小孩间的无意伤害，到大人们的相互杀戮，每个人的犯罪似乎都是出于偶然或者本能，就跟游戏相同。"[6]

王庆生主编的《中国当代文学》云："在《现实一种》中，余华以冷静的笔触审视着理性的脆弱和荒谬。不论是理性的脆弱还是理性的戏谑，它都无法救助人脱离自己的困境，反倒陷人于荒谬的深渊。"[7]

在所有这些意见中，论者们的共同点都在于抽象掉了小说描写的事件、案件的具体规定性，被说成了看不出任何法律属性的"杀戮"、"残杀"、"杀死"，有的甚至连抽象的"杀"的字眼都没有运用，这样怎么能够谈清小说的思想内容呢？

《现实一种》涉及法律，不仅仅在于描写了几起互相依存的杀人现象，更是具体地用法律眼光视之论之。有两处描写就是这么做的。一处是山峰死了之后，山峰之妻与山冈之间有一段关于"告"与"诬告"之争的文字，山冈还言之确凿地说："诬告有罪。"另一处是山冈作案后逃走，被公安机关逮捕，经过审判，最后判处了死刑。这一处文字描写详实，近两千字。可见，拒斥法律抽象谈"杀"人，并非小说原有的样子。

依据小说——叙述的案情作跟踪剖析，可以准确看到几起杀人案件均有心理上的原因，这正是《现实一种》固有的思想意义之所在。皮皮由于年幼而失手摔死了堂弟，属于未成年人作案，不负法律责任。山峰一脚踢死皮皮，完全属于报复杀人性质。小说淋漓尽致地描述了他们夫妻二人炽盛的报复心理和逼迫皮皮舔堂弟留在地面上的血迹的情形。其妻发出了"咬死你"的诅咒。皮皮终于被暴怒的山峰飞起一脚踢死。依法理，山峰犯有故意杀人罪。山冈没有诉诸法律，而是私刑将山峰捆在树上折磨他，不久山峰猝死。山冈也应当负法律责任。通过分析，可以认为，不管余华在艺术上有怎样的现代派的信念与追求，其《现实一种》所描写的几起"杀人"有不同的法律认识价值，不可混为一谈，也不可无所傍依地空谈。由于余华有着先锋文学的信念和追求，他主观上不大可能像我们这样理解他所描写的"杀人"事件、案件的法理法意，但作品艺术描写的实际所蕴含的法律思想意义确如我们所说，这一点不可否认。

综上所述，几种版本的当代文学史的编写者的纯文学眼光，均未能也不可能正确道出作品固有的法理法意。这个实例再一次证明了文学家加强法律修养的必要性。简单说来，这就是：文学家谈论任何涉法文学作品，起码应具有对该作品所涉及的法律问题的有关知识与理论的修养。这是研究涉法文学的一种起码的要求。不合乎这一点，就完全没有发言权。

若从研究涉法文学的全方位需要来看，对研究者的法律修养的要求是没有止境的。越是法律的行家、通才，越能适应研究涉法文学的需要。

参考文献：

［1］游国恩．中国文学史（第一册）［M］．北京：人民文学出版社，1979：49.

［2］艾弗·埃文斯．英国文学简史（1940年）［M］．宗齐，译．北京：人民文学出版社，1984.

［3］黄柏岩．中国公案小说史［M］．沈阳：辽宁人民出版社，1991.

［4］田中阳，等．中国当代文学史［M］．长沙：湖南师范大学出版社，1998：411.

［5］金汉，等．新编中国当代文学发展史［M］．杭州：浙江大学出版

社，1997：594.

　　[6] 陈思和．中国当代文学史［M］．上海：复旦大学出版社，1999：301－303.

　　[7] 王庆生．中国当代文学史（下卷）［M］．武汉：华中师范大学出版社，1999：279.

第二十七章　纯美学家对黑格尔《美学》的误解

　　纯文学家的失误不仅表现在文学创作、文学批评、文学史研究领域，还表现在文学理论和美学理论研究方面。纯美学家对黑格尔《美学》的误解，就是最突出的事例。几乎所有谈论黑格尔《美学》的美学家都有着对黑氏的错误理解、错误批判。根本原因在于人们完全抹杀了这部美学论著极为重视法律，熔法律、文学、美学于一炉的论述特征。本书第二十二章对此有所论述。这一章，我们将披露误解《美学》的若干不当之处，以引起日后有志者继续纠错和关注。

　　我们所要批评的是朱光潜先生。朱先生在译介、研究黑格尔《美学》上作出了公认的贡献，值得永远铭记。然而，正是由于朱先生的重要学术地位和影响妨碍了学人对其不足之处的反思，导致失误相沿成习，积重难返。本章论述之所以产生的一个直接诱因就是：为追求真理，大可不必遵循为贤者讳的古训。

一　对美的定义的批判完全不能成立

　　本书第二十二章指出过，黑格尔《美学》关于美的定义包含着现实生活中的法律理念，阉割了法律来讨论什么是美，就会歪曲黑格尔的本意。朱先生恰恰如此作了不该有的事情。在《美学》第一卷里，朱先生有下面一段批判性的注释文字关系到美的定义：

　　黑格尔特别强调美的无限和自由，认为美既不受知解力的局限，又不受欲念和目的限制。这样，艺术便是脱离现实世界的一切关系而超然独立，这……是资产阶级的"为艺术而艺术"论的哲学基础。[1]

我们已初步论证过，按照黑格尔的美学理论自身的内在逻辑，可以引申出一个相应的美的定义：对于涉法文学来说，"美是法律理念的感性显现"。我们感到不满足的地方，只在于黑格尔未能明确提出这一理论命题。不怀成见的美学家，都可以不费气力地对我们的论证作出进一步具体的分析、说明。

在《美学》全书中，凡该论任何一个美学理论问题，只要一接触现实社会生活关系，就会立即出现法律、法律秩序、法律制度、法律的执行等法律概念，悲剧、喜剧等美学范畴都与法律密切相关，英雄史诗与近现代小说的区别在于是否有法律的制约，至于文学的社会背景、故事情节、矛盾冲突、人物形象乃至体裁的运用、技巧的发挥无不与法律有割不断的联系。而黑格尔在这一切场合所谈论的法律，无不存在于社会现实生活之中。因此，可以抽象概括地说，在《美学》中，"法律"几乎成了"现实生活"的代名词。换一句话说，凡是在谈论美、艺术美、悲剧、喜剧等美学问题与现实生活的联系的地方，《美学》几乎都要提到法律。

因此，我们认为，在黑格尔《美学》中根本不存在"为艺术而艺术"的任何踪影，根本没有鼓吹艺术"脱离现实世界的一切关系而超然独立"的任何观点或观念。朱先生的上述批判，纯属无中生有的强加。其基本原因之一，在于他未将法律纳入视野，对充斥于《美学》中的330多处有关法律的美学见解视而不见，于是得出了上述结论。

二 对"一般世界情况"的解释缺乏起码的法制史知识

黑格尔《美学》关于"一般世界情况"的一大段论述，充满了法律名词术语，若干局部段落有如法学论文，突出地体现了全书法律、文学、美学三位一体的论述特色。没有相应的法律修养，根本读不懂这一大段的全部精彩之处。拒斥法律或不通法律的朱先生在这里的一大段注释文字多有可议之处，其中一处是缺乏起码的法制史知识的，朱先生说：

到了基督教的西方封建社会，骑士制度是"培养自由英雄性格和依赖自己个性的土壤"，君主与臣僚的关系建立在荣誉感上，没有死板法律或道德条文的约束，所以"每个人都能独立自主地根据自己的意志和能力去行动"。这就产生了文艺复兴时代的卓越文艺。[1]

这种解释，与黑格尔《美学》完全不相干。且不说别的，仅从法律这一点上来看，就是十足的外行话，怎么能强加到曾在中学和大学多年从事法学课程的教学活动、写有《法哲学》一书的法律家黑格尔的头上呢？

无论是东方还是西方，法律的诞生及其作用于社会的历史，都可以追溯到奴隶社会。到了封建社会，奴隶制法律随之转型为封建法律。这本来是法制史的常识，无可争议。朱先生竟然说"到了基督教西方封建社会"，"没有死板法律或道德条文的约束"，这是违反常识的。

文艺界喜欢谈论的文艺复兴，不是孤立的，其时还有法律复兴和宗教复兴。因此，有的西方文化史论著将其合称为"三 R"运动。这也是常识问题。可朱先生解释文艺复兴时代的卓越文艺产生的原因时归结为"没有死板的法律"的"约束"，这又是违背法律知识的。

同时，朱先生的说法也不符合文艺复兴时代的文学实际。莎士比亚的许多戏剧、但丁的《神曲》、薄伽丘的《十日谈》、拉伯雷的《巨人传》等，都是文艺复兴时代的文学作品，其中的法律描写艺术和法律认识价值，都是值得专门研究的课题。"没有死板的法律"之说，完全脱离了这些文学名著的实际。由此可见，缺乏起码的法律知识导致的是对文学事实的违背。

显然，这样一错再错的话语，不可能是《美学》中固有的东西，也就是说它们是误解《美学》的。在《美学》里原文只有"在基督教的西方世界里"的说法，朱先生把"在"改成了"到"，一字之差，意思全然不一样。黑格尔《美学》的意思是基督教在西方世界具有强大的势力，足以影响到现实社会生活的各个方面，也决定了文学作品的思想内容的表达。对于文学创作而言，这种情况一旦纳入法律文艺学的视野，用法律与宗教的范畴，就可能解释得相当圆满。这就是《美学》有关论述的真相。朱先生淡忘了法律或因淡忘而不通法律，使得他对于《美学》的有关不够明晰的论述无从正确理解，故解释起来就不免接二连三地出差错。

三 "妥协"说抹杀了《美学》的闪光点

黑格尔《美学》谈到近代小说时，依然着眼于现实生活中的法律，认为法律秩序对近代小说的思想内容和艺术手段有着决定性的影响。我们以为，这是《美学》的闪光点之一，日后全世界各国涉法文学创作发展的实际，一再证明了《美学》和预先性和正确性。可朱先生却批判说：

黑格尔对近代小说的看法是值得注意的，反映出他跟现有秩序妥协的思想。[2]

"妥协"的说法，带有明显的贬义色彩，这表明朱先生没有正面地肯定黑格尔看法的合理性、正确性，我们也不能苟同。在我手头的《美学》书本中，我在受到朱先生否定的这一段的空白处，用红笔批上了"深刻"一词，这跟"妥协"说是针锋相对的。深刻在何处呢？综观之，《美学》看到了近代社会的情况，已形成了"公民社会和国家的固定安稳的秩序，所以警察制度、法律、军队、国家行政机构代替了过去骑士们所追求的虚幻的目的"[2]。这是客观事实。唯其社会生活中的法律秩序越来越发达、完善，世界各国的涉法文学自黑格尔之后的一百多年来取得了大发展，出现了巴尔扎克、托尔斯泰、泰戈尔、鲁迅等涉法文学大师。《美学》当年承认、指出文学创作面临的法律秩序日益巩固的客观事实不仅一天天发展，而且反映到了全世界涉法文学之中，实在没有任何理由否定《美学》的有关论述。

具体说来，我认为"深刻"的地方有两点。第一，《美学》指出了社会的法律秩序与个人情欲之间的矛盾冲突的不可避免的严峻性。用《美学》的原话说，这严峻性就是："每个人都面临着一个中了魔似的对他完全不合的世界，他必须和这个世界进行斗争，因为它在压迫他，冷酷地顽强地站在那里，不给他的情欲让路……他们要在阻止他们实现理想的世界里打出一条路来，他们所认为不幸的是到处都是家庭、社会、国家、法律、职业之类的势力，因为这些具有实体性的生活关系及其约束总是在残酷地抗拒他们的理想和心灵的无限权利。"[2]第二，《美学》在进一步考察、分析上述矛盾的严峻性的基础上，指出了个人在社会的法律秩序面前的规律性的结果：接受社会的教育，从而使自己成熟起来，变得完全能适应社会的法律秩序。用《美学》的原话来讲，就是：

学徒时代的教育目的在于使主体把自己的稚气和锋芒磨掉，把自己的愿望和思想纳入现存社会关系及其理性的范围里，使自己成为世界锁链中的一个环节，在其中站上一个恰当的地位。[2]

读这样富有人生哲理的美学话语，我感觉到自己仿佛站到了一面奇特的大镜子面前，亲自观察到了自己和别人不约而同地走过的道路，现在和今后还将如此走下去。于是，我想到，无论是作家，还是学者，只要有与我一样的或者类似的感觉，那么他在体验生活、从事创作之际，或者在研究文学，发表议论之时，都会从这里获得指南针般的教益。朱先生的"妥协"说，没有肯定这应当肯定的东西，反而加以贬低，无论如何让人在情感上难以接受，同时又感到在理性认识上同《美学》的闪光点不合拍。

四　没有意识到《美学》所谈到的文学对法律所起到的积极作用

《美学》在论述"诗"即文学的艺术之美时，曾把法律演讲的功利性活动与文艺创作的审美性活动进行多方面的详细比较。为了强调文艺创作的审美活动的重要性以及对功利性活动的法律演讲的积极的明显的影响，《美学》特别指出：

不过就连在法律事务之中，打动人心和激发情感的工作也还有发挥作用的余地。因为对所审案件中的是非曲折可以描绘得很生动，这样就不会导致单纯的判断和一般说服。生动具体的描绘可以使听众对全部案件有亲领身受之感，不会漠然无动于衷。而会从案件中看到切身的利害关系。[3]

就是在这段引文之后，朱先生有下面一段注释文字：

这一节说明演讲术有一实践目的：要说服人，主要的办法是把当前的具体事例纳入原已独立存在的普通原则，来揭示这个具体事例的性质和意义。

一般与特殊不像在诗里那样，始终融成一个活生生的有机的统一体，而是始终分裂的，勉强联系在一起的。而且演讲术不像诗那样自由创造，它要做些调查研究分析综合之类散文性的工作。[3]

两相对照可以看出，朱先生的注释取了完全排斥法律的方法，强调的是演讲术与文学的区别，至于《美学》特别指出的上面那段引文所讲的问题，根本不曾提到。这样就脱离《美学》的本意甚远。本来，《美学》这里的一大论述，强调的重心在于"演讲术显得是较接近自由的艺术"[3]。这是《美学》论述法庭演讲与诗的区别的前提条件。朱先生的注释抛弃了这个前提条件。这是我们不能同意的第一点。第二点，就是朱先生完全忽视《美学》的上述引文所讲文学的艺术手段对法庭演讲的作用，有负于原作的一片苦心，这一点我们不能满足。由此更可推知，《美学》关于法律、文学、美学一体化特色的全盘被抹杀，就是如此"忽视"法律话语的最终结果。若要正本清源，就不能不一一做这种辨析的工作。

五　未能抓住安蒂贡悲剧的实质

索福克勒斯的悲剧《安蒂贡》备受《美学》垂青，一再被论及。其悲剧的实质何在？《美学》本来讲得比较清楚，那就是法律与道德的矛盾，导致了主人公安蒂贡自杀而死的悲剧。朱先生由于忽视了法律，故法律与道德的矛盾就无从谈起，因而他在注释文字中就不能抓住这一悲剧的实质内容。请看朱先生的注释：

安蒂贡是俄狄普的女儿，波里涅色斯的姐妹。波里涅色斯因争忒拜国王位，借外兵进攻祖国，在战斗中被打死了。国王克里安下令禁止人收葬他。和国王的儿子订了婚的安蒂贡不顾禁令，收葬了她的弟兄。国王下令把她烧死，但是她自杀了，王子也自杀了。黑格尔认为索福克勒斯的这部悲剧是悲剧矛盾的范例。[1]

这段话中只是概括了剧情，未能指出黑格尔之所以将其视为"悲剧矛盾的范例"的理由何在。后来，朱先生还有一条注释：

黑格尔把《安蒂贡》放在希腊悲剧的顶峰，因为它最能说明他的悲剧冲突的理论[3]。

这里，依然没有指明《美学》所谈悲剧冲突的理论的要点。说实在的，尽管《美学》已经多次阐明了其悲剧实质或理论要点，但难以进入纯美学家的意识，形成相应的理性认识。这就是历来研究黑格尔《美学》的学者都不能概括其中多次讲到的要点，从而抽象出一个相应的理论命题的原因。

《美学》先后三次论及《安蒂贡》，其基本着眼点都在法律与道德的矛盾这一关键处。第一次指出了国王的"禁令"（即法律）同安蒂贡行为的"伦理力量"（即道德）处在不可调和的矛盾之中。朱先生的上述一大段剧情介绍文字，本来已经抽象出这一矛盾的戏剧情节和戏剧冲突，但朱先生却止于剧情介绍，故功亏一篑。第二次，《美学》比第一次更明确地、直截了当地指明了其悲剧的实质："国家的公共法律与亲切的家庭恩爱和对弟兄的职责处于互相对立斗争的地位。"[2]但未能引起朱先生的注意，对此未置一词，只是提醒读者去看他的上述注释文字。第三次，《美学》在谈到克里安和安蒂贡这两个人物时，依然强调了法律与道德的矛盾，指出："所以这两个人物所要互相反对和毁坏的东西，正是他们在各自生活范围以内所固有的东西。"[3]这就一再证明，纯美学家不仅自己难以建立"法律与道德的矛盾"的悲剧实质的理论命题，而且面对既有的或现成的类似理论命题也难以认同。本章所列举的所有实例，都证明了这一点。因此，批评朱先生的纯美学方法和习惯的弱点，实在是迫不得已的事情。

令文学界斯文扫地的一个通常现象，就是几乎所有的纯文学家只要就法律与文艺的关系问题发表意见，几乎都有可议之处，很少有例外的幸免者。有一本文艺学论著在谈到社会主义的法律制度时，竟然提出了"法治与礼治"相结合的主张[4]，"礼治"，是中国古代法制史的特有概念，标志着中华法系的根本特征，维护的是中国自奴隶社会以来君臣、官民、父子、长幼、男女、贵贱、嫡庶等不可逾越的等级制度，致使中国古代法律成为礼治秩序的工具。中国法律现代化从根本上推翻了礼治秩序，社会主义的当代中国法制建设的深入发展完善更是使礼治秩序越来越远地成为历史的陈迹。纯文学家的"法治与礼治"相结合的主张，跟中国法制发展的道路与前景，是背道而驰的。

由此可见，朱先生在解释《美学》上的种种法律失误所导致的美学观的不妥当，并不是个别偶然现象，而是中国文学界通病的必然反映。批评、疗救这一通病，将是法律文艺学研究的一大极易得罪人而又非完成不可的艰巨任务。

参考文献：

［1］黑格尔．美学（第一卷）［M］．朱光潜，译．北京：商务印书馆，1979.

［2］黑格尔．美学（第二卷）［M］．朱光潜，译．北京：商务印书馆，1979.

［3］黑格尔．美学（第三卷）［M］．朱光潜，译，北京：商务印书馆，1979.

［4］何国瑞．社会主义文艺学［M］．武汉：武汉大学出版社，2001：5.

附录　全球千种涉法文学作品目录

一、中国涉法文学作品

（一）古代涉法文学

1. 诗歌

诗经

国风·召南·行露

国风·鄘风·相鼠

大雅·瞻仰

汉乐府民歌

十五从军征

孔雀东南飞

傅　玄

豫章行苦相篇

嵇　康

幽愤诗

→ 唐诗

骆宾王

在狱咏蝉

宋之问

题大庾岭北驿

渡汉江

储光羲

效古

李　白

长干行

高　适

封丘作

杜　甫

兵车行

石壕吏

佳人

负薪行

客从

元　结

春陵行

贼退示官吏

张　碧

农父

李　贺

感讽

柳宗元

田家三首

张　籍

野老歌

郑板桥

私刑恶

陈维崧

南乡子之二（户派门摊）

2. 散文

尚书·吕刑

左传

成公十一年

昭公六年

昭公十四年

论语

庄子

马蹄

肢箧

盗跖

韩非子

二柄

定法

吕氏春秋

去私

察今

贾 谊

过秦论中篇

司马迁

史记

循吏列传

酷吏列传

礼书

柳宗元

捕蛇者说

张 溥

五人墓碑记

夏完淳

狱中上母书

方 苞

左忠毅公逸事

狱中杂记

汪 中

狐父之盗颂

章炳麟

徐锡麟传

3. 小说

干 宝

搜神记

扶南王

范延寿

东海孝妇

乐羊子妻

韩凭妻

严遵

盘瓠

王道平

河间郡男女

刘义庆

世说新语

德行（谢奕作剡令）

政事（陈仲弓为太丘长）

雅量（嵇中散临刑东市）

汰侈（石崇每要客燕集）

任诞（阮籍轻礼）

李宝嘉

官场现形记

文明小史

活地狱

第一回

第二十九回

吴趼人

二十年目睹之怪现状

九命奇冤

刘鹗

老残游记

4. 戏剧

马致远

汉宫秋

乔孟符

金线记

张国宾

合汗衫

罗李郎

吴昌龄

张天师断风花雪月

秦简夫

东堂老

李直夫

虎头牌

武汉臣

郑琼娥梅雪玉堂春

生金阁

马致远

荐福碑

孙仲章

勘头巾

王仲文

救孝子

关汉卿

金线池

窦娥冤

鲁斋郎

蝴蝶梦

望江亭

谢天香

救风尘

裴度还带

玉镜台

五侯宴

马致远

青衫泪

郑廷玉

后庭花

绯衣梦

金凤钗

忍字记

杨显之

酷寒亭

李行道

灰阑记

曾瑞卿

留鞋记

孟汉卿

魔合罗

（三）当代涉法文学

1. 诗歌

张 平

天网（纪实文学）

法撼汾西（纪实文学）

凶犯

血魂

抉择

十面埋伏

夜朦胧

陆天明

苍天在上

大雪无痕

周梅森

人间正道

天下财富

国家诉讼

余 华

十八岁出门远行

死亡叙述

往事与刑罚

命中注定

河边的错误

难逃劫数

现实一种

世事如烟

偶然事件

在细雨中呼喊

贾平凹

龙卷风

人极

油月亮

浮躁

废都

双岔树

冰炭

陈源斌

万家诉讼

重现江湖

李一清

山杠爷

孔五全

许贵生

竹 星

杀富济贫

中西部

蒋子龙

收审记

一件离婚案

提起诉讼

铁 凝

对面

麦秸垛

棉花垛

棺材的故事

法人马婵娟

秀色

谁能让我害羞

大浴女

苏 童

南方的堕落

11. **古希腊**

荷马史诗

伊索寓言

欠债人

小偷和他的母亲

燕子和蟒蛇

    埃斯库罗斯

报仇神（一译善好者）

    索福克勒斯

安提戈涅

俄狄浦斯王

    阿里斯托芬

阿卡奈人

鸟

    米南德

古怪人

12. **古罗马**

    普劳图斯

凶宅

一坛金子

俘虏

孪生兄弟

    泰伦提乌斯

安德罗斯女子

两兄弟

    塞内加

奥克塔维娅

13. **英国**

英雄史诗·欠奥武甫

    乔 叟

坎伯特故事

    托马斯·莫尔

乌托邦

    莎士比亚

暴风雨

维洛那二绅士

温莎的风流娘儿们

一报还一报（一译量罪记）

错误的喜剧

无事生非

威尼斯商人

驯悍记

终成眷属

第十二夜

冬天的故事

约翰王

亨利四世上篇

亨利四世下篇

亨利六世上篇

亨利六世中篇

亨利六世下篇

理查八世

亨利八世

特洛伊罗斯与克瑞西达

科利奥兰纳斯

泰特斯·安德洛尼克斯

罗密欧与朱丽叶

雅典的泰门

麦克白

哈姆雷特

李尔王

奥赛罗

辛白林

　　笛　福

摩尔·弗兰德斯

　　斯威夫特

格列佛游记

　　菲尔丁

汤姆·琼斯

阿米莉亚

　　司各特

密得洛西恩监狱

两个赶车人

高地寡妇

玛米恩

　　拜　伦

"编织机法案"编制者颂

异教头

阿比多斯的新娘

海盗

莱拉

围攻科林斯

巴里西娜

锡雍的囚徒

审判的幻景

　　雪　莱

麦布女王

致大法官

给威廉·雪莱

自由颂

　　狄更斯

匹克威克外传

董贝父子

荒凉山庄

小杜丽

奥列佛·退斯特

艰难时世

双城记

远大前程

圣诞颂歌

教堂钟声

人生的战斗

新门参观记

　　哈　代

德伯家的苔丝

无名的裘德

葬在异乡的青轻骑兵

三个陌生人

一个大家闺秀的遭遇

西行奇遇

秘密婚姻

　　王尔德

狱中记

　　高尔斯华绥

福尔赛世家

银烟盒案件

公正的判决（一译法网）

鬼把戏

最先的和最后的

欧也妮·葛朗台

于絮尔·弥罗埃

比哀兰特

图尔的本堂神甫

搅水女人

大名鼎鼎的戈迪萨尔

老姑娘

古物陈列室

幻灭

十三人故事

赛查·皮罗多盛衰记

纽沁根银行

卡迪央王妃的秘密

法西诺·卡纳

烟花女荣辱记

贝姨

邦斯舅舅

经纪人

浪荡王孙

不自知的喜剧演员

小市民

现代史拾遗

恐怖暑期的一段插曲

一桩神秘案件

阿尔西的议员

泽·马尔卡斯

舒昂党人

农民

乡村医生

乡村教士

幽谷百合

驴皮记

改邪归正的梅莫特

绝对之探求

被诅咒的孩子

永别

玛拉娜母女

新兵

刽子手

海滨惨剧

柯内留老板

红房子旅馆

卡特琳娜·德·梅迪契

长寿药水

路易·郎贝尔

婚姻生理学

夫妻生活的烦恼

雨 果

巴黎圣母院

悲惨世界

海上劳工

九三年

笑面人

死囚末日记

大仲马

基督山伯爵

小仲马

克莱孟梭事件

莫泊桑

一生